Blue Book of Win-Win
Value Added Statement

共赢增值表蓝皮书

海尔共赢增值表研究院 / 主编

中国财经出版传媒集团
经济科学出版社
Economic Science Press

图书在版编目（CIP）数据

共赢增值表蓝皮书／海尔共赢增值表研究院主编.
—北京：经济科学出版社，2021.11
ISBN 978－7－5218－3085－9

Ⅰ.①共… Ⅱ.①海… Ⅲ.①海尔集团公司－工业企业管理－研究报告－汇编 Ⅳ.①F426.6

中国版本图书馆 CIP 数据核字（2021）第247626号

责任编辑：杨 洋 卢玥丞
责任校对：郑淑艳
责任印制：王世伟

共赢增值表蓝皮书
海尔共赢增值表研究院 主编
经济科学出版社出版、发行 新华书店经销
社址：北京市海淀区阜成路甲28号 邮编：100142
总编部电话：010－88191217 发行部电话：010－88191540
网址：www.esp.com.cn
电子邮箱：esp@esp.com.cn
天猫网店：经济科学出版社旗舰店
网址：http://jjkxcbs.tmall.com
北京季蜂印刷有限公司印装
787×1092 16开 21.25印张 360000字
2021年11月第1版 2021年11月第1次印刷
ISBN 978－7－5218－3085－9 定价：72.00元
（图书出现印装问题，本社负责调换。电话：010－88191510）

共赢增值表蓝皮书

编 委 会

海尔共赢增值表研究院简介

海尔共赢增值表研究院是海尔集团管理会计理论创新与实践应用的研究基地。研究院以共赢增值表研究为核心，专注于“人单合一”管理模式下企业管理会计的理论创新和实践，旨在打造一流的财务智库，面向全球高校和企业提供学术研究与应用实践支持。

研究院下设专家委员会，邀请行业专家、学者加入组建开放性的研究团队，共同对管理会计理论和工具进行深度探索，助力学科体系、学术体系的发展，向全球贡献中国方案与中国智慧。

卷首语一

乌卡时代下全球企业面临诸多挑战，管理不确定性的能力恰恰体现出一个企业的管理水平，而创新的管理会计，无疑是一个很好的管理工具。共赢增值表就是基于海尔“人单合一”模式下的管理会计创新，是适应时代的管理工具。

一、“人单合一”是共赢增值表诞生的基础

共赢增值表的出现，既是时代发展所需，也是管理实践使然。没有成功的企业，只有时代的企业，所谓的成功只不过是踏准了时代的节拍。新技术加速了时代发展，因此要踏准时代节拍就必须要有与时代相符的商业模式。海尔通过“人单合一”模式实践创造共赢增值表这一价值计量工具，并构筑了开放的生态，让员工创造用户价值的同时实现个人价值，让“自组织、自驱动、自增值、自迭代”成为除政府和市场之外的第三股智力力量。企业转型发展和管理会计紧密相关，共赢增值表成为海尔在物联网战略转型中的驱动工具，并为管理变革提供有效支撑，同时也在实践中形成了一系列具有借鉴意义的实践经验和操作工具。

二、共赢增值表的目标是构建以用户体验为中心，生生不息的生态系统

作为价值的计量工具，共赢增值表与传统三表有以下三点不同。

首先是价值定义的不同，实现从企业价值到生态价值转变。过去企业对价值的定义是体现在产品溢价上，而共赢增值表对价值的定义则是体现在生态价值上，即与生态方共创的增值价值。以衣联网为例，最初海尔做产品，其价值就是洗衣机产品收入，现在延伸到生态，洗衣机只是生态中的一个部件，产品收入之外还有洗涤剂、洗衣服务、洗鞋、洗护、服装定制等生态收入，打破收入天花板，这与传统卖产品模式完全不同。生态价值体现在共赢增值表上，除产品溢价外，还有体验溢价，即用户对整个场景生态的体验溢价。

其次是价值创造不同，驱动创造价值和传递价值由分离走向统一。战略大师迈克尔·波特教授曾提出价值链观念，它对价值创造起到了引领和示范作用，从原材料进厂到成品出厂，体现了企业内部价值创造。但随着时代的发展，消费者参与到价值创造之中，所以创造价值和传递价值不能再被割裂。员工需要知道自己到底能创造多少价值，用户需要感受到他能体验到什么价值。共赢增值表就是为了实现创造价值和传递价值的统一，让员工既了解用户的需求，同时又能创造用户价值。员工从一开始就知道创造多少价值就能分享多少价值，真正实现员工和用户价值的有机统一。

最后是价值分享的不同，打破零和博弈的魔咒。无论是企业利润最大化还是股东价值最大化，传统企业更专注要赚钱，很少考虑合作方利益，本质是零和博弈。而共赢增值表是生态各方共创共享，有竞争但更多是合作，谁创造谁分享。

三、共赢增值表是理论创新的载体

物联网的本质是人联网，在物联网时代，什么样的企业才有价值？我们认为正如梅特卡夫定律所言，网络价值与拥有用户数量平方成正比，拥有用户数量越多企业价值会越大，所以物联网时代企业的目标就是创造更多的终身用户。

用户是驱动企业发展的核心要素，伴随用户驱动而来的是企业模式的变革与管理工具的创新。共赢增值表是探索物联网时代的财务管理创新的工具，希望通过我们的共同努力，能为管理方式创新贡献出具有应用理论的价值体系和实践工具。

张瑞敏

海尔集团创始人、董事局名誉主席

卷首语二

2005 年 9 月，海尔首次提出了“人单合一”双赢概念，即“人单合一”1.0 版本，把创客价值与用户价值结合在一起。2015 年 9 月，海尔又提出了“人单合一”共创共赢模式，“人”升级为各利益攸关方，“单”升级为用户增值，“人单合一”进化为各利益攸关方在海尔生态平台上的共创共赢，由此开启了海尔生态共创、增值分享的物联网生态平台探索之路。基于“人单合一”双赢模式十年的实践经验，针对生态链小微群引入外部合作资源方的需求，海尔张瑞敏先生提炼出了“共赢增值表”这一重要管理工具。

“人单合一”和共赢增值表在全球实务界和学术界都产生了巨大影响。它们不仅是有效的创新管理方式，更重要的是管理理念的创新。2019 年 12 月 26 日，张瑞敏先生在海尔 35 周年创业纪念日活动中，正式对外发布海尔进入第六个战略阶段：生态品牌战略。为了研究、总结和推广共赢增值表，2020 年 7 月 14 日，海尔共赢增值表研究院正式成立。特别有意思的是，研究院本身也是海尔共创共赢生态战略的直接应用案例，研究院的专家既包括海尔的管理人员，更多地是来自海尔之外的学术界和企业家的专家。经过大家一年时间的调研和分析，研究院的第一批研究成果现在以蓝皮书的方式集结发表。

共赢增值表的出现有其必然性。1937 年诺贝尔经济学奖获得者科斯（Ronald Coase，1910～2013）提出企业的内部边际交易费用和外部边际交易费用的交点决定企业的边界。当企业降低内部边际交易成本时，企业的规模和边界就会扩张，而外部边际交易成本的下降则会导致企业的规模缩小。科斯理论的一个延伸是，当企业内外部交易成本比较显著时，边界明确的科层制是降低企业交易成本的有效组织形式。

现代信息技术的大规模应用从根本上改变了科斯一代学者所面临的企业经营环境。大数据、互联网、云计算不仅大幅度降低了企业内外部交易成本，更是改变了企业内外部边际交易成本上升的成本结构。由此，根据科斯理论我们可以推测，一家企业现在不需要将上下游和不同产业放在同一个屋檐下，企业内部和外部边界也会模糊化。

共赢增值表的出现也有其偶然性。以张瑞敏先生为代表的海尔管理团队在面对新技术和新市场挑战时积极思考、勇敢探索，科学应用现代经济理论，结合前人的管理实践经验，创新地提出了颠覆层级组织结构、以用户和创客为核心、整合上下游资源的物联网生态体系。这是世界管理理念和实践的一项革命性的创新。

经济理论可以解释"人单合一"和共赢增值表的出现和演变，并帮助我们分析和预测这一模式在未来的发展，海尔的经验也加深了我们对过去理论的认识，并促进理论的进一步发展。

一百多年前，经济学家熊彼特在《经济发展理论》一书中提出以土地为代表的自然资源、劳动和创业者（entrepreneur）是推动社会发展的三大要素。创新和冒险是熊彼特式创业者的两个主要特点，创业者们组织和运用其他生产要素，发现和从事前人没有做过的事业。熊彼特认为一个典型的创业者并不是简单为追求财富所驱动，他必须有远见，有好的直觉；他不会满足现状，为了新的创造而愿意摧毁旧世界；他有占领的欲望，战斗的冲动；他享受追求成功的过程，而不仅仅是成功所带来的果实；他有胆识、勇于冒险，愿意挑战困难。在过去的几十年，传统观念都认为只有企业老板才是熊彼特式的创业者。海尔"人单合一"模式通过从根本上改变传统企业的决策权力分配、业绩评价体系和激励机制，使得一个企业内部可以涌现出一大批具有融资决策、投资决策、经营决策和分配决策功能的小微和创客，这些创客完全符合熊彼特的创业者定义。一大批熊彼特式创业者的出现必将推动社会经济的高速发展和社会财富的充分涌现。

现代信息经济学和机制设计理论的创始人是我在美国明尼苏达大学的博士导师莱昂尼德·赫维奇（Leonid Hurwicz，1917～2008），他在2007年获得了诺贝尔经济学奖。信息经济学的重点是研究如何设计一个业绩评价和激励机制，在信息不对称的环境里激励一个组织的代理人为组织的所有者创造最大的价值。现代机制设计理论强调两个条件：一是参与约束；二是激励相容约束。参与约束是指一个员工在接受合同时的期望收益（效用）要大于他从其他地方所能获得的最大收益。激励相容约束是指在一个激励合约下，对企业最有利的员工行为与员工自己的利益相一致。在一个满足激励相容约束的机制下，员工会选择主动披露自己拥有的信息，而不是通过扭曲私有信息披露来获取信息租金，损害组织的整体利益。

海尔的“人单合一”组织模式和共赢增值表高度关注企业内外部参与者的参与约束和激励相容约束。基于价值创造和共赢的分配方式，“人单合一”通过：事前制定价值分享和按单分配的规则，事中动态显示小微目标的达成情况，事后按照规则进行利润兑现，解决各利益攸关方的激励问题。“人单合一”机制还改变了传统企业预算中常见的信息扭曲的博弈。

在一篇很有影响的论文中，班克和达塔尔（Banker and Datar，1989）研究了管理会计激励机制中激励强度与考核指标的关系和选择问题，他们的论证发现，激励的强度（权重）应该与反映员工努力程度指标的灵敏度（sensitivity）和精确度（precision）正相关。许多人批评美国基于股权的传统激励，因为这些企业员工的激励是与整个公司的股票价格挂钩，而单个员工的努力程度对企业股价变化影响的精确度和灵敏度都很低。海尔的“人单合一”和共赢增值表从根本上改变了这种状况，在海尔的链群合约里，每个参与者的激励具有股权特征，但是他们的收益只与本合约（单）有关，而不是与海尔集团的股价挂钩，这样就大大增强了考核指标的灵敏度和精确度，提高了激励的有效性。

现代经济的一个最重要的特点是技术和经营环境的快速变化、企业面临的风险和不确定性的增加。高度不确定性要求企业的资本结构、成本结构和组织结构具有更高的灵活性。海尔的生态平台最重要的一个特点是能很好地适应高风险的运营环境。海尔的每一“单”都由一位小微主发起，企业内部和外部的资源方都可以参与抢单，变成平台的利益攸关方。

“人单合一”的小微组织能否满足集中力量干大事的要求？物联网生态平台主需要满足一些什么条件？如何限制平台主利用潜在的市场垄断地位和信息不对称来获取垄断利润？这些都是学术界和企业管理者关注的问题。我们的研究发现“人单合一”模式的实施过程中集团对战略的引导和共赢增值表充分的、透明的信息披露有助于解决这些问题。这些也是未来学术研究可以更深入探讨的问题。

本书收集的文章深入研究了上述问题，总结和分析了海尔的经验。我本人从

2005年开始，在中欧国际工商学院的课堂上结识了很多位海尔的优秀高层管理人员，在过去16年也和学院同事多次去海尔实地调研，并写出了几篇研究报告和案例。我和两位中欧同事从去年开始在海尔进行了一项大样本问卷调查研究，并得出了一些很有意思的初步统计分析结论。但是因为文章还没有定稿，所以我们决定将一篇几年前写的未发表的海尔研究报告翻译出来，在本书中发表。

本书集中发表的是海尔共赢增值表研究院的第一批研究成果。在未来我们将会继续关注和研究海尔的实践，并不断推出我们新的研究成果。希望我们的研究对海尔管理模式在未来的发展和海尔经验在全球的推广有积极意义。

许定波
中欧国际工商学院法国依视路会计学教席教授
中国总会计师协会副会长
海尔共赢增值表研究院院长

序一

管理会计“政产学研”协同，推动中国经济发展

会计信息可以分为企业外部投资者和资本市场服务的财务会计以及为企业投资、协调、控制、业绩评价和激励等战略决策服务的管理会计。两者均以会计核算为基础，但管理会计提供的是与企业内部管理更相关的信息。企业对管理会计的需求是内生的，管理会计是企业创造价值、精细管理、应对不断变化的外部环境的依托。

海尔集团的“人单合一”和共赢增值表拓展了传统管理会计的范畴，是企业管理的一项重大创新。

2014年10月27日，财政部正式发布了《关于全面推进管理会计体系建设的指导意见》，明确了管理会计体系建设的指导思想、基本原则、主要目标和任务措施。2016年出台的《会计改革与发展“十三五”规划纲要》进一步提出要加强管理会计指引体系建设，推进管理会计广泛应用，提升会计工作管理效能。这在政策层面推动了中国企业财务管理的重心从财务会计向管理会计转变，中国管理会计的发展将迈上新的台阶。

虽然中国的管理会计经过30多年的发展，已经初步建立起具有中国特色的理论体系，也在管理会计应用方面作了许多积极的探索，但相比许多国际的优秀企业，我国管理会计整体发展水平还相对滞后。我们需要像海尔集团这样走在管理会计创新前沿的优秀企业分享自己的实践经验，拓展中国的管理会计理论体系，推进中国与世界其他国家和地区之间管理会计经验的交流。

海尔集团从传统家电产品制造企业转型为开放的创业平台，其管理会计的机制设计功不可没。管理会计的主要特点是创新，海尔集团“人单合一”模式以及共赢增值表的理论与实践是海尔管理会计创新的重要成果。管理会计的创新是以人为核心的，“人单合一”模式就是实现员工和用户价值的统一，最大限度激发组织中人的主观能动性和效能，实现企业、员工、用户的共创共赢。管理会计的

目的是价值创造，海尔集团提出了第四张财务报表——共赢增值表作为内部价值衡量的工具。共赢增值表不仅服务海尔集团自己的价值创造，更是为包括用户、资源方等利益攸关方构成的商业生态系统创造价值，这也是海尔平台型组织结构的基础——“共赢”和“增值”。

宣传与推广共赢增值表对搭建中国特色的管理会计体系和管理会计“政产学研”协同平台都意义非凡。《共赢增值表蓝皮书》凝练了11篇专业的海尔学术研究项目报告，系统地呈现了管理会计助力海尔集团产业战略转型的框架和细节。海尔集团的变革与转型从未停止，并且积攒了丰富的管理会计创新实践经验，因此“人单合一”模式以及共赢增值表的成功绝非偶然，而是积极实践下的必然。我们期待海尔集团未来出现更多的管理会计创新，同时我们也希望海尔《共赢增值表蓝皮书》传达的管理会计创新理念和经验可以促进中国管理会计的发展，推动中国经济稳定增长。

在此祝贺海尔《共赢增值表蓝皮书》的出版，感谢海尔共赢增值表研究院与各位专家、学者的付出。

刘红薇

中国总会计师协会会长

《中国管理会计》编委会主任

2021 年 8 月 27 日

序二

过去20年，我肯定是国内最为关注海尔集团管理创新、管理会计变革的教授之一：我记不清已经有多少次到海尔实地调研；已经就海尔的管理创新先后发表了5篇案例学术论文。我认为海尔管理变革与创新为商学院教授的“四个自信”的有力证据。海尔的创新实践给企业管理、组织变革的理论与实操提供了很多有益启示。我印象最深的是2012年，我当时作为对外经济贸易大学国际商学院院长曾邀请张瑞敏先生到我们商学院报告他的管理思想，他的报告中多次强调管理会计的重要性和挑战性，我感受良多，一直记忆犹新。

2020年6月以来我又多次专程到海尔调研共赢增值表。因为新型冠状病毒肺炎疫情，我们只能更多地通过线上与众多小微企业进行沟通交流。这次我很高兴看到经过大家一年多时间的齐心协力，共赢增值表研究院的11个课题结集出版。近期，我反复阅读了蓝皮书的目录和案例摘要及部分案例，使我对海尔“人单合一”模式下的财务创新有了更深层的系统认知。蓝皮书汇集了研究院2021年研究项目的重大成果，基于8个研究方向共收录了11篇研究报告，内容涵盖在海尔共赢增值表框架下的财务转型、成本策略、组织管控、管理会计报告、预算与业绩评价、薪酬与激励机制以及创新工具等。这些内容既是管理会计理论体系中的核心要点，更是这些年海尔生态品牌战略下创新生态模式与管理机制的理论演进、道路优化、制度安排与文化承载等。

我认为各篇报告重点清晰、提炼可靠、理论扎实。其中《利益相关者视角下的企业集团财务组织智能化转型——基于海尔集团财务组织平台的探索性案例研究》以利益相关者视角，通过扎根理论的数据处理程序，揭示了海尔集团财务组织转型的驱动因素与过程，以及财务组织平台与内外部利益相关者实现价值共创与价值共享的竞合机制。《海尔差异化战略下的生态成本研究》基于价值链和交易成本理论，通过梳理生态成本的核算方法，定性、定量分析生态成本的经济效益。《管理会计实践创新与物联网商业生态的竞争力：海尔集团的探索》探讨了合作共赢的价值与动因，通过传递合作共赢理念与实际的共创结果，助推了企业间合作关系的良性发展。《基于海尔“共赢增值表”的企业管理会计报告研究》为管理会计报告指引的应用实践提供了很好的经验借鉴。《链群合约赋能组织生态共赢》探讨了链群合约这一管理工具在组织内部协作中扮演的作用。《物联网生态时代的精准激励机制研究——基于海尔的案例分析》从其理论上分析了物联网生态和激励机制的相互推动关系，介绍了链群合约如何利用物联网等新技术设计精准激励机制以推动物联网生态的发展以及链群合约的激励效果。《企业激励机制与员工内驱动力——为什么海尔的小微企业充满活力》介绍海尔小微企业通过正式或非正式的管控机制激发员工内驱动机，重构基层活力和发展动力，使海尔能够更好地应对环境变化和创新要求，实现企业生态优化和长期业绩提升。《披露共赢增值信息，提升市场价值》针对传统财务信息披露的局限性，讨论了领先企业信息披露的实践和趋势。《共赢增值表：黑海战略的利器》以“人的价值最大化”为核心指导思想，在价值创造、价值衡量和价值分配三个价值管理的核心环节进行了创新。《共赢增值表驱动的卡奥斯 COSMOPlat 赋能机制研究》以卡奥斯为例，重点解析了生态平台的增值分享机制的内核，深入探究共赢增值表如何驱动链群为用户提供解决方案，如何与资源方等利益相关方进行价值共享。

整合我以前对海尔管理创新的调查研究，我认为共赢增值表是张瑞敏先生这些年主导的海尔管理创新机理和制度。以共赢增值表为新的突破口，海尔的管理创新既扎根于中国本土经营实践、又是放眼全球企业管理；既能高瞻远瞩，又能实操落地；既传承了现有管理理论的内涵，又预设了大智移云时代的新场景；既能适需海尔内部管理，还能示范其他企业的组织管理重构。

我期待，也坚信这本《共赢增值表蓝皮书》，以企业管理持续创新与强化变革为主旨，既能为企业物联网生态转型提供新的理论框架，也能为企业管理创新指明实操路径；既能立足中国大地，也能蜚声海外。

汤谷良

对外经济贸易大学国际商学院教授

海尔共赢增值表研究院学术委员会主席

2021 年 8 月 19 日

序三

海尔，组织管理理论创新的“沃土”

管理是一门科学，这门科学的精髓是“知行合一”。管理者既要有“知”的视野，要了解最前沿的管理思想与管理理论，以此来指导管理实践；同时，管理者还要有“行”的能力，能够将管理理论结合具体的管理场景进行实践，否则，再经典的管理理论也无法结出丰硕的管理成果。

管理理论与管理实践相得益彰、相互促进。经典的管理理论会指导卓越的管理实践，反过来，卓越的管理实践也会孕育出经典的管理理论。然而，当下管理学界面临的现状是：管理实践的发展速度大大领先于管理理论的创新速度。尤其是在数字时代的大背景下①，企业面临越来越快速的技术变革和越来越动荡的经营环境，企业为了能够保持持续增长，为了能够获得持续的竞争优势，在管理实践中加快了创新的步伐，涌现出了许多新组织、新模式，这些新的管理实践呼唤新的管理理论。

毋庸置疑，海尔是大企业在第四次管理革命时代变革创新的弄潮儿、先行者。结合对海尔战略变革历史的研究，我将2000年视为海尔拥抱互联网技术和数字经济，开启数字化变革的“元年”。2000年2月16日，海尔集团创始人、董事局名誉主席张瑞敏先生在参加完第三十届“世界经济论坛”后，发表了《“新经济”之我见》一文，他将新经济定义为“是以数码知识、网络技术为基础，以创新为核心，由新科技所驱动可持续发展的经济”，并前瞻性地指出“新经济将关系到企业的生死存亡”。当时，张瑞敏关心的问题是：如何让海尔能够继续在新经济时代生存下去？海尔如何能够在互联网的大潮中获得持续增长？经过深度思考，张瑞敏认为：“唯有创新才能争取到在新经济时代的生存权，而人是促进创新的决定性因素，在新经济时代人人都应成为创新的主体。”

我认为《“新经济”之我见》一文是海尔开启向互联网企业变革，向平台生

① 我在《第四次管理革命》一书中，将2000年以后的新管理时代称之为“第四次管理革命”。

态企业转型的一份“宣言”，它前瞻性地将变革的主体聚焦于“人”，将变革的手段聚焦于“创新”，将变革的动力聚焦于战胜“组织惰性”。

2000～2021年，海尔开展了轰轰烈烈的战略转型与组织变革，坚持做“难而正确的事情”。在过去的20多年里，海尔跨越了国际化战略、全球化品牌战略、网络化战略、生态品牌战略四个战略发展阶段，在战略变革实践的过程中重塑了战略，重塑了组织，重塑了机制，并创新性地提出了许多新思想、新概念和新工具，比如：“人单合一”、自主经营体、战略损益表、二维点阵、小微企业、小微链群、链群合约、共赢增值表、黑海战略、黑海生态；等等，这些新思想、新模式都凝聚海尔人变革与探索的艰辛。

2000～2021年，全球家电产业的环境与格局也发生了巨变。在大变局中，海尔坚持“在转型中发展，在发展中转型”，管理实践取得了卓越成就，连续12年稳居欧睿国际世界家电第一品牌，连续3年作为全球唯一物联网生态品牌蝉联BrandZ™最具价值全球品牌100强。面对这些成就，海尔集团董事局主席、首席执行官周云杰认为，海尔恰恰是顺应了数字时代的大势，进行了数字化的重生。基于有“技术黑科技”和“管理黑科技”支撑的“黑海战略”，海尔才得以不断穿越危机，实现了持续增长①。

海尔在多年变革中所形成的管理实践为学者们总结、提炼数字时代的管理理论提供了千载难逢的良机，海尔的卓越管理实践堪称是管理理论的“沃土”。这本《共赢增值表蓝皮书》（以下简称《蓝皮书》）以“共赢增值表”为核心研究对象，从战略、组织和机制等三个方面，系统展示了30多位学者基于对海尔实践的研究所提出的最新理论和成果。

在战略上，海尔颠覆了传统企业的战略模式，致力于践行“黑海战略”，这一战略的本质是“生态战略”，其目的是利用平台的能力来构建生生不息的商业生态系统。在《蓝皮书》中，王竹泉、张守文、魏春燕、戴璐等学者开展的研究就涉及生态战略、生态成本和生态治理机制，系统地解答了大型企业如何实施生态战略，如何通过生态战略提高企业的竞争优势，如何降低生态成本，创造生态价值，以及提高生态竞争力。

在组织上，海尔颠覆了传统的科层式组织，逐步演变成平台生态型组织，形成“平台＋小微企业”的新型组织结构。在《蓝皮书》中，黄钰昌、许定波、

① 曹仰锋：《组织韧性：如何穿越危机持续增长》，中信出版社2020年版：推荐序。

潘飞等学者聚焦于研究平台的管理控制系统、小微链群的组织设计、资源配置、协同关系、授权关系等，这些研究系统地回答了小微链群如何通过链群合约赋能生态共赢。比如，研究发现，链群合约将组织内部原本通过行政命令主导的分工协作变成了拟市场化的匹配模式，其优势在于平台的整合赋能功效，可以通过对于正向外部性收益的治理增强小微企业之间开展生态共创的动机，通过宽幅激励保证小微企业目标的一致性，并通过共同的企业文化维系共创的凝聚力。

在机制上，海尔颠覆了传统的激励、约束机制，在实践中创新地提出了“共赢增值表”，通过“精准激励”“分权自治”等机制来激发创客们的内驱力。田高良、王鹏程、刘运国、夏怡斐、汤谷良等学者深入分析共赢增值表的理论创新，结合员工内驱力的来源论证了链群合约如何充分调动员工的积极性、主动性和创造性，如何实现精准激励，从理论上解释了为什么海尔的小微企业充满活力？研究结论指出，海尔的小微企业模式最大限度地激发了基层员工的工作热情，提升了企业活力，一定程度上解决了大型企业组织结构僵化的问题，从真正意义上实现了“把大企业做小、做活”的发展策略。

当下，全球的企业在管理实践中正在面临极大的挑战。2020年，美国一家著名人力资源公司在全球范围内对员工的敬业度进行了调查，这项调查涵盖了160个国家，有8000多万人参与，研究发现只有41%的员工有比较强的敬业度；有38%的员工在工作中“心不在焉”，工作没有成效；有21%的员工“身在曹营心在汉”，生产力极低①。

经典的管理理论是解决管理实践问题的一把“钥匙”，我相信，《蓝皮书》中的理论研究成果一定会对管理实践起到积极的推动作用，能够帮助管理者不断识别管理的新挑战，制定有效的管理措施，提高员工的敬业度，让企业在数字时代获得持续增长的动力。

最后，深深地祝福海尔人在未来的变革中不断取得丰硕的成果，也期待海尔能够为管理学者们的理论研究提供更多的机会，更多的实践，更多的管理思想。

曹仰锋

香港创业创新研究院 院长

北京大学光华管理学院 管理实践教授

2021年8月22日

① 资料来源：HEARTBEAT BY WORKDAY, Global Employee Engagement Data 2020.

序四

共赢增值——海尔的管理智慧

美国管理会计师协会（IMA）与海尔集团的合作可以追溯到15年前。彼时，作为中国十大全球品牌之首的海尔集团参与了IMA与中国商务部联合开展的《中国企业成本计算方法和成本管理实践》项目，通过对海尔的实地调研，IMA研究团队将海尔的管理会计实践进行梳理总结，并最终将其作为经典案例收录到该项研究报告中，至此正式拉开了IMA与海尔集团长期战略合作的序幕。

2020年7月14日，IMA与多家中国管理会计行业的“领跑者”共同见证了全球首家聚焦物联网时代管理会计变革的开放型生态平台——海尔共赢增值表研究院的成立；而现在我们手中的《共赢增值表蓝皮书》正是由该研究院内部各高校、机构及企业精英组成的专家委员会共同完成。我很荣幸受邀代表IMA为《共赢增值表蓝皮书》撰序。

《共赢增值表蓝皮书》会聚了海尔“人单合一”模式以及共赢增值表的理论与实践成果，围绕海尔的核心价值体系，充分展现了海尔打造物联网生态体系的战略发展眼光。

海尔的核心价值体系体现在海尔人的“三观”上，即是非观、发展观及利益观。

海尔的是非观：永远以用户为是，以自己为非——海尔创造用户的动力

海尔人永远以用户为是，不但要满足用户需求，还要创造用户需求；海尔人永远自以为非，只有自以为非才能不断否定自我、挑战自我、重塑自我。实现以变制变、变中求胜。这两者形成海尔可持续发展的内在基因特征：不因世界改变而改变，顺应时代发展而发展。

海尔的发展观：创业创新的两创精神——海尔文化不变的基因

创业精神即企业家精神，海尔鼓励每个员工都应具有企业家精神，从被经营变为自主经营，把不可能变为可能，成为自己的CEO（首席执行官）；创新精神的本质是创造差异化的价值。差异化价值的创造来自创造新的用户资源。两创精神的核心是强调锁定第一竞争力目标。目标坚持不变，但为实现目标应该以开放的视野，有效整合、运用各方资源。

海尔的利益观："人单合一"共赢——海尔永续经营的保障

海尔是所有利益相关方的海尔，主要包括创客、用户、股东以及其他利益攸关方。网络化时代，海尔与全球创客、利益攸关方等共同组成生生不息的生态圈，共赢共享共创价值。只有海尔这个开放的平台生态圈中所有利益相关方持续共赢，海尔才有可能实现永续经营。为实现这一目标，海尔不断进行商业模式创新，逐渐形成和完善具有海尔特色的人单合一双赢模式。

正是这样的核心价值体系，不断引领着海尔的战略调整与管理创新，适应时代的变迁与发展。"谁终将声震人间，必长久深自缄默；谁终将点燃闪电，必长久如云漂泊。"① 多年来的潜心改革，顺势而为的战略调整，最终让海尔成为"时代的企业"。事业承载使命，专业成就梦想，"共赢增值表"作为海尔管理智慧的精髓，正在为更多的中国企业提供着指引，同时也在为世界讲述着精彩的"中国故事"。

最后，由衷祝贺《共赢增值表蓝皮书》问世出版，也希望海尔集团能够实现初心，通过共赢增值表研究院的研究成果，不断吸引更多的管理会计创新者、参与者、研究者、推广者进行持续探索和迭代，为管理会计理论和实践研究提供更加开放的学术交流平台。

李　刚

美国管理会计师协会副总裁兼中国区首席代表

2021 年 8 月 12 日

① ［德］弗里德里希·威廉·尼采著，余明锋译：《敌基督者》，商务印书馆 2016 年版。

序五

日新月异的科技发展和技术迭代，正在加速推进中国经济转型和产业升级。智能化和数字化已经成为新一代科技革命和产业变革的核心驱动力量。从中国"制造"到中国"智造"，身处后疫情时代与百年变革浪潮的中国，有能力成为数字经济时代全球价值链的重要枢纽。作为经济转型升级的重要推手，管理会计的作用被一再凸显。财政部近期也强调"十四五"时期要"政府推动、社会联动、企业行动"，共同推进管理会计创新发展。

国际注册专业会计师公会（AICPA&CIMA）（以下简称"公会"）凝结了欧美百年行业智慧，代表全球69.6万名执业会计师和管理会计师，是目前全球规模最大的专业会计师组织。公会在中国管理会计行业深耕多年，今年受财政部委托，在推进管理会计发展的研究项目中，牵头为中国优秀企业的创新管理会计实践案例进行调研和梳理，为全行业的会计队伍培养提供建设性意见。海尔集团，作为率先运用创新商业模式，进行物联网生态转型的商业巨头，也是公会此次调研的重要企业案例。

数字经济时代下，企业的发展模式发生了颠覆性的改变。边际成本趋势递减甚至无限趋于零。以用户最佳体验为中心，数据作为最重要的生产要素，促进了企业价值创造能力的持续提升。海尔基于人单合一管理模式创新出第四张表——共赢增值表，是适应物联网时代发展的"看未来"的创新管理会计工具，关注如何通过生态伙伴共同为用户持续创造价值，充分实现内外部资源的互联互通和生态价值的共创共享。

共赢增值表，以其原创性、时代创新引起了全球企业界、学术界和行业协会的关注和认同。公会与海尔相识多年，海尔的创新管理会计实践和优秀财务领导者曾多次获得CGMA全球管理会计中国年度大奖的认可，为中国管理会计行业发展立下标杆，为管理会计助力企业治理做出楷模。在此期间，公会也不断为海尔的财务梯队优化提供学术和智力支持，培养以 CGMA 全球特许管理会计师为代表的德才兼备、克己自律的顶尖管理会计师，海尔集团先后有六十多位财务同仁成为 CIMA 会员和学员，共同为企业转型和价值创造而努力。

很荣幸此次受邀为海尔蓝皮书作序，在本书中，读者将纵览国内管理会计各位名家对海尔商业模式的解读和研究，从财务组织智能化转型、管理会计创新、员工激励机制、生态成本研究、组织生态共赢等方面，为我们解锁海尔成功转型的密码。本公会以引领全球会计与金融行业的变革为己任，也将助力海尔的第四张表——共赢增值表走向国际舞台，让更多国际人士了解中国企业的转型变革。

李　颖

国际注册专业会计师公会（AICPA&CIMA）

北亚区总裁

2021 年 8 月

序六

随着社会的发展与进步，新兴产业不断涌现，商业模式发生了翻天覆地的变化，特别是互联网的发展，深刻地影响了人们的生活和行为方式。企业为了应对外界环境的快速变化，需要及时进行变革。然而，管理模式的调整并非一蹴而就，要在变化中适时调整，那么，就亟须一个帮助管理者厘清变革主线、协助战略发展的得力工具。与此同时，作为企业与外界沟通的重要桥梁，信息披露的发展并未完全跟上时代的步伐。信息沟通的及时性、准确性、规范性、全面性等成为一门亟待解决的课题，监管机构、专家学者和领先企业均在积极讨论和研究。

为了努力改进新时代下的信息披露规则，应对投资者对财务信息的诉求，使公司财务报表中的信息交流更加有效，提高财务信息的实用性，国际会计准则理事会启动了“在财务报告中更好的沟通”项目进行专题研究。此外，英国财务报告委员会发布了关于《原则导向——公司报告的未来发展》的讨论稿，提出基于原则导向编制公司报告的有关提议，以更有效地满足投资者和其他利益相关方的信息需求。

领先企业也在不断探讨如何通过信息披露的创新彰显企业价值。海尔集团作为领先企业的代表之一，为顺应时代发展的要求对经营战略相应进行了迭代，不断自我颠覆并奋斗，积极对管理模式和信息披露进行了探索创新。

在经历了名牌战略、多元化战略、国际化战略、全球化品牌战略、网络化战略后，海尔集团于2019年12月26日创业35周年的庆典上，宣布迎来第六大战略阶段——生态品牌战略阶段。进入生态品牌战略后，海尔集团聚焦“价值循环、共同进化”，更加关注价值管理，“人单合一”模式下的共赢增值表应运而生。作为战略实施及价值衡量的强有力机制，共赢增值表明显区分于传统三大报表，被誉为管理会计创新与探索的第四张表。

2020年7月，以海尔“人单合一”模式下的共赢增值表实践探索为素材，为数字经济时代的管理会计提供实践样本、聚焦物联网时代管理会计变革的开放型生态平台——共赢增值研究院成立。我本人很荣幸成为研究院的成员之一，在研究院成立一年以来，与全球企业家、专家、学者共同探索，将研究成果汇总为《共赢增值表蓝皮书》。

本书首先从财务共享中心制度、成本策略及管控变革、物联网及跨组织运作的探索实践、预算体系及目标设定和员工激励五大方面出发，通过理论分析，结合海尔集团对“人单合一”这一优秀管理理念的实践案例，形成了有建设性意义的实践启示建议。此外，本书在介绍共赢增值表这一先进体系的基础上，阐述了共赢增值表对管理会计报告的重要探索，分析了共赢增值信息对提升市场价值的意义及未来的研究方向，并对共赢增值表的驱动赋能机制进行了研究。

在环境瞬息万变、经济飞速发展的今天，很多企业在努力寻求创新和突破的过程中，倍感无力和困惑。本书作为海尔集团践行企业社会责任、追求共创共赢的鼎力之作，分享了优秀的创新实践和领先的探索经历，将带来深刻的启示。

王鹏程

中国会计学会会计准则委员会副主任委员

2021 年 9 月 13 日

前言*

2021 年是中国共产党建党 100 周年，也是中国“十四五”规划开局和全面建设社会主义现代化国家新征程开启之年，习近平总书记提出“把论文写在祖国大地上”①，为中国特色的管理学研究指明了方向。

海尔人单合一模式下的共赢增值表，以其原创性、时代创新引起了全球企业界、学术界和行业协会的关注和认同。与传统管理会计模式不同，海尔共赢增值表是物联网时代的新范式，有助于完善学科体系、学术体系，形成中国管理学派，向全球贡献中国方案与中国智慧。

海尔共赢增值表研究院成立一年多以来，吸引了全球上百位专家与学者，总结海尔共赢增值表的实践与创新，为拓展会计研究边界提供了一个学术交流的平台。

本书汇集了海尔共赢增值表研究院 2021 年研究项目的重大成果，基于 8 个研究方向共收录了 11 篇研究报告，内容涵盖海尔集团的财务转型、成本策略、组织管控、管理会计报告、预算与业绩评价、薪酬与激励机制以及创新工具共赢增值表等，是对海尔生态品牌战略下创新生态模式与管理机制实践成果的理论化、体系化总结，旨在为企业物联网生态转型提供理论指引，为全球管理会计的理论与实践创新发展贡献成果与经验。

---

* 如无特殊说明，本书中关于海尔集团各项数据及各公司具体业务数据均来自海尔内部可公开的工作文件。

① 彭飞：《把论文写在祖国大地上》，人民网，2019 年 5 月 31 日。

目 录 <<

<< CONTENTS

001 一、海尔集团智能化财务组织制度设计要点与理论启示

利益相关者视角下的企业集团财务组织智能化转型
——基于海尔集团财务组织平台的探索性案例研究
| 张守文　汤谷良 / 003

039 二、海尔集团的成本策略与管控变革

海尔差异化战略下的生态成本研究
| 潘　飞　魏春燕　赵艺博　常慧源　沈志奇 / 041

071 三、基于海尔的物联网跨组织运作与管理会计导入

内部孵化：制造型企业转型为创业平台型组织的管理控制系统设计
| 黄钰昌　韩　践　许定波 / 073

管理会计实践创新与物联网商业生态的竞争力：海尔集团的探索
| 戴　璐 / 115

149 四、基于海尔网络财务与管理会计报告的研究

基于海尔“共赢增值表”的企业管理会计报告研究
| 田高良　杨　娜 / 151

175 五、海尔的预算体系、目标设定与业绩合同

链群合约赋能组织生态共赢

| 潘 飞 黄继章 宣 扬 姜 楠 / 177

193 六、海尔的薪酬体系、员工激励与股权激励机制

物联网生态时代的精准激励机制研究

——基于海尔的案例分析

| 刘运国 郑明晖 / 195

企业激励机制与员工内驱动力

——为什么海尔的小微企业充满活力

| 夏怡斐 曲馨怡 汤谷良 / 218

245 七、海尔的社会责任 CSR 与可持续发展能力研究

披露共赢增值信息，提升市场价值

| 王鹏程 / 247

263 八、海尔共赢增值表的管理思想与制度创新逻辑

共赢增值表：黑海战略的利器

| 曹仰锋 / 265

共赢增值表驱动的卡奥斯 COSMOPlat 赋能机制研究

| 王竹泉 孙文君 史晓洁 王苑琢 宋晓缤 / 276

致谢 / 309

一、

海尔集团智能化财务组织制度设计要点与理论启示

利益相关者视角下的企业集团财务组织智能化转型*

——基于海尔集团财务组织平台的探索性案例研究

张守文　汤谷良**

摘要： 在数字化经济时代，企业集团财务组织如何实现智能化转型，赋能企业价值创造是学术界与实务界共同关注的焦点。本文基于利益相关者视角，以海尔集团财务组织平台为研究对象，通过扎根理论的数据处理程序，揭示了企业集团财务组织转型的驱动因素与过程，以及财务组织平台与内外部利益相关者实现价值共创与价值共享的竞合机制。本文不仅为企业集团财务组织实现价值赋能的条件与机制研究提供了新的视角，还为其他企业今后实施智能化财务转型提供一定的实践经验借鉴与指引。

关键词： 财务组织平台，利益相关者，竞合关系，价值创造，价值共享

一、引言

伴随着区块链、机器学习、神经网络、知识图谱、数据挖掘等新信息技术不断应用于会计领域，企业所面临的内外部环境正在发生深刻的变革，财务智能化、标准化已成为企业财务共享服务中心转型的方向（李立成和刘勤，2019；杨寅和刘勤，2020；刘梅玲等，2020）。在数字化经济时代，企业集团财务组织

* 如无特殊说明，本文引用话语均出自 2020 年 11 月海尔实地调研访谈实录。

** 张守文，首都经济贸易大学会计学院。

汤谷良，对外经济贸易大学国际商学院。

如何与以人工智能为代表的信息技术融合，并赋予企业价值创造，推动企业高质量发展，是学术界与实务界共同关注的焦点（徐晨阳等，2017；刘梅玲等，2020；李闻一等，2020）。

在财务实践领域，智能化财务组织建设的探讨尚处于点状状态（刘梅玲等，2020）。一些智能化应用场景已经在部分企业中实现，有些还处于概念化阶段，还有些只是一种应用方向。这些智能化财务的应用场景包括智能报账系统、智能核算系统、自动报税系统、智能财务决策支持系统、人机智能一体化业财融合管理平台等（刘梅玲等，2020；张庆龙，2021）。在理论研究领域，学者们对智能财务的定义、基本框架、建设思路、实现路径等内容进行了初步的探索，但仍多为概念性与方向性的讨论，应用层面或系统化论述的研究还较少（刘勤和杨寅，2019；刘梅玲等，2020；张庆龙，2021）。

在数字化经济时代，传统的垂直供应链结构被颠覆，职能部门的界限被打破，来自不同行业、不同职能、不同地区的企业和个体形成基于互联网平台错综复杂的“供应网”。丰富的网络连接也推动了以生态圈为代表的创新商务模式的涌现（陈剑等，2020）。在生态圈视角下，价值创造与实现不再是单个企业努力所能达成的事情，而是企业整合与协同内外部所有资源的结果。所有为满足消费者需求提供产品组件的企业与组织，打破了传统产品制造模式中各方之间的壁垒，形成了一种价值共创与价值共享的关系（陈剑等，2020；谢志华等，2020b）。因此，在数字化经济时代，为了适应生态圈这一全新的竞争模式，并满足企业生态各方的价值需求，企业传统财务组织有必要进行智能化转型。然而，面对传统财务组织如何从管控系统向智能化转型这一问题，以往文献却存在以下不足：首先，学者们提出财务组织智能化转型需要外部环境与内部驱动力共同作用（刘勤和杨寅，2018），但内外部环境中驱动因素具体有哪些，这些因素又是如何共同作用促使企业集团传统财务组织智能化转型的，目前还缺乏从整体视角进行的分析与归纳研究。其次，作为数字化时代企业财务组织的核心，智能化财务组织平台与企业生态圈中利益相关者建立了怎样的关系，又如何驱动多方实现价值共创与价值共享，其作用机制与作用效果还尚待丰富，尤其是集团财务组织与内部利益相关者关系的讨论更是少有文献涉猎。

因此，基于以上研究不足，本文主要讨论以下两个研究问题：首先，企业集团传统财务组织进行智能化转型的内外部驱动因素是什么？这些因素驱动财务组织平台智能化转型的机制又是什么？其次，智能化财务组织如何实现与其利益相关者价值共创与价值共享？

本文希望通过对企业集团财务组织智能化转型的驱动因素、过程与结果等方面的讨论在以下 4 个方面有所贡献：第一，本文从整体视角上探讨了企业集团财务组织智能化转型的内外部驱动因素，以及驱动因素的作用机制，对企业集团财务组织智能化转型驱动因素与作用机制的相关研究做出了进一步细化与补充。第二，本文基于利益相关者的视角，分析了智能化集团财务组织与内外部利益相关者竞合关系的建立动机与过程，并呈现了竞合关系实现价值共创与价值共享的机制，丰富了集团财务组织智能化转型绩效后果与作用机制的研究。第三，本文通过讨论集团财务组织平台与内部利益相关者竞合关系的建立，呈现了企业内主动式竞合的形成机制，并分析其对企业价值创造与价值分享的影响。这一研究过程也对较少被讨论的组织内竞合关系研究提供了更丰富的研究场景。第四，本文通过对海尔集团案例的梳理与分析，采用质性研究方法，提炼了集团财务组织平台智能化转型中驱动因素与作用机制的理论与实践要点，可以为其他企业成功实施财务智能化转型提供一定的实践经验借鉴与指引。

二、文献回顾

（一）财务智能化的实现要素与框架

1. 智能财务与信息技术变革

我国会计信息化 40 年发展经历了会计电算化、会计信息化（狭义）与会计智能化三个阶段，其中 2016 年人工智能引入会计、税务、审计等工作中，标志着我国会计智能化阶段的开始（刘勤和杨寅，2019）。财务智能化阶段注重企业各类信息处理的效率、效益和智能化的程度，以及对企业管理模式和管理理念的再造（刘勤和杨寅，2018）。

目前，对于智能财务，学术界并没有普遍认可的权威定义。诸多学者从不同角度对智能财务进行了概括，例如，刘勤和杨寅（2018）认为智能财务是基于先进的财务管理理论、工具和方法，借助于智能机器和人类财务专家共同组成的人机一体化混合智能系统，是一种新型的财务管理模式。刘梅玲等（2020）认为智能财务是以人工智能为代表的“大智移云物区”等新技术运用于财务工作，对传统财务工作进行模拟、延伸与拓展，以改善会计信息质量、提高会计合规能力和价值创造能力，促进企业财务在管理控制和决策支持方面发挥作用，推动企业数字化转型进程。虽然诸多学者对智能财务的具体定义各不相同，但毋庸置疑的是，智能财务必须以人工智能为代表的“大智移云物区”等新信息技术为载体。新信息技术的运用是财务智能化发展的前提与基础。智能化的财务组织借助数据洞察，驱动企业管理提升。

2. 财务智能化转型与企业组织结构

信息技术的发展为企业财务组织进行智能化变革奠定了技术基础。然而，企业真正实现财务组织智能化还需要适配的企业组织结构。在新技术条件下，智能化财务组织的建设势必会引起组织变革（李闻一等，2019；池仁勇等，2020）。传统以实体为基础的组织形态必然会向以信息为基础的组织形态转变（谢志华等，2020）。

在新技术下，企业组织应具备权变性、敏捷性、自组织化等特征。这要求组织内的每一个部门和岗位都应有自身清晰的利益边界，它既可以直接实时响应组织外部服务对象的需求，也可以响应组织内部服务对象的需求（谢志华等，2020a，2020b）。微型团队或者微型自组织是提高组织敏捷性的一种有效方式。自组织是在不存在外部指令的情况下，系统按照相互认可的某种规则，各尽其责而又协调自动地形成有序结构（张庆龙，2020）。这种权变的自组织方式已经在青岛海尔集团的“人单合一”制度中得到了验证（谢志华等，2020b；张庆龙，2020；陈剑等，2020）。

需要注意的是，虽然财务的智能化建设势必会引起组织变革，但由于财务部门是企业的职能部门，往往缺乏主动变革的动力。在实践中，高成本、长周期的财务智能变革的效果却不尽人意（张敏，2020）。而导致数字变革失败的往往并非技术落后，而是源自企业内部组织架构过于刻板（朱伟，2019）。因此，企业应该认识到，如果组织结构与智能系统不匹配，智能系统将只是流于形式，其效果将大打折扣（池仁勇等，2020）。企业需要主动保持内部组织与外部环境，如技术、市场、制度等相适应，从而保持企业稳定运行与发展（Hayes and Allinson，1998）。

3. 财务智能化转型与内部驱动力

组织变革作为企业应对复杂多变环境的必要举措，不仅受到外部因素干预，更是系统内力驱动的产物（王凤彬等，2018）。一个组织状态的改变，需要最高层次的变革，即组织集体观念（mindset）变革来引领。任何一个完整的变革过程都需要经过构思变革（学习）、转变观念（愿景）与规程安排（规划）几个步骤（王凤彬等，2018）。因此，企业财务组织智能化的进程也应是由应用主体的所处的外部环境与内在发展动力共同驱动的结果（刘勤和杨寅，2018）。

这种内在发展的驱动力，不仅体现在企业内部管理者与员工的个体驱动力，还体现在企业价值管理目标的整体驱动力。王凤斌等（2018）通过对海尔集团与IBM跨案例研究，识别出组织变革过程中情境响应、观念更新、模式重塑、制度优化与人性适配五要素生克制化的机理。其中，"观念更新"强调企业转型期领导者强行或自上而下对组织注入新的观念，从而抑制既有制度的运行惯性。"人性适配"则强调了行动者人性中潜在与制度相匹配的本能，这些本能在转型期将汇聚为原动力，使组织在复杂多变的环境中保持活力。

从企业价值管理的整体目标而言，随着信息技术的发展，财务组织价值管理目标已逐渐从价值评估目标、价值创造目标转变为价值发现目标，即财务组织需要寻找可以实现价值增值的机会，通过主动的变革使企业更好地面对市场变化，获得可持续发展（李任斯和刘红霞，2015）。更进一步，企业可以借助新技术，通过分析相关数据，满足价值发现，创造需求，随后设计相应服务满足需求，进行创造价值（陈剑等，2020）。

（二）基于利益相关者的生态圈与竞合关系建立

传统的企业内部财会机构一般是在首席财务官（CFO）下设有司库（treasurer）和主计长（controller）。财务司库的任务是管理公司的现金、募集资本并与银行及股东保持良好的联络关系；主计长的职责是为控制而从事规划、报告及解释、考核及咨询、税务、保障资产安全与业绩评价（汤谷良和陈玉菲，2016）。在实践中，我国企业财务组织往往会架构一种"三分财务体系"，即战略财务、业务财务与财务共享中心。战略财务承接公司战略规划，提供经营管理决策支持；业务财务为一线业务单位提供信息与服务，协助其提高经营管理能力；财务共享中心狭义上指财务核算中心，提供标准服务与信息（汤谷良和张守文，2017）。以上理论与实践更强调财务组织对内的核算、管理与控制等基本职能。

胡贵毅等（2008）认为企业应基于利益相关者建立财务组织，通过识别财务部门的外部和内部利益相关者，建立相应的财务组织战略、业务流程与组织结构，改善对外部利益相关者的服务水平，加强对内部利益相关者的支持水平，从而提高企业绩效与价值创造力。在数字化经济时代，传统的"供应商—生产商—批发商—零售商"垂直供应链结构被颠覆，职能部门的界限被打破，来自不同行业、不同职能、不同地区的企业和个体形成基于互联网平台错综复杂的"供应网"。丰富的网络连接创造了商业价值，推动了以生态圈为代表的创新商务模式的涌现。企业的运营决策、管理决策应突破供应链视角，从生态圈的视角做出更为全局的考虑（陈剑等，2020）。

以智能化为特征的财务组织也应着眼于智能财务发展生态的各方面，如智能财务的应用主体（企业）、政府主管部门、行业组织、供应链、客户等（刘勤，2017）。这是因为在数字经济时代，企业仅依靠自身的资源与能力是远远不够的，企业需要去整合不同的资源以实现合作共赢，也即将与其他企业与组织的竞争关系转变为合作共生关系（陈剑等，2020）。具体而言，企业既可以与大学、政府部门等社会公共组织建立合作关系，也可以与供应商、分销商、客户甚至竞争对手建立合作关系（李东红等，2020）。企业与竞争者建立的合作关系，由于合作伙伴之间所具有的竞争性，因而被称之为"竞合关系"（Bengtsson and Kock，2000）。当然，在企业内部，部门之间也会因为争夺企业的稀缺资源而竞争，同时也会为了企业整体的利益而合作（Luo et al.，2006；Seran et al.，2016；刘智强等，2019）。

竞争与合作并不是完全互斥的，它们可能同时存在，并且相互影响（Bengtsson and Kock，2000；Gnyawali and Park，2009；Titala et al.，2016；李东红等，2020）。竞合关系是一把"双刃剑"，既对企业业绩、竞争力和创新性有积极的作用，同时又可能因为机会主义行为、冲突等原因，导致竞合关系的失败（杜占河和原欣伟，2017）。因此，作为企业的一个动态自组织系统，基于智能化的财务组织需要依托"大智移云物区"等技术，着眼于内外部利益相关者的动态生态圈，并通过建立与维持竞合关系的方式，创造并满足利益相关者的集成式需求，实现生态圈各方整体价值的最大化。

（三）价值共创与价值共享

数字化的一个重要意义在于其推动了价值共创（陈剑等，2020）。这是因为在数字化时代，价值创造与实现不再是单个企业努力所能达成的事情，而是企业整合与协同内外部所有资源的结果。那么，所有为满足消费者需求提供产品组件的企业，打破了传统产品制造模式中各方之间的壁垒，形成了一种价值共创关系（陈剑等，2020；谢志华等，2020b）。陈剑等（2020）认为，在新兴数字经济业态中，价值共创在产品或者服务中发挥着更大的作用，甚至有的业态核心就是价值共创，离开价值共创，就没有了产品或服务。这种价值共创不仅指企业内部与外部的资源共享，也包括企业内部自组织之间的相互协同。以智能化为特征的企业财务组织可以为企业内部自组织的生产经营活动进行预测、规划、执行、控制、考核与评价，也可以为企业内外部资源协同与平衡提供支持，从而实现价值共创。

谢志华等（2020b）认为价值共享应该是价值创造和实现的前提，价值共享从根本上是指实现价值分享的均衡性。所谓价值分享的均衡性，是使协同合作的各方根据自身在共创价值中的重要性或贡献程度，确定价值分配比重。价值共享使得价值共生得以持续实现。在企业组织边界内，自组织之间通过建立并维持竞合关系所创造的价值，需要在组织内部利益相关者之间进行价值共享。当价值共创超越了企业组织边界，也就是需要与外部利益相关者进行协同与合作时，由此形成的价值共享也就由公司内部拓展至公司外部。基于此，企业财务管理目标需要聚焦于价值共创与价值共享，或者说利益相关者价值共享化（谢志华等，2020b）。

（四）研究评述

综上我们发现，现有关于智能财务的文献还尚处于初步探索阶段，如智能财务的基本框架、体系构建思路、实现路径等（刘勤和杨寅，2019；刘梅玲等，2020）。学者们提出企业财务组织智能化转型需要外部环境与内部驱动力共同作用，但内外部环境中驱动因素具体有哪些，这些因素又是如何共同作用促使企业集团传统财务组织智能化转型的，目前还尚缺从整体视角的分析与归纳研究。

此外，在数字化时代，生态圈是当前全新的竞争模式，与生态圈相关的运营管理决策也存在新的问题，如生态圈成员的合作关系与分享机制（Guo and Wu，2018）、新加入企业与现存企业之间的竞争问题（Feng et al.，2018）等，都需要持续展开研究（陈剑等，2020）。同时，以智能化为特征的集团财务组织平台与企业生态圈中利益相关者建立了怎样的关系，又如何驱动多方实现价值共创与价值共享，其作用机制与作用效果还尚待丰富，尤其是财务组织平台与内部利益相关者关系的讨论更是少有文献涉猎。

三、研究方法与设计

（一）研究方法与样本选择

1. 研究方法

案例研究能够对研究对象进行详细深入地描述与分析，对于“如何（how）”和“为什么（why）”的研究问题更加合适（Yin，2009）。本文采用探索性单案例研究方法，原因有以下几点：（1）本文主要探究企业集团传统管控型财务组织进行智能化转型的驱动因素与过程，以及以智能化为特征的财务组织平台如何实现与利益相关者价值共创与价值共享的问题，属于回答“如何”“怎样”问题的范畴。并且，本文是基于过程视角，展现企业集团财务组织进行智能化变革，并实现集团财务组织与内外部利益相关者由管控关系到竞合关系的转变，所以适宜采用案例研究方法进行探索研究（Eisenhardt，2007；Yin，2013）。（2）由于智能财务的相关文献目前尚处于初步探索阶段，现有文献只能提供财务智能化转型的驱动因素、构建思路、价值实现等概念性描述（刘勤和杨寅，2019；刘梅玲等，2020）。本文的研究问题是现有文献尚未有系统性研究的内容，因此应采用探索性案例研究方法（毛基业和李高勇，2014）。（3）本文需要深入地、系统地了解企业集团财务组织平台智能化转型的条件、过程与结果，对数据的丰富性和全面性具有较高的要求，而单案例研究更能够保证案例研究的深度（Yin，2013）。

2. 案例选择

基于典型性与理论抽样的原则，本文案例的选择强调案例的典型特征及与研究问题的契合度，关注企业集团财务组织智能化转型的驱动因素、过程及结果。根据核心问题及情景，本文选取海尔集团作为案例研究对象，具体原因如下：（1）案例的典型性。海尔集团（以下简称“海尔”或“集团”）自2006年开始探索传统财务转型，属于国内首批建设财务共享中心的企业。自2014年起，海尔集团进行财务智能化转型，尝试构建物联网范式的、衡量生态价值的财务系统，目前取得良好效果。此外，海尔集团具备一定的企业规模，其智能化财务组织平台搭建了10种财务语言服务，设立15大类场景，管理39种货币和全球四大现金池。海尔集团是实施财务组织智能化转型实践的先行者与典型成功代表，体现了案例选取重要性与代表性原则（Patton，1987）。（2）案例的适配性。为应对数字化环境的变化，海尔集团的“人单合一”模式基于组织、竞争、制度和技术环境进行了颠覆性、系统性的持续动态变革，形成了互联网企业创新模式（Frynas et al.，2018；陈剑等，2020）。这种权变的自组织方式符合新技术下企业组织特征要求，体现了环境与资源双重导向交互匹配的过程。海尔集团的案例为观察与研究集团财务组织平台智能化转型过程中的驱动因素、过程与结果，提供了更好的研究情境。（3）案例数据可获得性。由于海尔集团，尤其是集团财务组织平台相关负责人对本研究的鼎力支持，我们才能够深入海尔集团就财务组织平台智能化转型进行多轮实地访谈与内部资料获取，以确保案例资料三角验证的实现。这是本文进行案例研究的重要客观基础。

（二）数据收集

本文主要采取一手数据与二手数据相结合的数据资料收集方法。具体而言，一手数据主要包括半结构化访谈、现场收集的其他材料等。二手数据主要包括案例企业宣传视频、年报数据、人物访谈等公开信息。通过一二手资料的综合分析，我们可以深入了解案例企业财务组织转型的全过程，同时多元化的数据来源还能够保证研究资料的完整性与丰富性，提高研究信度（Yin，2002）。

研究团队对海尔集团的实地调研集中在 2020 年 11 月。访谈共计 19 人次，访谈时长 12.5 小时，整理录音文本约 12.81 万字。访谈对象均为与集团财务组织平台密切联系的各部门与各团队的负责人与核心员工。在开展调研前，我们根据访谈主题进行资料收集与整理，并有针对性地梳理核心访谈问题。在进行集体访谈与小组探讨后，我们进一步界定研究主题，并围绕研究主题开展第二阶段的深入访谈，以对集团财务组织平台智能化转型以及集团财务组织与利益相关者的关系演化过程进行深入的了解。

访谈录音均在被访者同意并保障被访者隐私的前提下进行的。访谈完成后，我们也通过电话回访对部分访谈内容进行了核实确认。为保证访谈数据的有效性，我们在访谈 24 小时之内对访谈录音进行了文字整理工作。详细的案例数据统计如表 1 所示。

表 1　　数据收集的描述性统计

数据来源	访谈对象	访谈人次	访谈时间（小时）	访谈文稿（万字）
一手数据	财务共享中心	5	2.8	2.96
	小微团队	7	3.6	3.81
	上市公司财务	5	3.1	3.22
	信息技术部门	3	2.3	2.15
	财务战略部门	1	0.7	0.67
二手数据	通过企业内部文件（企业 PPT、宣传视频等）、公开媒体报道（年报数据、官网资料、人物访谈等）等渠道获取海尔集团信息			

（三）数据编码与分析

本文遵循案例研究对质性资料的要求，依据 Strauss 等为代表的程序化扎根理论的数据处理程序，即“开放性编码—主轴式编码—选择式编码”进行数据分析。编码初期，团队中两名拥有质性资料分析经验的成员对原始数据进行“背对背”编码。当成员们对编码结果有歧义时，双方深入交流后根据熟悉质性研究及该研究领域的专家意见，最终形成一致编码结果（Denzin and Lincoln，2011；Miles and Huberman，1994；郭永琳、周延风，2021）。在编码不断提炼的过程，我们也在数据与现有文献之间切换，通过使用现有的理论与概念诠释数据，但同时又保持一种批断的态度洞察数据背后的内在含义，提高编码的客观性（王扬眉等，2020）。具体而言，数据分析包括以下步骤：

第一步，开放式编码。在编码之前需要排除与本文无关的段落与章节，并将原始语句进行编号。为了降低研究者个人的选择性知觉影响，在发掘初始概念时，尽量使用受访者原始语句作为标签，共得到303条原始语句。然后，对这些初级代码进行整理与归纳，采用“原生”规则命名初始概念，总结了64个初始概念（编码前缀为a）。通过对这些零散的初始概念进行比较与提炼，将指向共同核心概念的初始概念进行归纳，形成19个核心概念（编码前缀为B）。接着，对核心概念进行范畴化，即将相似的核心概念进一步聚拢成为新的更高层次的节点，最终形成8个范畴（编码前缀为C）。编码结构详见表2。通过上述过程得到的初始概念、核心概念与范畴体现了案例数据与资料中公司财务组织重构与利益相关者关系的转型要素与过程。在此基础上，对这些核心概念与范畴进行要素提炼整合，进一步加深对公司财务组织关系重构过程的理解。

第二步，主轴式编码。在开放式编码的基础上，依据具有理论基础的分析框架，将开放式编码中得到的各个范畴进行组合与聚类分析，以明确范畴间的逻辑关系，形成轴线，发展为主范畴。本文依据“条件—行为—结果”的逻辑关系与各个范畴之间的内在关系，进一步归纳出3个主范畴，描述了公司财务组织与利益相关者从管控关系向竞合关系转变的条件要素、行为要素与结果要素（见表3）。

第三步，选择性编码。在主范畴与其逻辑关系的指引下，从主范畴中提炼核心范畴，并把各范畴系统地整合在一起，从而构建起一个扎根理论模型（王扬眉等，2020，2021）。这一过程的关键在于为案例串联出一个完整的“故事线”，用“故事线”精练地诠释案例数据与资料。本文研究的核心范畴是“基于智能化转型的企业集团财务组织关系重构的要素与机制”，蕴含的基本关系是“财务组织转型的客观因素与主观因素作为情境条件，促发集团财务组织平台智能化转型，并以智能化为特征的财务组织平台为驱动基础，集团财务组织与内外部相关利益者构建竞合关系，从而实现价值创造与价值共享。”基于此，本文构建“基于智能化转型的企业集团财务组织关系重构的机制”理论模型（见表2和表3）。

表 2　　编码结构

初始概念	核心概念	范畴
云服务应用 a1；人工智能应用 a2；区块链应用 a3；大数据应用 a4；物联网应用 a5	信息技术变革 B1	财务转型客观因素 C1
小微组织建立 a6；小微组织价格管理 a7；小微组织信用管理 a8；小微组织合规管理 a9；小微组织成长管理 a10；小微组织财务核算 a11；小微组织财务管理 a12；小微组织财务组织 a13	企业自组织结构 B2	
财务转型方向 a14；财务转型观念转变 a15；财务转型需求 a16	财务转型动机 B3	财务转型主观因素 C2
员工精神激励 a17；员工薪酬激励 a18	员工激励 B4	
财务共享中心功能 a19；财务共享中心业务计价 a20；财务共享中心作用 a21；财务共享中心管理范围 a22；财务共享中心结构 a23	财务共享中心建立 B5	智能化财务组织平台 C3
财务组织平台智能化产品 a24；财务组织平台智能化场景 a25；智能化财务组织平台结构 a26	智能化财务组织平台建立 B6	
业务财务内容 a27；业务财务比重 a28；业务财务边界 a29；业务赋能 a30	小微组织合作 B7	内部利益相关者合作 C4
上市公司财务组织结构 a31；上市公司财务独立要求 a32；集团财务共享对接 a33	内部上市公司合作 B8	
员工体验提升 a34；其他平台合作 a35	其他内部合作 B9	
人力预算管理 a36；岗位抢单制度 a37；	资源竞争 B10	内部利益相关者竞争 C5
集团奖项竞争 a38；样板会交流 a39	地位竞争 B11	
供应商经销商合作 a40；客户合作 a41	上下游产业链合作 B12	外部利益相关者合作 C6
外管局合作 a42；海关合作 a43；税务部门合作 a44	政府部门合作 B13	
教育科研机构合作 a45；知名企业经验借鉴 a46；银行合作 a47	其他外部合作 B14	
业务效率提升 a48；流程效率提升 a49；管理效率提升 a50；资金周转效率提升 a51	运营管理效率提升 B15	价值创造 C7
财务人工成本降低 a52；资金成本降低 a53	成本费用降低 B16	
自主知识产权 a54；国家级版权认证 a55	研发创新增加 B17	
业务与生态迭代 a56；小微组织生态建设 a57；生态价值核算 a58；生态财务建设 a59；组织生态建设理念 a60；组织生态形式 a61；组织生态构成 a62	组织生态建设 B18	价值共享 C8
价值共享理念 a63；共赢增值表 a64	价值共创共享理念 B19	

表 3　　主轴编码结果

副范畴（逻辑主线）			主范畴
条件要素	行动要素	结果	
财务转型客观因素 C1；财务转型主观因素 C2	智能化财务组织平台 C3	价值创造 C7；价值共享 C8	财务组织平台智能化转型驱动
智能化财务组织平台 C3	内部利益相关者合作 C4；内部利益相关者竞争 C5	价值创造 C7；价值共享 C8	内部竞合的价值共创共享
智能化财务组织平台 C3	外部利益相关者合作 C6	价值创造 C7；价值共享 C8	外部合作的价值共创共享

四、研究发现

（一）财务组织平台智能化转型驱动

企业财务智能化的进程应是由应用主体的所处的外部环境与内在发展动力共同驱动的结果（刘勤和杨寅，2018）。通过对海尔集团案例的分析，我们发现企业集团财务组织智能化转型需要具备客观与主观的因素要件。客观因素要件主要聚焦于外部环境如信息技术变革，以及与外部环境相适配的企业组织结构。主观因素要件主要聚焦于企业内部需求、观念等引发的财务转型动机，以及激发动机转变为行为的员工激励制度。财务组织平台智能化转型驱动形成相关范畴与典型引用语/引文举例详如表 4 所示。

表 4　　财务组织平台智能化转型驱动范畴的典型引用语/引文举例

范畴	概念	典型引用语/引文举例
财务转型客观因素 C1	信息技术变革 B1	海尔是物联网企业，在物联网时代，传统的财务共享中心转型成了一个智慧化的、生态的财务共享平台。这主要体现在海尔把整个业务流程，包括用户无感、智能审核、7×24 小时财务机器人，打造成了黑灯共享中心
		大数据可以按照不同小微组织的需求，进行数据组合与分析，用数字显示经营过程中存在的问题，通过数据驱动人和组织的优化
		区块链的应用使得财务实现了从串联到并联。我们实现了与全球 36 家银行线上直连；与国家税务总局直连，实现发票的在线认证，税务在线申报以及在线退税；与海关、外管局也是全网直连。同时，我们同全国供应商、经销商全部实现网上下单、线上收款、开票、对账、发票校验等

续表

范畴	概念	典型引用语/引文举例
财务转型客观因素C1	企业自组织结构B2	海尔财务转型一直围绕企业集团转型，集团从制造产品向孵化创客转型，财务也由原来的事后走向了事前。海尔智能财务需要承接集团内部孵化的近4000个小微组织
		集团现在有很多小微，大的战略方向是集团设定好，基于战略目标小微会去抢单……也就是小微组织或人承诺要达成的目标。小微组织分为用户小微和资源小微
		现在的职位层级只有三类人，平台主，小微主和小微成员。在抢单的过程中，还会形成链群，链群会有链群主
财务转型主观因素C2	财务转型动机B3	我们总结了有“对上、对下、对内和对外”四个方面的原因：对上老板不满意，认为财务不能提供有价值的数据信息，财务业务“两张皮”，财务没有价值；对下员工抱怨财务工作辛苦，尤其月末报表、订单太多；对内业务用户抱怨财务只会闸口，不能业务赋能；对外客户、供应商认为海尔的流程很冗长，满意度很差
		我们财务转型不仅基于数字化转型的需要，海尔自身提高效率的需要，还要考虑在业务流程中如何让我们的客户、供应商等生态各方共同提高效率
		财务转型是“一把手”项目，首先管理者需要进行观念输入，老板要知道企业为什么，以及需不需要进行财务转型。同时员工也需要开展宣讲，一开始大家也容易不接受，慢慢地会积极地、主动地要求财务转型
	员工激励B4	张首席要求财务做到“规划未来，引领双赢”，激励财务做转型……精神激励与物质激励都有
		在短期激励方面，海尔采用的是“用户付薪”“人单酬”的机制，……员工取得的报酬取决于他/她创造的用户价值的大小
		除了货币薪酬的激励，我们还有精神方面的激励，比如集团层面的人单合一勋章奖，张首席会授予奖章，当然也有现金奖励。还有三金奖，包括金网奖、金锤奖和金榕树奖
智能化财务组织平台C3	财务共享中心建立B5	财务共享中心又叫会计平台，包含了负责传统会计核算的财享云、与报表和数据分析赋能相关的财赋云，以及共赢增值表三个部分
	智能化财务组织平台建立B6	智能化财务平台不仅包括会计平台，还有质量运营平台、资金平台、税务平台等模块
		除了智报账和智税通，海尔还拥有退税宝、海尔通行、易付宝、智慧月结、银企账户通、开票通、智能客服等18个智能化产品

1. 财务组织平台智能化转型的客观因素要件

随着信息技术不断升级迭代，人工智能、区块链、大数据、云服务、物联网等新技术逐渐在海尔集团应用，成为支撑智能化财务组织平台建设的基础。以区块链技术为基础，海尔集团建立供应链自驱体系“票联网”，向供应商和客户提供从订单建立到事后自动开票、自动校验、自动记账和自动结算的全流程服务。票联网体系不仅帮助海尔集团及其供应链用户解决对账周期长，效率低，票据审核与管理成本高等问题，同时还有助于双方提前进行税务筹划。2017 年起，海尔集团致力于智能财务机器人的研发，目前海尔集团拥有的自主知识产权——海旺机器人，已被用于智能客服、月结、收付款、报账、交易响应等 7 个领域。通过提前嵌入财务处理流程与标准，海旺机器人可以实现“7 ×24 小时”零延误运转，1 台机器人可以处理相当于 8 名财务人员的工作量。由此可见，新信息技术的运用是集团财务组织平台智能化转型的前提与基础。

此外，与外部环境相适配的企业组织结构也至关重要。如果组织结构与智能系统不匹配，智能系统将只是流于形式，其效果将大打折扣（池仁勇等，2020）。在新技术环境下，传统的以实体为基础的组织形态必然会向以信息为基础的组织形态转变（谢志华等，2020）。自 2005 年海尔集团提出“人单合一”模式，这标志着海尔集团由以制造产品为主的传统制造业企业向孵化创客的平台企业转型。“人单合一”模式中的“人”指员工，“单”指用户价值，“合一”代表员工的价值实现与其所创造的用户价值合一。在这种模式下，员工不再是企业雇佣者的角色，人人都是创业合伙人。因此，企业内部的人员结构也突破了传统职能岗位层级设定，员工被划分为平台主、小微主与小微成员三类。当集团战略目标设定后，员工会基于集团战略目标进行“抢单”，以“单（用户价值）”为核心形成小微组织。基于“单”的小微组织构成生态链小微群（以下简称“链群”）。最后达成一种动态的、开放的组织形态，这种组织形成的最终目的在于满足用户需求。

以小微、链群为代表的自组织结构不仅可以实时响应组织外部用户的需求，还可以响应组织内部用户的需求。在数字化时代，信息更具有规模化、实时性、场景化等特征，用户需求逐渐多样化、个性化，企业不仅需要利用信息技术获取、处理与分析数据，还需要通过自组织结构迅速调整与适应，使得环境特征与组织形态相匹配，智能化财务组织平台才能发挥出最大的价值。

2. 财务组织平台智能化转型的主观因素要件

组织变革不仅受到外部因素影响，更需要最高层次的组织集团观念变革进行自驱（王凤彬等，2018）。传统的财务组织仅仅是企业中的一个职能部门，往往缺乏主动变革的动力，财务智能化变革的效果多不尽人意（张敏，2020）。在海尔集团案例中，集团财务组织平台成功智能化转型离不开企业强烈的财务转型动机，以及促进动机转化为行为的激励机制。

在传统财务组织下，会计核算、管理控制等基本职能已经不能满足企业各方日益增长的需求，财务管理弊病逐渐积聚。在访谈中，海尔集团财务组织平台其中一位负责人向我们谈道："（当时的财务系统）'对上'老板不满意，认为财务不能提供有价值的数据信息，财务业务'两张皮'，财务没有价值；'对下'员工抱怨财务工作辛苦，尤其月末的时候报表、订单太多；'对内'业务用户抱怨财务只会闸口，不能业务赋能；'对外'客户、供应商认为海尔的流程很冗长，满意度很差。……基于这样的情形，张首席对财务提出'规划未来、引领双赢'的要求，激励财务进行管理会计转型，然后从管理会计向智能化、生态财务转型。"

由此可见，财务组织智能化转型成功的前提之一是发现并认识到传统财务组织形式下企业存在的问题，这构成了财务转型的基本需求。另外，企业管理层还需要认识到财务组织智能化转型的必要性，即管理层观念的转变。财务组织智能化转型是"一把手"项目，转型期领导者强行或自上而下对组织注入新的观念，能够一定程度上抑制既有制度的运行惯性（王凤彬等，2018）。同时，在访谈中，集团财务组织平台的负责人还强调了"员工宣讲"的重要性，"一开始大家也不接受，后来慢慢地会积极地、主动地要求财务转型。"因此，从财务组织智能化转型的主观因素要件来看，满足企业各方利益相关者的需求是转型的基本动机。同时，财务组织智能化转型还需要管理层"自上而下"式的观念注入，以及对员工进行观念渗透相结合。

任何一个完整的变革过程都需要经过构思变革（学习）、转变观念（愿景）与规程安排（规划）几个步骤（王凤彬等，2018）。当财务组织智能化转型观念已经在组织中注入并渗透后，如何将观念转化为行为就变得至关重要了。在海尔集团中，对员工的物质激励与精神激励机制共同发挥了行为驱动作用。在短期薪酬激励方面，海尔集团采用"用户付薪、人单酬"机制，即员工取得的报酬取决于他/她创造的用户价值的大小。在海尔集团“人单合一”模式下，财务人员也需要“抢单”，并根据所创造的用户价值付薪。基于开放的、动态的自组织结构，企业财务组织不再是一个职能部门，财务人员拥有主动满足用户需求，甚至创造需求的动力。

在精神激励方面，海尔集团设置了人单合一勋章奖、三金奖等集团奖项。在访谈中，海尔集团某上市公司首席财务官（CFO）谈道：“集团 920 大奖（即‘人单合一’勋章奖）在大家心中是至高无上的荣誉，这是集团对自己工作的认可，会给大家很强的归属感。……集团也很重视 920 大奖，过程很隆重，张首席会亲自授予奖章，当然也有现金奖励。”由此可见，物质激励与精神激励机制共同发挥了行为驱动作用，促使财务转型观念落地，财务组织智能化转型的内在自驱力已经形成。

基于以上分析，我们得到如下命题：

命题 1a：信息技术运用、与外部环境适配的企业自组织结构是企业集团财务组织平台智能化转型的客观因素要件。

命题 1b：基于满足企业各方利益相关者需求的基本动机，企业通过重塑管理者与员工转型观念，实施物质与精神激励制度，形成“观念注入—观念渗透—行为驱动”机制，构建内在自驱力，推动财务组织平台智能化转型落地。

（二）基于内部利益相关者竞合关系的价值共创共享

在数字化时代，价值创造与实现不再是单个企业努力所能达成的事情，而是企业整合与协同内外部所有资源的综合结果。传统垂直供应链结构被颠覆，职能部门的界限被打破，来自不同行业、不同职能、不同地区的企业和个体形成了基于互联网平台错综复杂的“供应网”（陈剑等，2020）。这些丰富的网络连接推动了全新的商业与竞争模式形成，即“生态圈”。学者们也强调以智能财务为核心的财务组织应着眼于智能财务发展生态的各方面，与生态圈的利益相关者形成价值共创共享关系（刘勤，2017；陈剑等，2020；谢志华等，2020b）。本文接下来将讨论，以智能化为特征的集团财务组织如何与生态圈中内部利益相关者建立关系，从而实现价值共创与价值共享。内部竞合关系的价值共创共享范畴的相关证据链举例如表 5 所示。

表 5　　　　内部竞合价值共创共享范畴的典型引用语举例

范畴	概念	典型引用语举例
内部利益相关者合作 C4	小微组织合作 B7	“海尔智能财务承接了集团内部孵化的近 4000 个小微组织，财务工作也从交易处理向风险管理、资金管理、预算与绩效支持，以及价值创造者转变。”
		“我们（财务）对信用类客户会持续监控，只要客户有不良信息反馈进来，我们就会通过大数据分析及时跟进，并向小微提供产业风险提示单。有任何风吹草动我们都会第一时间反馈给小微，让小微有个判断。”
		“智报账（财务报销）与智税通（纳税申报与退税）都是我们财务先主动提出的，结合小微等用户的需求，再找 IT 部门提供技术支持实现的。”
	内部上市公司合作 B8	“因为上市公司要有财务独立性，所以我们自建了财务体系，账目核算和管理系统是（与集团）独立的。但我们也在集团合并报表范围内，所以合并报表信息会上传到集团报表平台。税务资源的协调与管理还是依赖集团平台。”
	其他内部合作 B9	“智能财务系统的开发、使用与维护方案是我们（财务）在做。我们作为业务方、用户方，集团 IT 部门提供技术支持，负责落地实施。”
		“智能财务系统中的智慧商旅让我们的员工出差机票、酒店、打车都不用垫付，也不用贴票报销。智慧商旅完全实现公对公结算，为员工提供无纸化、无感化服务。”
内部利益相关者竞争 C5	资源竞争 B10	“财务人员的任命与撤销都是通过抢单完成的。当有岗位空缺发布出来的时候，大家都可以抢，机会是公平的。参与抢单的员工需要拿着自己的预案去路演，讲如何为业务赋能，与别人 PK，大家去评判。”
	地位竞争 B11	“集团的大奖都是层层上报与评选的。我们会根据业绩目标的达成进行申报，推举到平台后，平台评选再上报集团，然后集团再去评。……今年（2020 年）的 920 大奖全球（整个集团）总共不到 30 人获奖。”
		“各个领域组织样板会，请典型代表的小微在会上分享经验，张首席会进行指导。参加样板会大家会有压力，但是能力也会提高。”

续表

范畴	概念	典型引用语举例
价值创造 C7	运营管理效率提升 B15	“自从互联网云抢单平台建立后，原来集团 62 名出纳的工作现在只需要 3 个人就能完成。原来 6 分钟记一笔账，现在 1 分钟都不到。每月人均效率从 1300 笔到现在的 3 万笔，效率得到大幅提升。”
		“刚成立的小微如果单独成立财务组织需要招不少人，成本高，并且合规性没有保证。现在小微借助海尔统一的平台，合规、管控、赋能全部实现。”
	成本费用降低 B16	“在没进行财务共享的时候，整个集团的财务人员大约是 2000 人，其中有 1500 人负责会计核算。到现在，财务共享中提供交易服务的一共是 150 人。”
		“智能财务系统中的结算平台，帮助我们（小微）打通专卖店与供应商、银行等部门的沟通与流程，结算效率得到大幅提升，降低了资金使用成本。”
	研发创新增加 B17	“海尔目前整个智能财务体系，99% 都是基于海尔自己个性化需求开发出来的，IT 部门负责落地。2017 年我们开始研发的海旺机器人，是集团拥有的自主知识产权。”
价值共享 C8	组织生态建设 B18	“自 2019 年，海尔集团开启生态品牌战略阶段，这一阶段我们基于‘人单合一’制度，以链群（生态链小微群）驱动生态，创造用户最佳体验场景。”
		“不同于传统财务的串联形式，智能财务系统是一个云平台，是社群共创的链群。我们搭建了 10 种财务语言服务，设立 15 大类场景，管理 39 种货币和全球四大现金池。”
	价值共创共享理念 B19	“小微与企业是共创共赢，价值共享的，总的原则可以表述为‘我的用户我创造，我的增值我分享’。”
		“小微们为了满足用户需求，从各自的维度贡献价值。对于价值增值部分，利益相关方是价值共创共享的，可以概括为‘缴足利润、挣够费用、盈亏归己、增值分享’。”
		“我们创新的第四张报表‘共赢增值表’，就是让大家从用户的角度去思考问题，考虑生态方共赢，共同创造价值，才都能拿到增值分享。”

1. 与内部利益相关者合作关系的建立

在海尔集团中，企业内部的人员结构突破了传统职能岗位层级设定，员工被划分为平台主、小微主与小微成员三类。从企业组织结构而言，海尔集团是由一系列支持平台与众多小微组织构成的。与会计、税务、资金、质量运营等相关的财务内容被集成于集团财务组织平台，发挥支持平台的作用。在海尔集团，企业集团财务组织平台被称为“财资生态圈”。本案例中所使用的“以智能化为特征的集团财务组织”“智能化财务组织平台”等表述，在本质上与海尔集团实践中“财资生态圈”的含义是一致的。因此，对于海尔集团的财资生态圈而言，其内部利益相关者主要包括小微组织、其他支持平台，以及构成平台与小微的企业员工。

在海尔集团中，财资生态圈最重要的内部利益相关者就是众多的小微组织。海尔集团中的小微组织就规模而言也并不是均衡的，例如有创业新孵化出的小微组织，也有从小微组织成功发展为上市公司的团队。由于上市公司财务组织的管理要求与一般小微组织并不相同，因此本文将已成为上市公司的小微组织单独划分为内部利益者的一类。

对于一般小微组织而言，传统财务组织更多地发挥事后会计核算以及管控职能，被业务小微组织认为“只会闸口，不能业务赋能”。自集团财务组织进行智能化转型以来，海尔集团财资生态圈已经向小微组织提供风险管理、资金管理、预算管理以及绩效管理支持，财务组织的定位也从“管控系统”向“价值创造者”的角色转变。具体而言，为了满足小微用户的业务赋能需求，集团财务组织平台中专设业务财务角色，并以小微组织中的财务管理部形式发挥职能。小微组织的财务管理部采取向小微组织和集团 CFO 双线汇报形式，呈现矩阵式管理特点。在访谈中，某小微的财务管理部负责人谈道：“财务核算全在集团的共享平台，这极大地简化了小微的财务。我们财务管理部负责小微的事前预算全流程管理，事中动态管理，以及事后观察与反馈……业务财务的角色本质在于利用财资生态圈中的信息与模型，帮助业务发现问题、提供决策支持、匹配资源解决问题，成为小微的决策支持提供者，业务战略合作伙伴。”

一方面，基于小微组织业务赋能的需求，集团财务组织平台利用动态信息收集与数据分析技术，配合小微组织进行风险、资金、预算与绩效管理。另一方面，以智能化为特征的财务组织本身也具有发展自驱力，这表现为站在用户的角度，主动创造需求、创造价值。以集团财资生态圈中的“智税通”产品为例，这款智能化产品是海尔集团与青岛市税务局合作开发，用于办理在线纳税申报和退税业务的系统，具有国家级版权认证。通过实现税企直连，集团退税周期从平均210天降低到最快7天，这在提高业务效率的同时，也有助于降低资金成本。集团财务组织平台的负责人之一在访谈中向我们表示：“税企直连最初是由我们财务提出的，然后我们找到业务小微，结合他们提出的需求，再利用IT技术平台最终实现的。”因此，通过满足需求与创造需求相结合的方式，以智能化为特征的集团财务组织平台与小微组织构建了合作关系。

对于已成为上市公司的小微组织而言，其与集团财务组织平台的合作关系是极为有限的，这主要是为了满足上市公司财务独立性要求。在访谈中，集团某上市公司CFO谈道：“我们（上市公司）的财务体系是独立的，但由于我们也在集团合并报表范围内，与合并报表相关的信息还是会上传到集团报表系统中去。”除此之外，集团财务组织平台也可以作为用户方，基于业务需求与集团信息技术平台建立合作关系，借助于信息技术支持，实现智能化产品与智能化财务系统落地。同时，集团财务组织平台还致力于提升每位员工的财务服务体验。海尔财资生态圈中的“智慧商旅”产品通过主动创造用户需求的方式，已经实现员工出差“零垫付”与“零贴票”，为员工提供无纸化、无感化的财务服务。

综上所述，以智能化为特征的财务组织通过满足需求与创造需求相结合的方式，与包括小微组织、集团上市公司、其他支持平台与员工在内的内部利益相关者构建了合作关系。

2. 与内部利益相关者竞争关系的建立

在企业内部，各组织与部门通常会为了企业整体利益而合作，但企业资源毕竟是有限的，各组织与部门之间也会因为争夺企业的稀缺资源而竞争，如部门预算、高层领导的重视程度等（Luo et al.，2006；Seran et al.，2016；刘智强等，2019）。在海尔集团，财资生态圈与内部利益相关者同样存在竞争关系，这主要体现在资源竞争与地位竞争两方面。

首先，从资源竞争角度，人力资源对企业来说是一项重要的资源。基于有限的企业资源，各部门与组织间往往会形成竞争关系（刘智强等，2019；周江华等，2019）。在海尔集团，财资生态圈与其内部利益相关者形成了资源竞争关系。

集团财务组织平台之所以会就人力资源与内部利益相关者产生直接的竞争关系，这主要是源于海尔集团的“人单合一”制度。在海尔集团，财务人员的任命与撤销都是通过抢单完成的，当有岗位空缺时，所有员工都可以进行抢单，并且机会是公平的。因此，集团财务组织平台就需要与其内部利益相关者展开人力资源竞争，吸引更多更优秀的员工到自己的平台或者小微组织中工作，从而创造更大的用户价值。

其次，从地位竞争角度，获取高层管理者的关注，成为组织内最具有代表性的主体是组织内重要的竞争驱动目标之一（刘智强等，2019）。获取高层管理者关注的方法有很多，在海尔集团的案例中，我们识别出了两种可以获取高层管理者正面关注，并成为组织内有代表性主体的方法，即“获得集团奖项”与“参与样板会”。海尔集团的激励制度前文已有所介绍，在此不过多赘述。在访谈中，海尔集团人力资源负责人告诉我们：‘人单合一’勋章奖获取难度很高，2020 年集团全球范围内只有不到 30 人获奖。获奖的员工会由张首席亲自授予奖章。”2020 年“人单合一”勋章奖的其中一位获奖者也印证了这一说法：‘人单合一’勋章奖是大家心中是至高无上的荣誉，这代表了集团对自己工作的肯定。而且张首席在大家心中的地位是无上的，张首席亲自给我们颁奖，特别隆重。”

在海尔集团，各个业务领域设有“样板会”的制度，即由典型小微组织代表进行经验展示与分享，由集团管理层、战略投资委员会、各业务领域人力资源等多部门共同主导。在访谈中，某小微主这样说道：“做得好的模板和不好的模板都会去样板会，好的模板有展示的机会，做得不好的可以充分认识差距，反思自己。……参加样板会是要讲给张首席听的，有机会近距离接触张首席，大家觉得虽然压力很大，但对自己的能力也是一种提高与鞭策。”由此可见，集团财务组织平台与其他内部利益相关者就企业有限的资源（如人力资源）进行博弈与竞争，形成资源竞争关系，同时，双方也就获取高层管理者关注，成为组织内最具有代表性的主体，形成地位竞争关系。

综上所述，以智能化为特征的财务组织基于资源竞争与地位竞争，与内部利益相关者在建立合作关系的同时，也形成了竞争关系，也即竞合关系。与企业间迫于外界压力形成的被动式竞合不同，集团财务组织与内部利益相关者的竞合关系更偏向于高层管理者主动引入的主动式竞合（刘智强等，2019）。

3. 基于竞合关系的价值共创与价值共享

由于竞合关系的本质是矛盾的，因此竞合既可能带来好的结果，也可能带来坏的结果。区别于企业间的竞合，企业内的竞合往往是为了谋求内部绩效增长的主动式竞合。而且企业内的主体通常会因为共同的组织认同，更容易建立较高水平的信任，竞合关系相对更加稳固（刘智强等，2019）。

在海尔集团中，财资生态圈与其内部利益相关者的竞合关系是呈现“高合作、低竞争”特点的主动式竞合关系。这是由于智能化财务组织平台从组织结构上属于支持平台，其核心职能是为小微组织提供全方位的支持。这就决定了集团财务组织平台与其内部利益相关者的竞合关系是以合作关系为主，双方存在的竞争关系则是集团促进主动性合作，提高合作效率的一种机制。

如前文分析，集团财务组织平台与其内部利益相关者是通过满足需求与创造需求相结合的方式，构建了双方的合作关系。而满足需求与创造需求本质的目的正是在于创造价值、实现价值。集团财务组织平台与其内部利益相关者的资源竞争，本质是如何将企业有限资源创造最大价值的博弈过程。而双方的地位竞争，关键在于激发企业内部各组织创造价值的主动性，提高企业内部各方合作关系程度与效率。因此，双方的竞合关系本质上也是一种价值共创关系。这种价值共创体现在运营管理效率提升、成本费用降低、研发创新增加等方面。例如，在海尔集团中，小微组织可以借助集团财资生态圈实现合规、管控、赋能需求，同时降低运营管理成本。集团财资生态圈的业务处理效率提升，财务人员规模降低，可以节省人力成本。同时，集团财资生态圈在竞合过程中形成的自主知识产权，体现为研发创新绩效的提高。

价值共享是价值创造与实现的前提（谢志华等，2020b）。在海尔集团中，基于生态圈的价值共享也是财务组织进行智能化转型的核心观念。从价值共享观念方面，集团财务组织平台负责人之一在访谈中提道：“目前我们致力于打造海尔物联网范式的生态智能财务体系，……要考虑生态方共同提效的需求。”组织生态圈的各方是价值创造，也是价值分享的对象。海尔集团自创的第四张财务报表“共赢增值表”就是从生态方的角度去思考如何共同创造价值、分享价值的工具。从价值共享制度上，海尔集团的薪酬制度原则“我的用户我创造，我的增值我分享”与“缴足利润、挣够费用、盈亏归已、增值分享”已经充分实现了利益相关方的价值共享。当价值增值部分可以被利益相关方按照制定的原则分享，企业内部的各组织才有创造价值的动力。

基于以上分析，我们得到如下命题：

命题 2：以智能化为特征的集团财务组织平台与其内部利益相关者通过“满足需求”与“创造需求”，以及“资源竞争”与“地位竞争”相结合的机制，形成主动式竞合关系，并实现价值共创与价值共享。

（三）基于外部利益相关者合作关系的价值共创共享

企业不仅可以与供应商、分销商、客户、竞争对手建立合作关系，还可以与大学、政府部门等社会公共组织建立合作关系（George et al.，2002；Belderbos et al.，2004；Chen and Wu，2011；Liu et al.，2014；李东红等，2020）。玲等（Ring et al.，1992）将企业与竞争对手、联盟伙伴以及其他合作者之间的竞合行为界定为横向竞合关系，将产业链上下游企业间的竞合行为界定为纵向竞合关系。

根据波特的“五力模型”，企业通过与供应商、顾客建立合作关系，形成知识和资源互补，但供应商及顾客也会因自身利益与企业进行讨价还价，因而存在“竞合关系”（杨震宁和赵红，2020）。与竞争对手建立的横向竞合关系中包含强有力的竞争性因素相比，企业与非竞争者，如高校等研究机构、政府、供应商、分销商、客户等的纵向竞合中不存在竞争性，或者竞争性相对较弱（李东红等，2020）。本文接下来将讨论，以智能化为特征的集团财务组织如何与生态圈中外部利益相关者建立关系，从而实现价值共创与价值共享。外部合作价值共创共享范畴的相关证据链举例如表 6 所示。

表 6　外部合作价值共创共享范畴的典型引用语/引文举例

范畴	概念	典型引用语/引文举例
外部利益相关者合作 C6	上下游产业链合作 B12	“我们同全国供应商、经销商、客户全部实现了网上下单、线上收款、自动开票、自动对账、发票校验等。我们和供应商、客户之间的账期，也是通过自动结算体系自动计算付款时间。”
	政府部门合作 B13	智能财务系统与国家税务局实现全网直连，在线办理发票认证、税务申报与退税业务
		智能财务系统实现与海关全网直连，出口退税周期 1 个月（行业普遍 6 个月）
		智能财务系统与外管局直连，结汇备案实现 T+1 天（行业普遍 3 天）

续表

范畴	概念	典型引用语/引文举例
外部利益相关者合作C6	其他外部合作 B14	海尔智能财务系统与全球36家银行建立互联，包括建设银行、渣打银行、汇丰银行、星展银行、苏格兰皇家银行、美国银行等，覆盖海尔集团全球业务
		“自2008年至今，大概有5000家企业来海尔交流如何实现智能财务转型。我们也和一些院校有产学研融合的试验基地，比如中国海洋大学，西安交通大学等。”
价值创造C7	运营管理效率提升B15	“智能财务系统解决了我们与供应商、客户之间原来订单流程长、效率低、付款慢、虚开增值税发票等问题，还能够帮助我们的供应商和客户提前做税务筹划。”
		“每家法人公司报税从原来平均耗用4小时，到现在只需要10分钟。”
		出口退税周期从平均210天下降至1个月左右
	成本费用降低 B16	“我们（财务）通过税企直连缩短了退税周期，资本成本得到降低，一年节约大概几千万。”
		“智能财务系统中的自动结算平台连接了供应商、客户、银行等系统，降低了交易资金成本。”
	研发创新增加 B17	“智能财务系统中的‘智税通’与‘退税宝’两个智能化产品，就是我们与青岛市税务局合作开发的，都具有国家级版权认证。”
价值共享C8	组织生态建设 B18	“目前我们致力于打造海尔物联网范式的生态智能财务体系，也就是说财务不再局限于企业内部的价值，而是把目光拓展到生态范围。……我们智能财务转型要考虑生态方共同提效的需求。”
	价值共创共享理念 B19	“智能财务转型就是要打破传统组织边界，实现利益相关方的共创共享。”

1. 与外部利益相关者合作关系的建立

企业与外部利益相关者的竞合关系中不存在竞争性，或者竞争性相对较弱（李东红等，2020）。企业与高校等研究机构进行产学研合作，可以帮助企业获得最前沿知识，了解技术发展趋势，获得技术指导（Tether，2002；Faems et al.，

2005)；与客户合作有助于企业准确把握市场需求，开发出更容易被市场所接受的产品（Von Hippel，1998，2005）；与供应商合作可以帮助企业降低成本、提高零部件质量、获得技术市场等信息，从而提高绩效（Chung and Kim，2003）。

在海尔集团（以下简称“集团”）的案例中，我们发现集团财资生态圈与外部利益相关者建立了合作关系，两者间的竞争关系极弱，这也印证了以往研究的结论。首先，对上下游产业链中的利益相关者来说，智能化财务组织平台中以区块链技术为核心的票联网模式可以为供应商、经销商、客户提供全流程服务。以供应商为例，海尔财资生态圈可以与供应商网上创建订单，当系统接收到供应商的发货信息与业务前端的收货信息时，系统可以实现信息自动匹配，即“自对账”。由于集团财资生态圈已实现与金税系统对接，金税系统则可以根据对账信息自动开票。集团财资生态圈再依据对账信息与开票信息进行记账，同时系统中的自动结算体系将根据账期计算付款时间，到期支付货款。集团财务组织平台的负责人之一表示：“票联网有效地解决了我们与供应商、客户之间原本对账周期长，效率低，票据审核与管理成本高等痛点。”

其次，海尔财资生态圈与政府部门也建立了合作关系。集团财资生态圈与国家税务局实现全网直连，实现在线办理发票认证、税务申报与退税等业务；与海关实现全网直连，可以在线办理出口退税等业务；与外管局直连，实现在线办理结汇备案等业务。其中，海尔集团与青岛税务局的税企直连已经成为全国推广的样板模式。在访谈中，集团财务组织平台的负责人之一表示：“实现税企直连主要取决于税务局要不要跟企业连接。青岛税务局比较有创新意识，2016 年开始就与我们开展合作，目前我们纳税申报与退税的两个智能化产品已经获得了国家级版权认证。我们也经常到其他企业、会议上宣讲我们税企直连的模式与建设思路。”

最后，海尔财资生态圈还与银行等金融机构、高校等研究机构建立了合作关系。目前，海尔集团财资生态圈已实现与全球 36 家银行建立互联，包括建设银行、渣打银行、汇丰银行、美国银行等，覆盖海尔集团全球业务范围。此外，海尔集团也与一些高校如中国海洋大学、西安交通大学等，建立产学研融合的试验基地，以获得财务组织智能化转型相关的前沿知识与理论指导，并对财务组织智能化转型的实践经验进行总结与提炼。

综上所述，以智能化为特征的财务组织与包括供应商、客户、政府部门、银行、科研机构等在内的外部利益相关者建立了合作关系。

2. 基于合作关系的价值共创与价值共享

纵向竞合中企业与合作伙伴的利益更加趋同，更容易产生合作需求，价值创造和价值占有更是一种集体行为（万幼清和王云云，2014；彭珍珍等，2020）。这表明企业与外部利益相关者建立合作关系的目的在于实现价值共创与价值分享。在海尔集团中，基于满足双方共同需求的目的，集团财资生态圈与其外部利益相关者建立合作关系，并实现价值共创与共享，包括运营管理效率提升、成本费用降低、研发创新增加等方面。

智能化财务组织平台与供应商、客户等供应链上下游企业建立合作关系，对双方而言均实现了提高交易流程效率、降低审核与管理成本的效果。在访谈中，某小微负责人谈道："海尔财资生态圈中的自动结算平台连接了供应商、客户、银行等系统，有效地帮助我们降低了交易资金成本。"海尔财资生态圈与税务部门实现税企直连后，在线办理发票认证、税务申报与退税业务能够有效地提高双方的业务流程效率。对海尔集团而言，税企直连使集团中每家法人公司报税从平均耗用 4 小时降低至约 10 分钟。在成本费用节约方面，集团财务组织平台负责人之一也证实："我们通过税企直连缩短了退税周期，资本成本得到降低，一年节约大概几千万。"此外，由于集团财资生态圈中的"智税通"与"退税宝"两个智能化产品属于合作开发，因此海尔集团与青岛市税务局双方也共有版权认证。海尔财资生态圈与海关部门实现直连，在线办理出口业务双方均得到了业务流程效率提升，海尔集团出口退税周期从平均 210 天下降至 1 个月左右。集团财资生态圈与外管局联网在线办理结汇业务，结汇业务效率也明显得到提升，目前海尔集团 T+1 天结汇备案时间短于行业平均天数。

由此可见，在智能化财务组织平台与其外部利益相关者合作关系的建立与维持过程中，双方已实现了价值共创与价值共享的目的。这一结果的实现除了依靠合作双方因共同需要产生的合作动机外，双方拥有的价值共创与价值共享理念也发挥了至关重要的作用。在海尔集团，谈到财务组织智能化转型，集团财务组织平台负责人之一表明："目前我们致力于打造海尔物联网范式的生态智能财务体系，也就是说财务不再局限于企业内部的价值，而是把目光拓展到生态范围。财务智能化转型要考虑生态方共同提效的需求。"同时，外部利益相关者尤其是政府部门，更需要有主动合作与创新的观念，才能真正促使生态各方实现价值共创与价值共享。

基于以上分析，我们得到如下命题：

命题 3：以满足双方共同需求的动机和主动创新的理念为驱动，企业集团智能化财务组织平台与其外部利益相关者建立合作关系，并实现价值共创与价值共享。

五、研究讨论与结论

本文通过对海尔集团的实地访谈和相关资料收集与梳理，并基于扎根理论对案例文本进行探索性案例研究，揭示了企业集团财务组织平台智能化转型的条件与过程，以及智能化财务组织平台与内外部利益相关者实现价值共创与价值共享的竞合机制。具体而言，本文研究发现：

第一，企业财务组织成功实施智能化转型离不开客观因素与主观因素的双推动。具体而言，信息技术运用、与外部环境适配的企业自组织结构是企业集团财务组织成功智能化转型的客观因素要件。在数字化时代，信息更具有规模化、实时性、场景化等特征，用户需求逐渐多样化、个性化，企业不仅需要利用信息技术获取、处理与分析数据，还需要通过自组织结构迅速调整与适应，使得环境特征与组织形态相匹配，智能化财务组织平台才能发挥出最大的价值。同时，实现企业集团财务组织智能化转型落地还需要企业内在自驱力的推动（刘勤和杨寅，2018）。财务组织智能化转型的内在自驱力一方面源于企业满足各方利益相关者需求形成的动机，另一方面源于管理者与员工转型观念的重塑。以实施物质与精神激励制度为基础，财务组织智能化转型观念通过“观念注入—观念渗透—行为驱动”机制，转化为财务智能化转型行为，推动财务智能化转型落地。

第二，企业集团智能化财务组织平台与其内部利益相关者通过“满足需求”与“创造需求”，以及“资源竞争”与“地位竞争”相结合的机制，形成主动式竞合关系，并实现价值共创与价值共享。以智能化为特征的集团财务组织应着眼于智能财务发展生态的各方面，与生态圈的利益相关者形成价值共创共享关系（刘勤，2017；陈剑等，2020；谢志华等，2020b）。智能化财务组织平台不仅能够满足包括小微组织、集团上市公司、其他支持平台与员工在内的内部利益相关者的需求，甚至能够创造需求，从而建立合作关系。同时，由于企业资源是有限的，企业内部各部门之间也会因为争夺企业的稀缺资源而竞争，如部门预算、高层领导的重视程度等（Luo et al.，2006；Seran et al.，2016；刘智强等，2019）。智能化财务组织平台与内部利益相关者基于人力资源的博弈形成资源竞争，基于获取高层管理层关注以及成为组织中具有代表性主体的动机，形成竞争关系。与企业间迫于外界压力形成的被动式竞合不同，智能化财务组织平台与内部利益相关者的竞合关系更偏向于高层管理者主动引入的主动式竞合（刘智强等，2019）。这种具有“高合作、低竞争”特点的主动式竞合关系，其本质上是一种价值共创关系。并且，价值共享是价值创造与实现的前提（谢志华等，2020b）。当价值增值部分可以被利益相关方按照制定的原则分享，企业内部的各组织才有创造价值的动力。在本文中，集团智能化财务组织平台与其内部利益相关者实现了在运营管理效率提升、成本费用降低、研发创新增加等方面的价值共创与价值共享。

第三，以满足双方共同需求的动机和主动创新的理念为驱动，智能化财务组织平台与其外部利益相关者建立合作关系，并实现价值共创与价值共享。与竞争对手建立的横向竞合关系中包含强有力的竞争性因素相比，企业与非竞争者，如高校等研究机构、政府、供应商、分销商、客户等的纵向竞合中不存在竞争性，或者竞争性相对较弱（李东红等，2020）。以满足双方共同需求为基本动机，智能化财务组织平台与包括供应商、客户、政府部门、银行、科研机构等外部利益相关者建立合作关系。此外，双方拥有的价值共创与价值共享理念也发挥了至关重要的作用，尤其是政府部门，更需要有主动合作与创新的观念，才能推动合作关系的建立。在本文中，集团智能化财务组织平台与其外部利益相关者实现了在运营管理效率提升、成本费用降低、研发创新增加等方面的价值共创与价值共享。

由以上研究结论，我们归纳出了“基于利益相关者视角，集团财务组织平台智能化转型驱动价值共创共享机制”的理论模型，理论框架如图 1 所示。

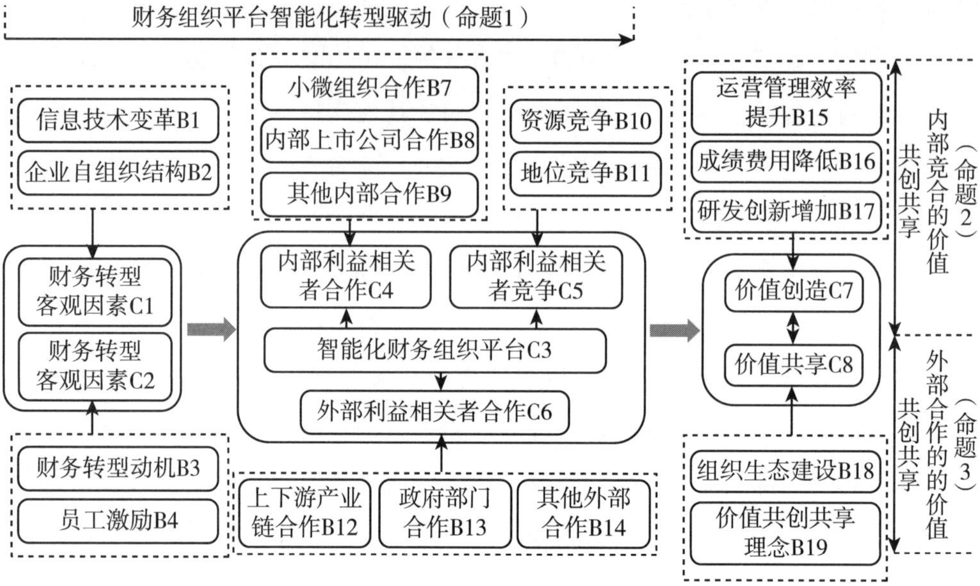

图1　理论框架

通过系统分析利益相关者视角下，集团财务组织平台智能化转型驱动价值共创与价值共享的机制，对比已有文献的研究成果，本文在理论上做出了以下几个方面的补充：（1）本文从整体视角上探讨了企业集团财务组织智能化转型的内外部驱动因素，以及驱动因素的作用机制。由于智能财务的相关文献目前还尚处于初步探索阶段，现有文献只能提供财务智能化转型的驱动因素包括外部环境与内部驱动力等概念性描述（刘勤和杨寅，2019；刘梅玲等，2020）。本文研究发现，成功的财务组织智能化转型从客观上需要满足信息技术变革要求，并具备与外部环境适配的自组织结构。以信息技术与组织结构为基础，企业以满足各方利益相关者需求为动机，借助于激励制度，通过“观念注入—观念渗透—行为驱动”机制，重塑管理者与员工转型理念，从而构建内部自驱力，推动财务组织智能化转型落地。本文的结论对财务组织智能化转型驱动因素与作用机制相关研究做出了进一步细化与补充。（2）本文以利益相关者为视角，深入探索了集团智能化财务组织平台如何驱动生态圈各方的价值共创与价值共享，挖掘了竞合关系在这一过程中发挥的作用。以往文献讨论了智能财务系统实践的基本框架与建设思路，并提出智能财务可能在业财融合、战略执行、提高内外部客户满意度方面带来价值（刘勤和杨寅，2019；李闻一等，2020；刘梅玲等，2020）。然而，财务智能化如何又为什么能够带来价值创造，怎么实现价值共享等问题，目前还缺乏深入探讨。本文基于利益相关者的视角，分析了以智能化为特征的集团财务组织平台与内外部利益相关者竞合关系的建立动机与过程，并呈现了竞合关系实现价值共创与价值共享的机制。本文的结论对财务智能化实现价值共创与共享机制相关的研究做出了补充。(3) 区别于企业间的竞合，企业内竞合关系的形成机制与方式还较少的被关注（刘智强等，2019）。本文通过讨论集团智能化财务组织平台与内部利益相关者竞合关系的建立，呈现了企业内主动式竞合的形成机制，并分析其对企业价值创造与价值分享的影响。这一研究过程也对组织内竞合关系的研究提供了更丰富的研究场景。

从实践角度而言，海尔集团财务组织平台智能化转型也为其他企业带来了一些实操经验与借鉴。具体而言，首先，企业集团财务组织智能化转型是“一把手”工程，需要相关领导及时地认识到财务组织智能化转型的必要性，并从企业生态圈的角度探索转型方向，如与内外部利益相关者形成竞合关系，实现价值共创与价值共享。其次，集团财务组织智能化转型落地离不开员工内部自驱力的形成。这一过程可以通过培训、宣讲等方式进行转型观念渗透，并结合物质与精神激励制度将观念转化为行动。最后，集团财务组织平台成功转型一方面离不开“大智移云物区”等新技术的运用，另一方面与外部环境适配的自组织结构也至关重要。在新技术环境下，以信息为基础的组织形态变革也是财务组织智能化转型的重要条件。

因此，从实践意义角度来看，本文通过对海尔集团案例的梳理与分析，采用质性研究方法，提炼了财务组织智能化转型中驱动因素与作用机制的理论与实践要点，可以为其他企业成功实施财务智能化转型提供一定的实践经验借鉴与指引。当然，本文也存在一定的局限性。尽管本文在案例选取时充分考虑了所选案例的典型性与代表性，以提高研究结论的普适性，但本案例企业的研究发现并不一定完全适用于其他行业类型企业。此外，本文并没有对横向竞争关系进行讨论，对竞合关系的程度、竞合战略类型也没有做出更详细的区分，并讨论其对价值创造与价值分享的影响差异。这都有待后续研究的进一步跟进与完善。

参考文献

[1] 陈剑、黄朔、刘运辉：《从赋能到使能——数字化环境下的企业运营管

理》，载于《管理世界》2020 年第 36 卷第 2 期，第 117 ~ 128、222 页。

［2］池仁勇、梅小苗、阮鸿鹏：《智能制造与中小企业组织变革如何匹配?》，载于《科学学研究》2020 年第 38 卷第 7 期，第 1244 ~ 1250 页。

［3］杜占河、原欣伟：《竞合的前因、过程与结果研究综述》，载于《管理现代化》2017 年第 37 卷第 5 期，第 116 ~ 122 页。

［4］郭咏琳、周延风：《从外部帮扶到内生驱动：少数民族 BoP 实现包容性创新的案例研究》，载于《管理世界》2021 年第 37 卷第 4 期，第 159 ~ 180 页。

［5］胡贵毅、任崇明、王漫天：《建立面向利益相关者的企业集团财务组织——基于某外资大型超市集团财务组织变革的案例分析》，载于《会计研究》2008 年第 4 期，第 54 ~ 61 页。

［6］李东红、乌日汗、陈东：《“竞合”如何影响创新绩效：中国制造业企业选择本土竞合与境外竞合的追踪研究》，载于《管理世界》2020 年第 36 卷第 2 期，第 161 ~ 181、225 页。

［7］李任斯、刘红霞：《大数据时代价值发现目标下的财务组织变革——以 IBM 为例》，载于《管理案例研究与评论》2015 年第 8 卷第 4 期，第 323 ~ 339 页。

［8］李闻一、朱媛媛、刘梅玲：《财务共享服务中心服务质量研究》，载于《会计研究》2017 年第 4 期，第 59 ~ 65 页。

［9］刘勤：《我国管理会计信息化发展体系探讨》，载于《财会通讯》2017 年第 22 期，第 11 ~ 13 页。

［10］刘勤、杨寅：《改革开放 40 年的中国会计信息化：回顾与展望》，载于《会计研究》2019 年第 2 期，第 26 ~ 34 页。

［11］刘勤、杨寅：《智能财务的体系架构、实现路径和应用趋势探讨》，载于《管理会计研究》2018 年 1 卷第 1 期，第 84 ~ 90 页。

［12］刘智强、周空、倪佳豪、邵云飞：《组织内竞合的研究评述与未来展望》，载于《管理学报》2019 年第 16 卷第 8 期，第 1245 ~ 1254 页。

［13］毛基业、李高勇：《案例研究的“术”与“道”的反思——中国企业管理案例与质性研究论坛（2013）综述》，载于《管理世界》2014 年第 2 期，第 111 ~ 117 页。

［14］彭珍珍、顾颖、张洁：《动态环境下联盟竞合、治理机制与创新绩效的关系研究》，载于《管理世界》2020 年第 36 卷第 3 期，第 205 ~ 220、235 页。

［15］汤谷良、陈玉菲：《〈企业财务通则〉的制度功能与内容重构——从企业财务与管理会计的概念边界谈起》，载于《财务与会计》2016年第4期，第9～11页。

［16］汤谷良、张守文：《企业财务管理概念边界的再思考——兼论财务管理与管理会计内容的分离与融合》，载于《财务研究》2017年第2期，第16～24页。

［17］万幼清、王云云：《产业集群协同创新的企业竞合关系研究》，载于《管理世界》2014年第8期，第175～176页。

［18］王凤彬、郑腾豪、刘刚：《企业组织变革的动态演化过程——基于海尔和IBM纵向案例的生克化制机理的探讨》，载于《中国工业经济》2018年第6期，第174～192页。

［19］王扬眉、梁果、李爱君、王海波：《家族企业海归继承人创业学习过程研究——基于文化框架转换的多案例分析》，载于《管理世界》2020年第36卷第3期，第120～142页。

［20］王扬眉、梁果、王海波：《家族企业继承人创业图式生成与迭代——基于烙印理论的多案例研究》，载于《管理世界》2021年第37卷第4期，第198～216页。

［21］谢志华、李莎、沈彦波：《新技术、企业组织变革与财务管理》，载于《财务研究》2020a年第1期，第4～17页。

［22］谢志华、许诺、程恺之：《组织变革对企业财务管理目标的影响》，载于《财会月刊》2020b年第16期，第3～8页。

［23］徐晨阳、王满、沙秀娟、马影、于增彪：《财务共享、供应链管理与业财融合——中国会计学会管理会计专业委员会2017年度专题研讨会》，载于《会计研究》2017年第11期，第93～95页。

［24］杨震宁、赵红：《中国企业的开放式创新：制度环境、“竞合”关系与创新绩效》，载于《管理世界》2020年第36卷第2期，第139～160、224页。

［25］张敏：《智能财务十大热点问题论》，载于《财会月刊》2021年第2期，第25～30页。

［26］张庆龙：《数字经济背景下集团财务组织架构转型趋势分析》，载于《财会月刊》2020年第14期，第10～14页。

［27］周江华、刘一凡、李纪珍：《部门间竞合关系对企业创新绩效的影响》，

载于《科学学研究》2019 年第 37 卷第 4 期，第 721 ~728 页。

[28] Belderbos R. , Carree M. and Lokshin B. Cooperative R&D and Firm Performance. Research Policy, 2004, 33 (10): 1477 -1492.

[29] Bengtsson M. and Kock S. "Coopetition" in Business Networks-To Cooperate and Compete Simultaneously. Industrial Marketing Management, 2000, 29 (5): 411 -426.

[30] Chen X. , and Wu J. Do Different Guanxi Types Affect Capability Building Differently? A Contingency View. Industrial Marketing Management, 2011, 40 (4): 581 -592.

[31] Denzin N. K. , and Lincoln Y. S. The Sage Handbook of Qualitative Research. 4th Ed. Thousand Oaks, CA: Sage, 2011.

[32] Eisenhardt K. M. and Graebner M. E. Theory Building from Cases: Opportunities and Challenges. Academy of Management Journal, 2007, 50 (1): 25 -32.

[33] Faems D. , Looy V. B. and Debackere K. Interorganizational Collaboration and Innovation: Toward A Portfolio Approach. Journal of Product Innovation Management, 2005, 22 (2): 238 -250.

[34] Feng H. , Jiang Z. and Liu D. Quality, Pricing and Release Time: Optimal Market Entry Strategy for New Software-as-a-Service Vendors. Management Information Systems Quarterly, 2018, 42 (1): 333 -353.

[35] Frynas J. G. , Mol M. J. and Mellahi K. Management Innovation Made in China: Haier's Rendanheyi. California Management Review, 2018, 61 (1): 71 -93.

[36] George G. , Zahra S. A. and Wood Jr. D. R. The Effects of Business-University Alliances on Innovative Output and Financial Performance: A Study of Publicly Traded Biotechnology Companies. Journal of Business Venturing, 2002, 17 (6): 577 -609.

[37] Gnyawali D. R. and Park B. J. Co-opetition and Technological Innovation in Small and Medium-Sized Enterprises: A Multilevel Conceptual Model. Journal of Small Business Management, 2009, 47 (3): 308 -330.

[38] Guo L. and Wu X. Capacity Sharing between Competitors. Management Science, 2018, 64 (8): 3554 -3573.

[39] Hayes J., Allinson C. W. Cognitive style and the theory and practice of individual and collective learning in organizations. Human Relations, 1998, 51 (7): 847 - 871.

[40] Liu Y., Luo Y. D., Yang P. P. and Maksimov V. Typology and Effects of Co-opetition in Buyer-Supplier Relationships: Evidence from the Chinese Home Appliance Industry. Management and Organization Review, 2014, 10 (3): 439 - 465.

[41] Luo Y. A Coopetition Perspective of Global Competition. Journal of World Business, 2007, 42 (2): 129 - 144.

[42] Miles M. B. and Huberman A. M. Qualitative Data Analysis: An Expanded Sourcebook. Thousand Oaks, CA: Sage, 1994.

[43] Tether B. S. Who Co-operates for Innovation and Why: An Empirical Analysis. Research Policy, 2002, 31 (6): 947 - 967.

[44] Von Hippel E. Lead Users: A Source of Novel Product Concepts. Management Science, 1986, 32 (7): 791 - 805.

[45] Yin R. K. Case Study Research: Design and Methods. London: Sage Publications, 2013.

二、

海尔集团的成本策略与管控变革

海尔差异化战略下的生态成本研究

潘　飞　魏春燕　赵艺博　常慧源　沈志奇*

摘要：信息技术的快速变革为现代商业带来了更多机遇，海尔将水的哲学应用到企业经营中，建立无边界的商业组织，致力于为消费者提供差异化的智能服务。从封闭的系统到开放的平台，海尔创新地提出生态成本概念，以评价生态系统中各个小微企业的价值创造过程。在传统成本核算的基础上，海尔用生态成本衡量增值服务的资源投入，用场景替代产品，用生态覆盖行业，企业的价值链管理向两端延伸。生态收入是通过价值持续迭代满足用户需求所产生的收入，生态成本则是为获取生态收入而付出的增值成本。本文的研究目标是基于价值链和交易成本理论，通过梳理生态成本的核算方法，定性、定量分析生态成本的经济效益。

关键词：差异化战略，价值链，生态成本

当今信息化时代，企业所处的运营环境充满了变化与挑战。技术与数据在为人们提供更多快速、便捷服务的同时，生活方式也在发生巨大的改变。如何快速及时地响应消费者的需求是当下企业运营需要高度关注的问题。在传统的企业价值链中，企业作为一个单体细胞与上下游的供应、销售各方的利益划分清晰，传统的商场如战场的经营模式将供应链各方的经济利益人为地割裂开来。产品、服务的持续创新必然伴随着交易各方不断递增的交易成本。化竞争为合作，将产业链中分散的个体借助信息系统整合为价值网络，增加信息透明

* 潘飞，上海财经大学。
魏春燕、赵艺博、常慧源、沈志奇，上海财经大学。

度，能够减少由于信息不对称而带来的成本，从而提升整体的运营效率，实现经济效益最大化。

企业组织会经历创新、拓展、领导和自我进化。平台经济伴随着环境变化和科技进步应运而生。在生态系统的发展前期，往往由核心企业开放平台，吸引合作伙伴加入，产生新的价值创造。但生态系统的持续进化，则会涉及生态系统内各参与方的利益平衡。如何保证相对弱势的企业能够获得足够的利益，而保有继续参与系统的动力，从而推动企业的差异化战略运行，是本文想要探讨的核心问题。

一、环境分析

伴随着中国家电行业的发展，海尔从当初经营亏损的冰箱制造厂成长为赋能小微企业的生态平台。在瞬息万变、充满挑战的商业环境中，海尔锐意进取，结合外部环境和自身发展阶段不断调整战略目标，进行组织变革。海尔经受着时间的考验，依然保持着自我更新的活力。

1. 名牌战略（1984 ~ 1991 年）

冰箱行业在中国发展的初期阶段，企业的发展核心放在制造环节。但由于当时中国工业仍处于比较落后的水平，工人对产品质量不够敏感。一方面，张瑞敏用“砸冰箱”的方式唤醒员工的质量意识；另一方面，海尔通过自主管理班组内部监督控制产品质量。当时公司规模较小，由管理层直接管理班组，指令明确且效率较高。

2. 多元化战略（1991 ~ 1998 年）

名牌阶段之后，海尔进入多元化战略阶段，主营产品从原来单一的冰箱，横向扩展到洗衣机、彩电、空调等其他家电，扩张方式以兼并收购其他家电企业为主。选择并购目标时，海尔看中的并不是现有资产，而是潜在的市场与活力。并购后，通过海尔的管理理念和管理方式，因地制宜，针对并购企业的生产经营环节以及组织管理进行优化。随着产品线的丰富，海尔选择 SBU（strategy business unit）即事业部模式对不同业务线进行管理，提升整体的决策和经营效率。并购扩张阶段，海尔创立全方位优化（OEC）管理法，即全方位（overall）地对每人、每事、每天（everyone，everything，everyday）进行管理控制（control），从细节进行评价考核，公平公正地与员工反馈沟通，提升企业运营效率和盈利能力。

3. 国际化战略（1998 ~ 2005 年）

随着中国加入 WTO，海尔也在谋求国际市场的发展。而在进入国际市场后，海尔选择以本土化策略融入当地市场，带动企业国际化战略的发展。在进行新市场扩张时，海尔将决策权力下放，内部组织结构由原来的金字塔形式变为倒三角模式，提升一线员工的自主性。

倒三角结构下，公司以订单为中心进行管理核算，“人单合一”的思想逐渐影响海尔的管理机制。

4. 全球化品牌战略（2005 ~ 2012 年）

全球化背景下，由于各国货币、会计准则以及经营流程并不完全一致，公司在整体财务数据的整合、管理上面临困难。因此，在国际化过程中，海尔建立财务共享中心以实现财务的统一核算、管理。在之后的发展中，财务共享中心不断丰富自身职能，从单一的事后核算到公司预算管理、投资项目评估，利用积累的数据为公司决策、管理进一步创造价值。同时，海尔也给予原本只作为职能部门的财务人员一定的灵活性，力争让每个为公司创造价值的员工都能有所回报，激发员工的积极性。

财务共享中心给海尔的经营管理带来了新的思路，关注每个员工创造的价值并完善相应的激励机制，能够在赋能员工的同时带动公司持续前进。

5. 网络化战略（2012 ~ 2019 年）

2012 年，海尔在自主经营体的基础上，以“创客小微”为单位的责任中心配合实施用户主导下的价值链管理，通过增值分享激励员工去创造价值。在海尔的“人单合一”模式中，各部门以订单为中心确定内部的价值创造活动，以签订契约的方式实现跨部门协同，解决了各个部门之间利益目标不一致而导致内部成本增加的问题。通过建立信息化平台和信息共享，价值链上的每一个部门都能掌握关于订单和用户需求的全部信息，明确自身活动所创造的价值（价值指用户在使用产品或接受服务时，认为获得的价值超出支付价格的部分）；将传统的企业付薪转变为用户付薪，各部门按比例分享收益，能够减少不同部门间的博弈，提升企业研发、生产的效率，达到“1 +1 >2”的效果。

6. 生态品牌战略（2019 年至今）

2019 年，海尔宣布进入“生态品牌战略”，逐步完善“人单合一”模式，形成链群共赢的进化生态。海尔打造生态平台将上游供应商与用户资源整合，打破了原有的单向价值流动，将价值链扩展为与用户、资源方进行交互的网状结构。随着企业规模的不断扩大，边际效益递减的规律会促使企业不断寻求新的增长点，而生态平台可以随着用户资源增加、边际成本减少，实现生态收益递增。

平台承担着聚合资源、配置资源的责任，对各小微企业单元资源耗用量和资源价格的计量是海尔生态成本核算的主要问题。海尔已形成了由众多小微企业单元、创客和子平台构成的生态圈体系，既包含业务层面的产业或行业平台，也包含集团层面的专业平台和共享平台，为组织内小微企业单元提供专业管理规范和共享服务。

除员工申请成立的小微公司外，公司积极与外界第三方加强合作。吸引其他有创新想法的单元加入平台，实现利益共享、成本共担模式。通过为创客和小微企业提供平台，打破了以往封闭固化的企业模式，为海尔生态不断注入创新活力。平台的类型包括产业/行业和业务平台，对小微企业创业和经营进行业务指导；管理平台，推广先进实践，设定管理规范；资源平台，为小微企业业务运营提供资源支持；功能平台，提供技术资源解决创新难题，助力小微企业效率提升；大共享平台，实现通用类型服务的共享；高阶专业平台，提供战略管理、投资咨询、风险管控等服务和咨询。平台的职责不是为小微企业下达指令，而是辅助小微企业创业，提供资源和服务支持。这一模式提高了企业的敏捷度和灵活性，使业务单元更好地与市场和用户互联互通，真正实现以用户为中心，创造用户价值、积累用户资源，让用户成为价值链上的持续增值点。

二、基本理论与文献研究

（一）生态成本理论

1. 生态成本基本理论

生态成本最初作为一种新的生命评估周期（life cycle assessment，LCA）法由福格特伦德（Vogtlander，2010）于2000年提出，用于评价产品生命周期内产生的环境影响，生态成本最早应用于产品材料分析中，主要研究不同材料的产品在制作加工过程中的环境负荷。生命评估周期法，即从生命周期评价环境影响的系统化评价方法，用于分析一个产品（物品和服务）“从摇篮到坟墓”，也就是从资源提取，经过制造，再到使用，最后废弃处理的整个过程的环境负荷。以生态成本和生态成本/价值比率（EVR）为背景，梅斯特（Mestre，2013）提出了“生态高效价值创造（eco-efficient value creation）”方法，目标在于减少产品生态负荷的同时增加最大化产品对消费者的价值。并将这种方法用于新产品的研发设计，以保证在进行产品研发时，设计者能同时考虑到市场价值和可持续性。

生态成本的基本理论主要是由国外学者首先提出并开始进行研究，主要研究产品生命周期内对外部自然环境造成的影响以及如何以较低的环境负面影响换取较高的价值，国内目前关于生态成本的研究主要聚焦于如何降低农业、工业生产导致的环境负荷。

2. 海尔生态成本

海尔生态成本的定义与目前理论界广泛使用的生态成本定义有较为本质的差异，首先，在“生态”一词层面，海尔的生态是以生态品牌战略为核心、以众多小微企业为力量引领物联网时代的生态系统，或者称之为生态平台，而非外部的自然生态环境。

此外，海尔的生态成本并非指海尔的传统产品（如空调、冰箱等传统家电）在生产加工过程以及用户使用过程中导致的环境负荷。而是基于海尔生态平台型企业背景下，获取生态收入所付出的代价。

而海尔将其传统家电生产销售产生的成本归类为传统收入以及传统成本，即聚焦用户交互与体验的持续迭代，通过销售电器或网器、提供服务等经营业务所形成的收入以及成本。其依然作为海尔营业收入和成本的重要组成部分，但是并不构成生态收入以及生态成本。

基于物联网时代的大背景下，海尔秉承物联网时代下的企业产品不可以孤立，必须要联合起来建立一个场景或者生态，变产品聚焦为场景聚焦，走共创共赢之路。基于这一理念，生态收入的获取是来源于向客户提供基于特定场景和生态的解决方案，传统家电则作为特定场景中的重要组成部分，而生态成本是依附于生态收入产生，根据海尔共赢增值表中对生态收入的具体定义为：聚焦物联网生态品牌的引领目标，小微企业与各合作方在社群生态平台上通过价值共创持续迭代所形成的收入。而相对应的，生态成本的具体定义为：平台持续迭代升级过程中的投入资源成本及服务成本。

（二）文献研究

1. 交易成本与价值链文献研究

曹恩广等（2013）在研究企业纵向与横向的集中化管理时，提出当外部交易成本高于内部交易成本时，企业就应横向扩大这一生产或管理环节，或是纵向整合价值链资源；当外部交易成本低于内部交易成本时，在横向层面上，扩展业务所带来的规模效应能够降低内部交易成本，使其低于外部交易成本；在纵向层面上进军价值链的前后端时，可以通过协议形式增强企业与价值链前后企业的合作，增强企业的竞争力，减少企业发展的限制。

李彬（2013）认为分权模式有助于减少信息不对称，增加投资决策信息获取的广度和深度，但是下级职能部门可能存在隐瞒或歪曲投资决策信息的行为，而上级管理层不能及时、充分掌握决策信息，造成信息交易成本增加、投资决策的效率和理性水平降低；集权模式下，管理层直接面对决策执行者，降低了信息传递成本，但管理层的投资决策能力存在一定的限度。不仅会增加信息不对称成本，而且降低了投资效率，导致过度投资的发生。因此，绝对分权和绝对集权模式都不能减少信息交易成本。只有在集权和分权之间寻找平衡点，在管理层权利适中的模式下，信息交易成本和过度投资程度才能达到最小。

不确定性问题在多领域的联盟合作中更为突出（龙勇等，2012）。吴金叶（2020）认为，企业基于价值链成本管理体系通常是由企业战略选择、企业价值链管理、价值链分析等部分组成。实际上，在对外部供应商价值链进行管理来说，关键就是通过供应商的关系管理来尽可能减少质量问题以及低效供应商中的低效工作，从而从各个环节出发进行企业的高效运营。外部客户价值链管理关键就在于供销商和购买者之间的关系管理，同时也是对产品的市场地位和品牌认可度的分析，这也是由企业自身的发展定位和需求来决定的。

对于价值链理论，现有文献对企业价值链从链型结构到矩阵结构，再到价值网络的变化进行了充分的讨论，认为企业在经营中除了关注内部价值链中的各项活动，还应通过与用户的互动以及供应商的协同，拓展自身价值链。企业可以从战略管理的角度对价值链进行分析，找出能为企业创造更多价值的关键环节，利用自身优势打造企业的竞争策略。对于交易成本理论，现有文献认为科层化组织结构能够帮助企业降低交易成本，而企业规模的扩张则会导致资源配置效率的下降。

2. 成本粘性文献研究

孙铮和刘浩（2004）以契约观、效率观和机会主义观构建框架，对成本粘性的产生动因进行分析。刘志远和陈旻（2020）进一步研究得出，首先，为了维持日常生产经营活动，企业以契约形式承诺对各种资源的投入，改变契约的调整成本越高，成本粘性越大；其次，管理层对于经济业务波动的预期，影响了对产能利用效率的策略，导致成本随业务量变动的不对称性；最后，两权分离导致的代理问题中，管理层机会主义的自利与避险行为会影响成本粘性。企业内部不同职能部门的成本费用发生的动因各异，成本粘性必然存在差异。薛维军（2020）认为，当企业营收下降时，选择削减成本能够降低成本粘性，提高企业短期绩效。但是长期来看，此后业务量上升时，新购资源的成本将大于原削减资源的成本，导致成本费用进一步增加，不利于企业的长期绩效。相反，当企业营收下降时，选择维持闲置资源会导致成本粘性上升，不利于提高短期业绩，但是如果企业收入能够改善，此后收入增长率可能会超过成本增长率。由此得出，成本粘性与企业短期绩效负相关，与长期绩效正相关。

对于成本粘性理论，现有文献对成本粘性的动因以及经济影响进行了深入研究，认为成本粘性的存在是由于调整成本、管理层预期和代理问题；也有研究探讨了成本粘性与员工激励、公司股价、研发投入等因素之间的关系。

3. 文献研究总结

现有文献对价值链的研究探讨主要集中在价值链整合和多元化经营的协同效应方面，本质上还是基于原有的价值链体系进行分析决策，体现的依然是一种协调利益分配的思想。而海尔聚焦于用户场景，并不是事先分配好价值链，而聚焦的是用户价值的创造，或者一定程度上可以称为“价值链群”，对价值链理论的拓展研究有一定的创新价值。另外，现有文献认为科层化组织结构能够帮助企业降低交易成本，而企业规模的扩张则会导致资源配置效率的下降。而海尔逐渐打破科层化组织，且快速扩张，其资源效率依然得到了良好的配置，并取得了较好的经营效果，很可能是由于其平台型企业的特殊背景，能够为该类理论研究增加实践意义上的补充。现有的有关成本粘性的理论研究主要集中在成本粘性的影响因素和经济后果，但对于成本的定义依然基于传统成本核算中的生产成本，即材料成本、人工成本和制造费用。海尔的生态成本是从生态收入引申出来并与其配比产生生态的利润，又基于“按单聚散”“人单合一”，并不一定会面临成本粘性的问题，具有一定的创新性以及研究价值，具体需要对海尔的生态成本影响因素进行探究，才能得到结论。

三、生态成本的理论构建

基于开放共享的合作模式，传统制造业从大规模生产进入智能化定制，根据用户的使用场景，利用物联网技术提供一站式的服务解决方案，提升用户体验。这也是差异化战略的体现，企业的产品更多地满足不同用户独特的需求。如何实现开放共享？一方面，海尔从自身的组织架构入手，把决策权交给一线员工，激励员工为用户持续创造价值。另一方面，海尔为外部创业组织提供资源，让好的想法与创意有机结合实现商业价值，提升整体的资源利用效率。因此，在搭建生态成本理论框架时，我们从外部行业价值链和内部组织架构入手，探讨生态平台模式下价值链各环节可能发生的变化，进一步分析生态成本的经济效益（见图1）。

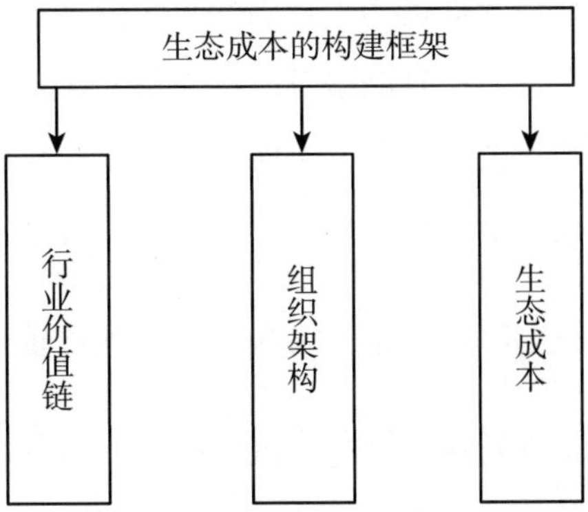

图1　生态成本的构建框架

（一）行业价值链

企业外部价值链指与企业具有紧密联系的外部行为主体的价值活动，主要包括供应商价值链、顾客价值链以及竞争对手价值链，也称为行业价值链。企业外部价值链关注价值链上的供应商、销售商、客户以及竞争对手情况，从而进行整个价值链的价值创造决策分析。在外部价值链体系中，供应商、制造商和客户通过协作共同创造价值，且价值创造已不再局限于产品本身的物质转换，还可能纳入信息、技术和服务的交流和共享。

传统的成本管理往往通过不断地调整供应商队伍来降低成本，压低采购价格以压榨供应商获取利润，并基于自身的目标要求供应商配合公司的产品更新和产品线升级，而忽视供应商的利益。这种管理方式往往是谈判决定的利益合同关系，甚至是压榨与被压榨的关系，难以实现长期的合作共赢。而海尔集团在2019年实施“生态品牌战略”，将部分上下游企业纳入自己的生态中，打破以往“行业”的概念与界限，形成共赢的生态平台。在这种模式下，外部供应链与传统分析中大有不同。从供应角度看，以往企业通过上游购买产品，而后通过内部加工等流程，再出售给消费者及下游企业。而在生态平台中，上下游的概念被模糊，企业和供应商更多的是一种合作关系。通过将供应商纳入平台，达成一定的合作协议，可以由供应商直接和客户沟通，或者通过海尔搭建的平台间接了解客户需求。此时，价值链中重要的可能不是企业对原材料等初级产品的议价能力，而是在无数供应商中选出质量保证、信用保证并对客户友好的企业。形成长期稳定的合作关系、吸纳更多优质供应商进入平台则变得十分重要。供应商的数量足够大时，保证了客户选择的多样性，且能够及时满足客户的需求。因此，对于外部供应链，增加优质供应商数量进入平台，可能比传统企业仅具有较强的议价能力更为重要。高质量供应商是外部价值链中价值创造最大的部分。

1. 价值链前端——供应商价值链成本战略促进价值链的纵向总体提升

企业对供应商的成本管理需要培养与供应商之间深层次的长期合作关系。企业可以通过了解供应商的生产流程，帮助供应商改变原料和工艺以更加适合企业的需求，节约原料的初加工成本；企业通过与供应商的信息沟通可以协调进货时间和批量甚至包装和运输的方式，避免企业因为急用、积压等带来的人力成本和资金成本；企业同样可以通过与供应商建立联盟互利来节约采购成本、降低原料供应风险。

供应商价值链成本的研究是基于企业对价值链的前端需求细分而建立的：基于大规模定制的供应可以通过简单地公平交易和合作关系捆绑来实现，而基于市场变化的关键零部件的持续改进则需要战略合作来完成。为了跨越前向一体化边界的锁定效应，优化上游供应链成本，海尔实施了以交易成本为核心的供应商价值链成本战略。海尔作为家电产业链中的龙头企业，通过供应商价值链成本战略迅速将自身的资源能力优势扩散到采购的最上游，通过开放性平台和让渡价值来实现对供应链商流、信息流和物流的控制。供应商价值链成本战略通过引导企业跨越前向一体化边界的锁定效应，一方面控制自身的交易成本，另一方面在协同效应的驱动下降低整个上游供应链的成本。

以研发联盟为基础，控制企业的交易成本。对于企业而言，内部所投入的研发成本是有限的，而且由于技术更新的速度加快使得产品退出市场的周期变短，企业独立进行研发越来越不具有竞争优势。海尔在市场链的基础之上，重新考虑与供应商的关系，推行以“战略合作”为纽带的共同研发机制，具体如下：

（1）充分利用外部研发能力和成果，将能够外包的业务全部外包出去，降低研发成本。例如，冰箱研发充分利用三洋的研发资源、电脑产品研发借力于因特尔（Intel）的研发优势、工业设计交给国内外优秀的设计公司来做，通过将自身不具比较优势的研发技术进行外包，海尔降低了产品的退出成本，同时也赢得了更多的时间。

（2）搭建科技资源共享平台，提高各地区的产品研发效率。海尔先后同众多国家的许多公司搭建技术交流平台。通过借助外部力量推进内部产品的研究和开发，甚至将经销商和客户纳入平台中，实现本土化研发。在海尔集团中，常常有商家进行研发和设计，海尔进行制造的合作模式。经销商和客户直接参与研发过程，提出需求，使得能随时根据用户要求进行修正。这样既能减少生产过程中的失败成本，又能提高顾客满意度、巩固海尔与合作供应商之间的合作关系，达到合作共赢的目的。

（3）积极参与产品技术标准的制定。海尔通过与三洋、三星联手打造影响全球家电领域的“亚洲标准”，建立行业的标准话语权，更有利于形成模块标准化，推动研发市场化的发展。

2. 通过“价值链整合”，降低价值链上的交易成本

（1）信息整合。

通过供应链整合，企业与供应商之间不仅是简单的物质交换，还包括一系列技术与服务信息交流。供应链上有效的信息共享机制，可以为制造商和供应商交易前的信息搜集创造条件，缓解信息不对称造成的合作障碍。一般而言，制造商可以与供应商共享的信息包括以下两个方面：一是让供应商了解企业的生产程序和生产能力，使供应商能够清楚地知道企业需要产品或原材料的期限、质量和数量；二是向供应商提供自己的经营计划、经营策略及其相应的措施，使供应商明确企业的希望，以使自己能随时达到企业要求的目标。

（2）资源整合。

供应商价值链一个重要的优势在于各类资源的整合，要实现整个价值链上的价值增加，需要进行以下四个方面的资源整合：资金整合、实物资源整合、营销资源整合和管理资源整合。这几个方面的资源整合有利于最大化资源利用率，创造除产品本身价值之外的利润来源，实现资源整合效应。

资金整合的一个典型例子是供应链金融的发展，其极大地缓解了供应链上企业的资金压力。对于掌握了销售终端的制造商而言，现金流往往比较充裕，供应商从制造商定向募集资金可以加快自身的扩张速度，提高供应质量、降低产品成本。实物资源整合往往以信息系统为载体，如供应商管理库存的模式，要求制造商与供应商共享销售信息，判断安全库存，自动进入订货程序。库存和销售信息在制造商和供应商之间的传递，使得备料、生产、分销、陈列在最大限度上节约总成本。营销资源的整合体现在广告和销售费用的节约上，除低价促销策略之外，供应商和制造商的联合品牌效应也能实现促销效果，节约广告费用，提高销售额和利润。最后，供应链上管理资源的整合是提高整体管理效率的有效手段，与供应商共享高效的管理经验，不仅可以实现流程优化、强化监督，还能对供应商产生培育和激励效应。

3. 建立“价值链业绩评价体系”，提高价值链生产效率

供应链上的绩效评价按主体不同可以分为制造商绩效评价、供应商绩效评价和双方绩效评价。具体而言，制造商绩效评价主要关注与供应商的合作关系对产品和生产效率的影响，如缩短生产周期、降低交易成本和生产成本、提高产品质量、降低库存水平，以及最终对市场份额和盈利能力的影响。对于供应商而言，可以考察订单稳定性、生产反应速度和柔性、产品成本和质量，以及订单利润率等方面。对于双方而言，可以评价信息交流和共享、共担风险和共享收益、工艺和技术的集成，以及规模效益和资产利用率等，综合评价供应链整体价值的提升。

同时，站在制造商的角度，建立起供应商管理制度和绩效评价标准，主动管理和评价供应商，对于保障生产和产品质量至关重要。一般而言，对供应商的考核主要关注三个方面：财务评价、生产能力评价和质量体系评估，财务评价关注供应商整体财务健康状况，是合作关系的基本保障；生产能力主要关注供应商的生产率、成本、库存和交货准时率，保证供应水平；质量评估主要关注供应商的交货质量、响应速度和售后服务等，保证供应质量。

早期海尔以“一对多”的方式进行采购，这给供应商带来不便。对于供应商而言，不仅要对应海尔各事业部的相似订单，且订单的需求量和交货时间各异，给供应商的生产运营造成不必要的耗费，也提高了供应商的运营成本。与此同时，由于信息不对称，短缺紧张的产品迟迟不能供货，导致缺货成本提升；而滞销产品积压，导致仓储成本提升。商流、物流和资金流不能根据市场实现快速反应。因此，为了进一步适应价值链延伸的需求，海尔把原来各事业部的采购、销售及财务业务都独立出来，同时将商流、物流、资金流推进本部，再将企业内部

零散的各种资源集中为全集团统一的采购、营销、结算体系，使整个企业变成一个紧密相连、运营有序的链条。海尔集团通过商流搭建全球营销网络。全球营销网络使得从全球的用户资源中获取订单成为可能，打破了以往各个市场的营销活动各自为政的局面，大大降低了营销成本。通过物流链接全球采购与配送系统。利用供应链管理的优势，进行准时刻（JIT）采购、JIT 配送，产品产出后再进行分拨，加快订单完成速度，接收更多的订单。此外，集团选择优秀企业进行定向采购，不仅降低了采购成本和储存成本，还提升了零部件产品质量。

（二）组织架构

1. 组织架构分析

海尔集团在早期采用的是事业部制的组织架构，层级式的制度体制和组织分工造成了不同职能机构间的部门边界，会产生高昂的组织成本。在产品事业部，不同的产品设有独立的销售公司和营销中心，机构性冗余增加了管理成本和销售成本；在渠道资源方面，不同产品线之间的渠道相互隔离，造成营销网络成本和广告促销成本之间的重复性支出；在售后服务领域，不同的产品对应于不同业务部的售后服务部门，其烦琐和非规范化的操作流程增加了顾客保留成本。各职能部门成为信息隔离的孤岛。

为了实现内部更有效地交流，突破价值链的锁定效应，提高内部流程的效率，降低内部沟通成本，海尔实施了以流程优化为核心的内部价值链成本战略。该战略呼应企业“小微 + 链群”组织架构，以内部流程效率和订单为导向，通过激励员工主动性，将企业组织扁平化，模糊组织边界，加快信息交流和沟通，从而优化内部价值链，减少非必要的成本。

以订单为中心，降低等待成本。订单处理是一个连续有序的过程，必须保证环环相扣。但凡有一个环节出现时间浪费或者没有及时处理，将会倍化增加处理整个订单的时间。从经济学角度看，订单流程周期越长，时间成本越大。所以，海尔应用了链群结构。目前在企业内部，可以将大部分部门分为两个类型。将企业组织架构用交叉横纵轴表示，横轴则是企业内部的业务部门，纵轴则是职能的支撑，如财务和法务等。各个链群都能关注到订单的信息，并时刻保持与其他环节的紧密配合，从而有效减少企业内部各部门推卸责任的问题，提高内部流程效率。

在“人单合一”的链群模式下，小微是企业价值链创造价值的主要元素之一。小微联系支撑业务部门等，以小微和链群模式，对每一个订单都能形成控制和管理。企业将市场竞争引进内部，借助员工自身利益形成捆绑效应，以尽可能完成成本控制目标。由于每一张订单的成本收入直接和员工挂钩，在接单时，会预先评估链群中负责不同工作人员的价值、小微的价值、链群整体能创造出来的价值，并进行合理的分配。在订单完成过程和完成后，按照预先确定的价值创造进行分配。员工个人薪酬直接和工作效率及工作效果挂钩。通过全面的市场定价和规律运作，流程内部达到极高的标准化，从而对每一项活动的成本、费用和收益能够详细的列示。

这种透明化的管理模式，极大地提高了员工的积极性，减少了员工消极怠工现象，达到了有效地激励。

2. 客户价值分析

由于世界经济瞬息万变，市场竞争日益激烈，产品生命周期缩短，注重短暂效益的市场战略只能促成短暂的成功，企业的可持续发展取决于企业核心竞争力的总体表现。从成本战略的空间视角来看，内部价值链成本战略的核心体现为企业内部流程的协调成本，供应商价值链成本战略的核心体现为与上游供应链的交易成本，其均以价值链的前端为导向。而价值链客户端成本战略的竞争核心体现为动态的技术成本、质量成本以及服务成本。

以质量成本建立“成本—价值”操作型关联。为了打造海尔品牌，张瑞敏树立了“质量就是企业的生命”理念，通过质量成本的投入，赢得了消费者的认可。张瑞敏上任不久，青岛冰箱在采购方面以“质量第一”为首要原则，原料的90%采用进口的高质量零部件。这一价值主张的坚守虽受到政府批评，却树立了海尔的品牌，使得海尔冰箱的优质形象在消费者中广为流传。由于早期产品的无差别化，客户对质量成本的诉求概念清晰，海尔基于企业和客户互动形成了“成本—价值”操作型关联。

海尔不仅对自身产出产品的质量要求极高，对合作商的产品也有严格的要求。入驻海尔平台的企业，大多为行业前5或前10的商家。只有这样，才能保证客户在接受产品和服务时享受到高质量的使用体验。

以服务成本建立“成本—价值”分析型关联。海尔将1995年命名为“国际星级服务元年”。海尔的星级服务提出了“四不漏”要求，目标是为顾客提供全面高质的服务，并将顾客诉求传达到价值链的每一个环节。通过这四个“不漏”建立了分析型数据仓库，使得海尔集团能够通过对客户特性、产品需求等的分析达到有效的“成本—价值”分析型关联。

质量和服务体现了海尔彻底地执行“顾客第一”的经营理念，海尔认为这是任何企业学不到的核心竞争力。海尔高质量的服务产生的信息流，随同客户数据传导至企业价值链的每一个环节，通过数据的传递和分析，了解客户诉求点，建立了“成本—价值”分析型关联。海尔集团通过“成本—价值”分析型关联，研究客户现在和未来需要什么样的产品和服务，向客户支付产品或服务的最佳方法、员工需要什么样的工具培育客户关系、为什么客户会流失、如何赢回他们、如何创造忠诚客户等，从而建立了自己的市场地位。

以品牌成本建立“成本—价值”协同型关联。海尔集团的客户价值链成本战略是以品牌内涵和品牌响应机制的成本投入为核心的。一方面，增加对品牌内涵的成本投入，通过 ISO9001 认证、创造市场，进一步提升海尔的品牌地位，加上市场网络的不断完善与日益发达，逐步提升海尔对客户的支配力量，同时海尔规模的扩大也相应提升了利益相关者的权力地位（政府、供应商、银行）。另一方面，海尔集团通过模块化运作，使得海尔品牌能够在满足差异化的同时，强化了模块化对客户需求的支持，借助于对客户需求的分析，实现模块经理、产品经理、品牌经理、型号经理多渠道形成客户价值关联和协同。

（三）生态成本

1. 平台经济

海尔的平台经济不同于传统的制造业，传统企业一般是区分事业部，以部门为单位，各司其职。海尔的平台经济信守“人单合一”“按单聚散”的理念，海尔在其中只是充当了一个平台，在具体的经营中，小微和创客们才是真正的主角。海尔平台经济目前最新的组织形态在他们内部被称之为链群组织。链群组织需要划分为纵轴和横轴两个角度，纵轴是体验链群，就是区域的销售公司，业务、客服等，和用户最近的节点在里面。横轴就是创单链群，有研发、制造，职能部门的财务等。链群组织的强大驱动力能把这两个链群形成合力，类似于坐标轴上的斜线相交轴，这一斜线相交轴被称为增值分享。它能把这两个链群合在一起，形成合力从而达到高增值高分享。高增值高分享不是一次性的，而是一个持续性的，它能够形成一个良性循环，不断驱动这个链群持续为用户创造价值。它不是单一的类似串联式，这样利益链条会特别长。海尔是要建立一个敏捷型的组织，对市场的瞬息万变可以及时捕获，然后通过及时内部机制调整，或者资源配置调整，能快速变现。这样的话，背后就一定要创造高增值高分享，有单才有人，这个单背后是用户的需求，如果一旦它不存在或者持续满足不了客户的需求，那这个组织或者这个人也就不存在了。

2. 生态成本及其价值链的界定

价值链管理理论认为，企业通过某个权威统一调度资源，节约研发设计、生产、营销、物流以及服务等价值增值环节运行成本。这也是企业出现的重要原因（科斯，1937）。但海尔新型生态平台模式与以往科层制组织结构不同，不再由一个企业统一调配资源，而是各个小微公司独立运营、各司其职。

首先，“人单合一”模式延长了价值链长度。在小微公司中，组织内个体与资源方以及用户直接沟通，及时响应用户需求，将用户形成企业资源。用户资源包含交易用户、交互用户、终身用户。通过与用户的交互，不断找到新的需求点，完善现有产品或者推出新产品。这种模式下，用户融入企业价值链，成为价值链上价值增值的重要来源。员工对每一单保持长期维护，对已销售产品不仅进行质量维护和售后服务，同时及时收集用户反馈，将用户建议和新需求纳入产品研发和升级，使用户成为企业价值链上持续的价值来源。

其次，海尔现在所建立的生态，更多的是强调观念的转变，企业所谓的生态是基于用户的整体体验需求，面对这一需求，企业无法单一去满足用户所有的需求，必须纳入生态，吸引其他企业参与共创，满足用户需求，因此在这个背后也会形成生态收入。就是基于用户最佳体验，超出原有的业务收入形成的这种收入。在过去，不论是海尔的洗衣机或者高端洗衣机，其实都只是单一的产品，企业的核算完全基于传统的财务报表，最主要的就是利润表，对于财务来说核算的是有形的商品，聚焦的是价值链管理，这些最终体现的是一种盈余管理、零和博弈，体现利益分配。而海尔目前的最大的转变就在于跳出以产品为中心，聚焦以场景为中心。因为这样的场景才会形成这种生态，其价值才会形成生态收入，建立一个公平公正事前分享的机制，事前明确分享的比例，这是最大的转变。先有生态圈，再有需求收入，再有需求品牌，这是一个三分的体系，先构建用户为中心的生态圈，然后再变现生态收入，最终持续形成边际收益的递增效应。

传统的价值链理论是从价值创造的各个环节去攫取收益的，而生态成本本身并不能以相同的方式去界定它的价值链。生态圈的存在导致生态收入的产生，生态成本是取得生态收入的代价。特定的生活场景，构成了特定的价值，对应的解决方案只有在特定场景下才是有价值的，此时的价值创造完全是围绕用户的体验的，能够提升用户的每一个环节都能够创造价值，这就构成了生态成本对应的价值链，符合在“人单合一”的运营模式之下，用户付薪，用户来定义价值。

3. 生态成本与传统成本的区别

首先，生态成本并非是一般自然环境意义上的生态成本，它的定义是基于海尔的共赢增值表，与海尔公司共同探讨的全新成本概念，它是从生态收入引申出来并与其配比产生生态的利润，其总体计算如下所示：

生态平台价值总量 =（传统收入 + 生态收入）-（传统成本 + 生态成本）+ 增值分享

在共赢增值表中，收入包括传统收入（网器收入）和生态收入两大部分。网器收入即传统收入，指单纯通过买卖商品获得的直接收入；生态收入指依靠商业运作产生的附加增值收入，这是创客在生态平台上通过价值持续迭代满足用户需求所产生的收入。例如，一台冰箱的售卖收入为网器收入，而通过冰箱系统的后端连接而产生的大量新鲜食材的供应链收入为生态收入。生态收入代表共创共赢生态平台的进程，其占总体收入的比例可衡量利益攸关方在生态平台中的参与度。

其次，共赢增值表中，成本为实现用户价值所投入的资源成本，可分为传统成本（网器成本）和生态成本。网器成本即传统成本，是交易过程中的直接成本；生态成本则是为获取生态收入而付出的增值成本。例如，生产一台冰箱的直接材料和人工费用即为传统成本（网器成本），生态成本是指冰箱卖出的后续食材成本及冰箱广告的宣传费、运营费等成本。而过去我们讨论的传统成本，也就是一般意义上讨论的制造业企业的生产成本，由料、工、费组成。若不考虑期间费用，传统成本可以约等于是网器成本。诚然它也构成了共赢增值表中的一个重要组成部分。

4. 生态成本的管理与控制

在平台经济的这样一种生态环境之下，海尔作为平台型企业主要是提供后台支持，对于前台众多相关的小微企业提供了很多资源，这种支持服务并不是免费的，存在一定的内部市场定价。从比较优势来看，如果把海尔变成一个纯利润中心的话，这样降低了整个生态系统的竞争力。用系统论的观点来说，局部优化不代表全局最优，相当于是一个博弈关系。海尔提高成本收费对海尔自身来说可以获得更高的利润，但对于整个生态系统的小微来说是不利的。所以就目前来说，海尔几乎是以成本定价，以现有的人工基数，适当保留一个合适的利润空间，但这个空间也不是固定不变的，一般是按订单式的计算。事前明确为用户创造的价值，增值分享的比例和空间，事后就根据目标的达成，根据价值的创造去分享。因此在构建基本的平台型生态时，资源的使用成本是由小微去承担的，而利润的分享则是事先约定好的一个分享比例。

对应于生态收入，生态成本就是在特定的场景下，为客户提供网器之外的增值服务，基于场景提出解决方案所额外付出的成本，由此也可以为客户提供额外的价值，并使其支付溢价。这部分的成本管理与控制主要掌握在小微主自己的手里，由于是用户付薪，所以为客户带来的价值越高，小微主们就能得到越高的收益，从这个角度上看它是天然存在较强的内在激励，小微主们会自发地对成本进行较为严格的控制。基于这样一个理念，海尔关注的点并不是生态成本过高，而是避免生态成本的核算和计量过程中出现纰漏：比如小微主与形成生态收入和成本的后台接入的供应链企业合谋，夸大生态成本，使得更少的利润被分配到海尔集团本身，更多的是在小微主和供应链企业之间再分配；又比如小微主提供场景解决方案时使用了成本极低但是品质较低的外部供应链，那么其获得的利润分成可能会提高，但是会对海尔造成潜在的名誉风险。

因此对于生态成本的管理和控制，并非聚焦于如何降低成本，而是成本的合理化，以及成本的落实，聚焦小微的具体行为和客户的反馈。

5. 生态成本的效益与价值分析

生态平台的效益与价值，从数据上最直观地可以看到，海尔在采用了平台型企业这一商业模式之后，经营收入稳步上升。2016～2020 年，主营业务收入的增长率分别为32.59%、33.68%、12.17%、9.05%、4.46%[①]。表面上看，上涨的趋势有所放缓，主要原因是市场逐渐趋于饱和，但是可以确定的是已经卓有成效了。海尔业务的快速成长佐证了“人单合一”，以及共赢增值的理念不断推动小微们把蛋糕做大，如此才有了海尔当今迅速的规模增长。此外海尔除了保持着营业收入的高增长，还一直保持着比较高的净资产收益率，2016～2020年，海尔扣除非经常性损益后的加权平均净资产收益率分别为17.56%、19.15%、18.63%、13.43%、12.85%，均超过了10%，在业务规模快速扩张的同时，保持了非常突出的盈利能力[②]。

生态成本的效益与价值分析，可以直接围绕生态收入来做判断。在给出了具体的解决方案之后，抛开网器成本和网器收入，聚焦生态成本和生态收入，就可以计算出生态成本的发生所带来的效益。可以网器成本的收益作为一个参照，如果生态收益率［(生态收入－生态成本)/生态收入］大于销售电器的收益率的话，那么生态成本的发生就是符合成本效益原则的。但也不能仅局限于此，家电销售的市场是十分有限的，而聚焦具体的应用场景，提出恰当的解决方案，可以让传统家电市场发挥出更大的活力，也能让海尔的业务规模迅速扩张。如果把生态收入完全视作是额外的收入，那么只要收益率大于企业的资金成本，就是值得去做的。因此对其价值分析时，有两个参考的维度，一个是传统的家电销售的利润率，一个是企业的资金成本，分别凸显效率和价值。

四、生态成本案例分析

1. 海尔智家——智慧用水系统

海尔智慧用水全屋解决方案，是一项用来解决家庭净水、软水、热水、采暖四大用水需求的系统性方案。这一系统由系统设计、系统施工、系统监理、系统服务四大系统操作组成，从而实现一站式系统化服务。通过和用户的交互，针对客户的主观不同需求和所处客观不同的环境，海尔内部小微设计出个性化服务方

①② 资料来源：海尔智家上市公司年报。

案，一站式解决用户全屋用水问题。

智慧用水方案要经过八个步骤，分别是了解采购需求、现场评估、系统设计、方案选购、用户验收、检测调试、实施施工和费用预算。如图2所示，由集团中的纵轴体验链群负责和用户交互，充分了解用户需求，将需求反馈到横轴上的创单链群实现设计，将计划落地。

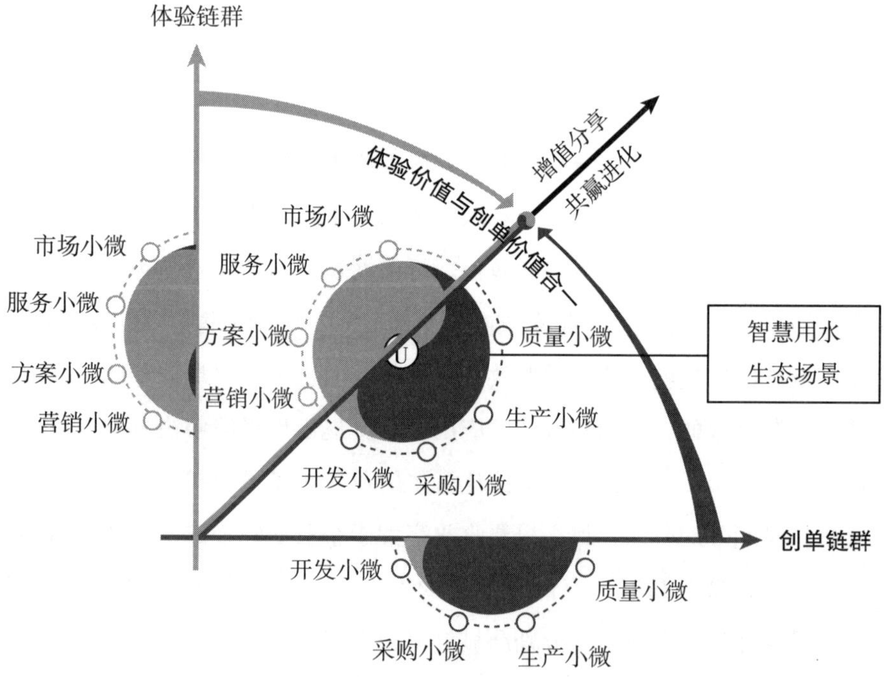

图2　海尔链群结构

资料来源：海尔集团。

实现整个流程的关键在于平台小微、用户和提供服务的企业之间低成本的沟通。生态平台的价值体现在将利益相关方之间联系变得更加紧密，并最大化价值创造主体带来的增值，进一步实现共赢增值。而若想准确地衡量价值，仅依靠传统报表项目是不够的，需要具体核算生态收入和生态成本。而共赢增值表则由此诞生。在海尔的系统中，生态成本包括生态服务（采购）成本和平台建设成本。其中生态采购成本主要核算平台中的资源方提供的后续服务与产品。在交互的生态系统中，对用户提供持续服务是价值创造的增值点。我们以全屋用水解决方案为例，梳理共赢增值表的各项核算内容（如表1）。智慧用水产品除了帮助用户设计适合的系统外，还提供配套的中央净水器、中央软水机、美容仪、智慧健康管理相关设备等。在这一场景中有许多并不是海尔集团的产品，而是由第三方供应商提供。在全屋用水共赢增值表中，收入包括传统收入和生态收入，生态收入即为全屋用水解决方案下的周边产品及服务收入。平台中的第三方供应商与海尔达成合作入驻海尔智家 App 平台，实现企业价值。而海尔在其中付出采购服务和产品的对价，以及支付维护平台供应商长期合作的花费，这些均为生态平台成本一部分。在共赢增值表中得到了很好的确认和计量。

表 1　　全屋用水共赢增值表

共表项目	全屋用水指标定义
1. 用户资源（个）	
交易用户	购买生态产品或服务，且在当期产生收入的用户（强调期间范围）
交互用户	生态服务类：近一年内有两次及以上的交易
终身用户	生态服务类：近一年内有三次及以上的交易
2. 资源方（个）	
交互资源方	平台引入的参与生态共创的资源方
活跃资源方	当月有实际交易的生态共创资源方
3. 生态平台价值（万元）	利润 + 增值分享
生态利润	生态收入 – 生态成本
增值分享	链群分享 + 支持平台 + 共创攸关方
链群分享	链群合约到链群的分享
支持平台	帮助链群实现价值创造和传递的支持平台分享
共创攸关方	各利益攸关方（包括资源方、用户创客以及外部资本方）在平台上获得的价值分享
4. 收入（万元）	传统收入 + 生态收入
生态收入	全屋用水解决方案下的相关周边商品及服务收入
5. 生态成本（万元）	生态采购成本 + 平台建设成本
生态采购成本	销售成本，即材料成本
平台建设成本	IT 费用、人工成本等围绕平台建设产生的相关费用支出
6. 边际收益（元）	边际收益 = 单用户收入 – 边际成本

生态成本的另一组成部分是平台建设成本，包括：（1）IT 费用；（2）市场费用（或获客成本）；（3）组织运营费用；（4）人工成本；（5）其他。IT 费用主要为平台开发和系统维护所需要的花费，市场费用则是生态平台建设中较为重要

的支出。为了获取新的客户以及将新用户转变为交互用户，需要企业不断投入资源。交互用户是海尔生态中的核心，因此为其付出成本的确认和计量也成为核算价值时的重要影响因素之一。

此外，共赢增值表还从用户资源、资源方角度参与程度展示了生态平台的活跃程度。用户资源按交易频率分为交易用户、交互用户和终身用户。资源方则列示平台中的现有资源方数量，以及当月发生实际交易的活跃资源方。最后，共赢增值表还将整个生态系统的增值部分细分为利润和增值分享，清晰地展示了平台中各利益相关方的价值分配。共赢增值表在传统报表的基础上，补充了企业经营中的用户活跃情况和透明的价值分配机制，从而激励平台各参与方将用户放在首位，提升整体的组织执行效率。

2. 从 1 到 N——增值进化的链群合约

万物互联的物联网（IoT）时代，给人们带来了量身定制美好生活的可能。一套家庭用水系统，利用智能解决方案，能够满足多种场景的不同需求。比如厨房用水和清洁用水的温控、净化需要调整至不同水平，既保证厨房用水的清洁，又能达到清洁用水的温度要求，优化能耗的同时满足不同需求。发现用户痛点，提出解决方案的企业更能够获得消费者的喜爱，从而增强品牌价值。

海尔共赢增值表中，在生态平台价值总量的增值分享部分，链群分享包含体验链群和创单链群两部分；将其进一步细分，各链群节点是海尔的创客小微，他们以链群合约的形式分工合作，创造价值、共享利益。

基于海尔用户付薪的原则，创客制以对赌跟投的形式实现超额利润的分享，在达成对赌目标并符合平台条件的情况下，各创客合伙人可以获得相应的超额利润和激励基金的分享权，实现“利益共享，风险共担”，相关的权利和义务根据海尔制定的创客合伙人相关规则来确定。如果跟投的企业出现亏损，优先用创客跟投部分抵损；如果跟投企业实现超额利润，创客可享受超值分享。

链群是由众多小微构成的有机组合体，那么在各个小微中如何实现链群价值的公平分配？公允、适当的激励是平台持续进化的催化剂，海尔利用区块链技术使小微能够通过链群合约应用程序抢单、抢分享、抢出爆款。需求在平台发布后，各个链群节点通过方案竞争获得订单；并根据链群目标制定对赌契约，内容包含可量化的目标以及达成时间等。

而链群合约信息化系统根据每日目标达成情况进行实时计算，并将激励分配至每一名员工。同时，链群需要实现明确损失项目计算规则，系统就能够自动按照扣除损失项的分享额计算实际分享金额。自动执行性规避人为因素干扰，提高了目标传达效率，通过自动化的事前约定、动态调整，事后兑现解决合作中的“搭便车”问题。如果链群中的小微无法提供有竞争力的服务价格和质量，就可能面临重组甚至解散。

3. 差异化战略实施效果分析

在海尔的智能家居产品中，无论是智能用水系统，还是全屋洗护下的衣联网等，都是从用户需求入手，在充分了解用户需求后为其定制。差异化战略是指海尔能够使企业产品、服务与其他竞争对手有明显的差别，从而获得竞争优势，在行业中脱颖而出。并且通过这种“人单合一”模式下的差异化特点，用户提升对海尔的品牌认同感和品牌忠诚度，从而达到将用户价值融入产品价值，扩展企业价值链，在与用户的交互中，用户满意度和产品贴合度互相促进，螺旋式上升。

以智能用水系统为例，本文从服务差异化、市场差异化和产品差异化三个方面分析海尔差异化战略的实施效果。从服务方面，海尔打破以往家居企业传统——让用户在已有的产品中进行挑选，而是根据用户住房结构和需求，为其专门设计适用的全屋用水系统。并且在提供产品后，保持高质量售后服务，既保证了产品质量，又在交互中发掘用户最大价值，实现价值增值。

在市场差异化方面，海尔将市场进行细分。针对不同消费群体，实施不同战略。对于有意愿且有能力购买定制化产品的用户，海尔采用独家设计，定制研发的模式为其提供服务；而对于消费能力较低的用户，则以低成本低售价模式为其提供产品。通过对市场的细分，满足不同消费群体对产品的需求。

在产品差异化方面，海尔的智能家居产品在质量、功能等方面明显优于同类产品的其他生产厂家，这种区别于其他同类产品的差异足以吸引购买者的个性化需求，从而导致消费者的偏好度和忠诚度大大提高。由于小微联系客户设计全屋用水系统时，全面了解客户需求，而后企业内部链群合作设计产品，这保证了产品的独一性和不可替代性。在针对客户后续需求提供产品时，也在功能上体现出极大的差异化。诸如智能用水系统中的美容仪、智能健康管理设备等，这些由生态平台中的合作方提供的产品，为用户提供了丰富的选择和独特的消费体验，以不同的功能满足差异化需求，将小微—用户—生态平台合作方紧密结合在一起。

从表2可以看出，海尔在差异化战略下公司营业利润保持增长，2020年达到8.17%。此外，海尔集团的差异化战略增强了企业的创新能力和研发投入，将高昂的成本投资于独特的客户需求。显然，海尔的这一战略是成功的，其不仅因研发投入有了源源不断新产品的产出，且客户愿意付出时间和金钱购买独特的产品和服务。当成本被覆盖，差异化战略带来高利润和高客户忠诚度，顾客的反馈成为企业进步源源不断的动力，从而实现企业和客户共赢。

表2　　海尔智家2016~2020年财务指标

科目	2016年	2017年	2018年	2019年	2020年
净利润（元）	5041782300	6907629200	7483659000	8206247100	8876593200
净利润同比（%）	17.15	37.01	8.34	9.66	8.17
扣非净利润（元）	4332453100	5624061700	6601505600	5765164700	6457813300
扣非净利润同比（%）	17.89	29.81	17.38	-12.67	12.01
营业总收入（元）	119132261662	163428825488	184108481959	200761983256	209725821099
营业总收入同比（%）	32.59	33.68	12.17	9.05	4.46
基本每股收益（元）	0.827	1.133	1.217	1.286	1.337
每股净资产（元）	4.32	5.21	6.05	7.21	7.14
每股未分配利润（元）	2.88	3.74	4.22	4.93	4.26
每股经营现金流（元）	1.32	2.64	2.97	2.29	1.95
销售净利率（%）	5.62	5.68	5.33	6.14	5.40
销售毛利率（%）	31.02	31.00	29.00	29.83	29.68
净资产收益率（%）	20.41	23.59	21.00	19.12	17.67
营业周期（天）	79.96	88.09	83.15	83.89	93.52
存货周转率（次）	6.9	5.98	5.93	5.57	5.11

资料来源：海尔智家股份有限公司年报。

五、差异化战略下生态平台适用性分析

（一）适用的情形

从产品视角出发，海尔的差异化战略下的生态平台模式主要适用于差异化产

品，即清水信匡（2019）指出的，一般符合以下几个特点的产品：（1）可以增加新功能以提高性能；（2）有特定的产品细分市场且处于成长阶段；（3）产品结构趋向于整体化；（4）定制产品和客户定制化组件。

以海尔的主要产品家用电器为例，传统的家用电器已经发展到较为成熟的程度，单纯通过增加功能来提高性能难度较大，市场也处于较为饱和的状态，实现差异化的难度较大。但是海尔抓住了新的需求，家电使用的关键已不再是增加功能，而是使得功能更加符合客户的需求。客户对家电整体解决方案的需求是处于成长阶段的，家电整体解决方案这样的服务是整体化的，同时需要定制的产品和定制化的组件，便实现了差异化。不过这也使得企业需要有强大的研发能力和协调资源的能力，也就是优秀的生态平台。

可见，该种模式所使用的产品，客户往往有比较个性化的需求，并且往往客户对产品的使用频率也是比较高的，比如说家用电器、汽车等。客户买到的不只是一组产品，而是一套基于具体生活场景的解决方案，单个客户的价值得到了深入的挖掘，同时由于与客户互动的增多，其依赖性和黏着度也会提高。后续需要其他类型的产品服务的时候也可能会优先选择诸如海尔这样的企业。

从企业的视角出发，该基于差异化战略的生态平台模式，既适合拥有比较庞大的人才库、拥有持续创新能力，又有合理的组织结构、适当的激励机制的企业。提供解决方案比提供产品本身而言需要企业员工有更加全面的产品服务相关的知识，有满足客户新需求等不断研发创新的能力，而且还需要多方进行充分合作。构建像海尔一样的价值链群去充分挖掘客户价值，实现价值最大化，需要企业的发展相对成熟。

（二）不适用情形

从完成到完美，平台经济围绕场景为用户创造更优质的生活体验，差异化战略的价值源于尚未得到满足的用户需求。对差异化产品而言，企业通常能够保持产品整体的独特性，与产业链上下游保持紧密合作，确保产品核心部分难以甚至无法被竞争对手获得，从而获得持续的竞争优势。

与差异化产品对应的，则是商品化产品。延冈、伊藤和森田（Nobeoka, Ito and Morita, 2006）确认了导致商品化的三个因素：（1）模块化；（2）中间产品市场化；（3）达到客户价值天花板。随着产品的模块化和中间市场产品化，新进入者的门槛会逐渐降低，而随着越来越多的竞争者进入，产品特征逐渐趋同，价格竞争会导致企业利润空间被逐渐压缩。此外，当产品性能已超出了市场需求，消费者可能不会为更多的功能支付溢价，那么企业进一步的投入就可能不会带来更高的回报。

从目标市场来看，差异化产品可针对某一细分市场的用户制定价格方案，商品化产品则面对整个市场。二者在成本管理方面也存在差异，差异化产品可以利用目标成本管理方法，灵活调整产品特征，以更高的价格为用户提供性能更好、体验更佳的产品或服务。商品化产品则主要通过大规模生产降低边际成本，提升边际收益。

以小家电为例，对于智能电子体脂称、加湿器等技术壁垒相对较低的产品，市场上的替代产品数量较多，不断有新进入者加入市场并获得了亮眼的表现。此外，由于这类产品通常使用寿命较大家电更短，价值偏低，用户对价格更为敏感。此类小电器产品即属于商品化产品，更适用于通过扩大市场份额以实现规模经济；由于企业在市场中的定价能力不足，差异化战略对此类产品而言成本过高，难以为企业创造额外收益。

六、研究总结

从封闭的系统到开放的平台，海尔创新地提出生态成本概念，以评价生态系统中各个小微的价值创造过程。海尔的生态成本的定义与目前理论界的广泛使用的生态成本定义有较为本质的差异，海尔的生态是以生态品牌战略为核心、以众多小微为力量引领物联网时代的生态系统，海尔的生态成本是基于海尔生态平台型企业背景下，获取生态收入所付出的代价。而生态成本是依附于生态收入产生，是平台持续迭代升级过程中的投入资源成本及服务成本。

生态成本并非是一般自然环境意义上的生态成本，它的定义是基于海尔的共赢价值增值表的全新成本概念，它是从生态收入引申出来并与其配比产生生态的利润，其总体计算如下所示：

生态平台价值总量 =（传统收入 + 生态收入）-（传统成本 + 生态成本）

+增值分享

由此可见，生态成本是为获取生态收入而付出的增值成本。对应于生态收入，生态成本就是在特定的场景下，为客户提供网器之外的增值服务，基于场景提出解决方案所额外付出的成本，由此也可以为客户提供额外的价值，并使其支付溢价。由于是用户付薪，所以为客户带来的价值越高，小微主们就能得到越高的收益，从这个角度上看它是天然存在较强的内在激励，小微主们会自发地对成本进行较为严格的控制。基于这样一个理念，海尔关注的点并不是生态成本过高，而是避免生态成本的核算和计量过程中出现纰漏：比如小微主与形成生态收入和成本的后台接入的供应链企业合谋，夸大生态成本，使得更少的利润被分配到海尔集团本身，更多的是在小微主和供应链企业之间再分配；又比如小微主提供场景解决方案时使用了成本极低但是品质较低的外部供应链，那么其获得的利润分成可能会提高，但是会对海尔造成潜在的名誉风险。

因此对于生态成本的管理和控制，并非聚焦于如何降低成本，而是成本的合理化，以及成本的落实，聚焦小微的具体行为和客户的反馈。

总而言之，在传统成本核算的基础上，海尔用生态成本衡量增值服务的资源投入，用场景替代产品，用生态覆盖行业，企业的价值链管理向两端延伸。生态收入是通过价值持续迭代满足用户需求所产生的收入，生态成本则是为获取生态收入而付出的增值成本。

我们有理由相信，海尔通过充分的竞争，再加上公平的分配，随着生态平台的不断扩张，内部系统不再机械地按照指令行事，而是努力了解环境、适应环境，不断尝试以找到新的可能，海尔人单合一的组织架构必将赋予企业在未来稳定增长的无限动力。

参考文献

[1] 曹恩广、张潇：《交易成本理论视角下的集中化管理动因》，载于《中国商贸》2013 年第 29 期，第 48 ~ 49 页。

[2] 孔玉生、朱乃平、孔庆根：《成本粘性研究：来自中国上市公司的经验证据》，载于《会计研究》2007 年第 11 期。

[3] 李彬：《管理层权利、过度投资与公司价值——基于集权与分权理论的分析》，载于《财经论丛》2013 年第 6 期，第 75 ~ 82 页。

［4］刘志远、陈旻：《成本粘性的经济后果、作用机理及其启示》，载于《中国管理会计》2020 年第 3 期，第 58 ~69 页。

［5］龙勇、郑景丽、吴海春：《战略联盟中交易成本、联盟能力对效率边界影响的实证研究》，载于《管理评论》2012 年第 24 卷第 12 期，第 114 ~145 页。

［6］清水信匡、戴婷婷、王平：《日本目标成本管理的特点与变迁》，载于《中国管理会计》2019 年第 3 期，第 114 ~121 页。

［7］孙铮、刘浩：《中国上市公司费用“粘性”行为研究》，载于《经济研究》2004 年第 12 期，第 26 ~34，84 页。

［8］吴金叶：《基于价值链的战略成本管理研究》，载于《财经界》2020 年第 22 期，第 86 ~87 页。

［9］徐翠美：《我国上市公司成本粘性研究综述》，载于《合肥经济与科技》2009 年第 3 期，第 50 ~51 页。

［10］薛维军：《管理层动机、成本粘性与企业绩效》，载于《财会通讯》2020 年第 22 期，第 53 ~57 页。

［11］Adrian J. Slywolzky. The Profit Zone：How Strategic Business Design Will Lead You to Tomorrows Profits. 1998：12 –15.

［12］Anderson M. , Banker R. D. Janakiraman S. N. , Are Selling，General, and Administrative Costs “Sticky”？. Journal of Accounting Research，2003，41（1）：47 –63.

［13］Coase R. The Nature of the Firm. Economica，4（16）, new series，1937：386 –405.

［14］Hayek F. A. The use of knowledge in society. The American Economic Review，1945（35）：519 –530.

［15］Jeffrey F. R. , Sviokla J. J. Exploiting the Virtual Value Chain. Harvard Business Review，1995（6）.

［16］Mestre A，Vogtlander J. Eco-efficient value creation of cork products：an LCA-based method for design intervention. Journal of Cleaner Production，2013（57）：101 –114.

［17］Nobeoka K. , Ito M. and Morita H. Komoditika ni yoru genka kakutoku noshippai：Dejitaru kaden no jirei（Failure to capture value through commoditization：

The case of digital appliances), in Japanese, in Sakakibara K. and Koyama S. Inobeeshon to kyōsō (Innovation and competition). NTT Publishing Co. Ltd. 2006: 14 - 48.

[18] Owens J. W. Life cycle assessment. Journal of Industrial Ecology, 1997, 1 (1): 37 - 49.

[19] Vogtlander J., Van der Lugt P., Brezet H. The sustainability of bamboo products for local and Western European applications. LCAs and land-use. Journal of Cleaner Production, 2010, 18 (13): 1260 - 1269.

[20] Williamson O. E. Transaction Cost Economics: The Governance of Contractual Relations. Journal of Law and Economics, 1979, 22 (2): 233 - 261.

三、

基于海尔的物联网跨组织运作与管理会计导入

内部孵化：制造型企业转型为创业平台型组织的管理控制系统设计

黄钰昌　韩　践　许定波*

摘要： 海尔公司过去作为一家全球领先的家电制造型企业，通过将整个公司拆分为许多个小微企业（MEs）以激励创新和孵化新业务，完成了向平台型组织转型的重大变革。本文研究了海尔公司的母平台如何设计管理控制系统来管理各个小微企业，包括经营决策权、资源分配、薪酬分配和人力资源运营的设计。同时，本文还分析了该管理控制系统设计对创新和经营绩效的影响。我们发现，母平台保留了战略决策和财务决策的权力，作为控制所有类型的小微企业的关键杠杆。与非创业型的小微企业相比，创业型小微企业在经营决策、资源分配、薪酬分配和人力资源管理方面被授予了更大的决策权力。在绩效评估方面，创业型小微企业可能使用关联度和潜力导向作为衡量指标，激励水平也更高。我们还发现，小微企业的内在激励因素与创新和对母平台的忠诚度密切相关；而外在激励因素则与经营效率提升有关。此外，小微企业类型（创业型）和决策权力的下放对创新具有正向调节作用，但外在激励因素会给创新带来负面影响。最后，我们注意到创业型小微企业的决策权力越大、内在激励水平越高，其对母平台的战略协同与向心力降低。本文通过以上研究，以期对实践具有启示作用。

特别需要指出的是，海尔集团的平台化组织转型实践在过去 20 年不断演化，2019 年公司进入了第六个战略发展阶段，即以共赢增值表为主要工具的生态品牌战略阶段。本文的分析仅基于我们 2015 年对海尔集团 74 家小微调查的数据。

关键词： 孵化，创新，平台生态经济

---

* 黄钰昌、韩践、许定波，中欧国际工商学院。

一、引言

在过去的20年里，数字经济的发展极大地影响了企业的经营方式并促进了新型组织的出现。变化之一就是平台型组织结构的出现。平台型组织被定义为“分布式的生产、服务和协同消费，但不直接控制价值创造过程，其增值是为数以万计甚至百万计的买卖双方之间的交易提供一个交互界面和控制机制，这些买家和卖家甚至可能素未谋面”（Kornberger et al.，2017，79）。优步（Uber）、爱彼迎（Airbnb）和易贝（eBay）就是这样的组织。

除了互联网公司以外，一些制造型企业也在尝试进行平台型组织转型，以提高效率、促进创新以及建立与客户和供应商的联系。海尔集团作为家电市场的领导者之一，在2013年将整个制造型企业集团重组为一个平台式的组织，将整个公司的业务拆分成数百个松散连接的微型企业（小微企业）单元。据海尔高管所言，此举是为了提高员工的创新精神，提升效率和客户价值，孵化新业务。

有意思的是，2017年被海尔以56亿美元收购的美国通用家电公司（GE Appliance）于2014年也推出了FirstBuild，这是一个“微型工厂”，鼓励包括工程师、发明家和终端用户在内的社群通过获得通用电气世界级的开源硬件平台参与产品设计的全部阶段。FirstBuild数字平台汇集创新想法并由社群成员进行投票，选出票数高的创意进行开发、生产（小批量），再经过快速迭代改进，最终在网上出售。项目启动后，会通过不同的方式来获取资金支持。有些项目是通过众筹活动融资，有些是由发明者（内部或外部）共同投资，或是由母平台投资。一旦某产品的销售量达到一定水平，通用家电公司可能会启动量产计划，正式将该产品加入GE品牌产品线[①]，创业团队也因此可参与该产品线的获利分享。FirstBuild不仅推动企业开发新产品，还有助于产品快速定型并将其推向市场（Quadri et al.，2017）。FirstBuild自2014年7月成立的两年时间内已发展到9700名注册用户，并已在线收集了超过1000个创新想法（CNN，2016），并已经为通用家电公司生

① 资料来源：FirstBuild官方网站。

产了454个原型产品和15个推向市场的产品。

平台型组织，例如海尔和通用家电的FirstBuild，不仅涉及自己的员工，还包括外部的专业人士、投资者以及网络上的消费者。这个开放型创新平台可以被视为一个媒人或是各个群体之间的媒介：它提供数字和实体基础设施、无形资产渠道和创新资源（Kornberger et al.，2017）。海尔和FirstBuild都是科层制组织向平台型组织转型的实例。

管理学界和媒体也关注此类改革。大多数关于此类改革的文献，无论是学术文章还是教学案例，都专注于改革的过程和结果上。海尔也创造了许多组织变革的新词汇，如“人单合一”“投资驱动平台”和“用户付薪平台”等。然而，很少有人深入研究公司的母平台是如何实际控制这些成百上千的小微企业（以下简称“小微”或“小微企业”），使它们在不同的自主权赋能的情况下，为平台贡献价值。此外，也几乎没有研究讨论不同的小微企业如何看待平台的控制系统以及小微企业或员工对这种变革的看法。

深入探索这些问题可以拓展平台型组织设计创新孵化的实质性知识，并为管理实践提供新的经验。本文以海尔集团为例，从管理控制系统和组织行为的跨学科视角，揭示了企业集团向链接小微企业的平台型组织转型的机制。具体来说，我们研究了以下问题：

（1）母平台如何在小微企业之间（即创业型小微与非创业型小微）分配各种决策权力；

（2）不同类型的小微企业的绩效指标的选取有何不同；

（3）驱动创新和提升经营效率的激励（即内在激励与外在激励）在不同类型的小微企业间有何不同；

（4）决策权力分配和激励因素如何影响小微企业的创业精神和对母平台的忠诚等态度。

这些问题对于理解平台化转型的机制和过程至关重要。从管理控制系统（MCS）和员工激励的角度，我们研究了这些变化是如何实现的，以及对可持续创新发展的关键要素——员工的态度和绩效有怎样的关键影响（Henri，2006）。我们还研究了管理控制系统设计和人力资源管理实践如何能更好地适配平台型组织，这可以对如何在不同的企业复制此类实践有所启发。

本文的研究结果可以帮助我们理解上述研究问题。总体而言，我们发现管理控制系统确实是促成这一转型的关键点。母平台分配给创业型小微与非创业型小微的决策权力并不尽然相同。后文将详述这两类小微企业的区别。平台上的创业型小微被授予更大的决策权，决定包括日常运营、内部资源分配和人事管理等。在控制形式方面，海尔采用了策略性的“战略审批制定”和“融资”的方法以控制数百个松散联系的小微企业。这两个术语将在后面的章节解释。我们发现，在绩效指标的选取上，创业型小微企业多依赖于“评估类指标”（Kornberger, 2017），该类指标侧重于该小微企业与利益相关者的关联度和创新潜力。对于小微企业参与者的激励因素，我们的研究结果证实了内在激励与外在激励在所有类型的小微企业中都可以驱动创新、提升经营效率，但内在激励因素在激励创新和创造力方面发挥着关键作用。我们发现，虽然外在激励对创新没有显著影响，但与运营效率的提升呈正相关关系。

最后，我们发现内在激励因素与决策权力分配对创业型小微企业对母平台的忠诚度有显著负向的交互影响。创业型小微企业的存在是为了促进创新和孵化新产品，通常会被授予更大的决策权力。创业型小微企业的参与者通常受到内在成就感的驱动。我们的研究发现，具有较多的自主权和较高的内在激励的创业型小微企业对母平台的忠诚度更低，这是平台型组织的管理系统设计中需要警惕的一点。这一发现证明了母平台需要采取干预措施，提升创业型小微企业对母平台的忠诚度和依赖性，以实现可持续的共创，互利共赢。

这项研究对扩展相关领域的文献有多方面的贡献。本文系统地研究了一个大型传统科层制制造型企业的管理控制系统是如何逐渐随着企业向平台型组织转型而演进的。更重要的是，我们研究这种转型是如何由平台战略衍生的不同类型对小微企业的管理控制系统设计产生影响，以及其对参与者的创造力和创新力的影响（Henri, 2006）。本文有助于为考虑向平台型组织结构转型的制造型企业设计管理控制系统，也对如何设计更适合数字经济中开放平台型的、无边界的组织结构的管理控制系统有重要的启示作用。

后文的结构如下。第二部分简要介绍了关于海尔从科层制制造型企业集团向平台型组织转型、将既有业务拆分为不同类型的小微企业的背景信息①。第三部分回顾了管理控制系统设计的文献，重点放在讨论和比较传统科层制组织与平台型组织的管理控制系统的理论基础。第四部分讨论了具体测试假设。第五部分阐

① 2015 年，海尔集团已有超过 73000 名员工和超过 47.6 亿美元的营业收入，占有全球 9.8% 的市场份额。资料来源：Euromonitor International 网站。

述了数据是如何收集的。第六部分给出了我们的分析和发现。第七部分总结了本文的意义和局限性。

二、海尔平台化组织转型

海尔集团成立于1984年，最初是一家冰箱制造型企业，现已发展成为中国家电行业的旗舰企业之一。海尔2015年的营业收入已达到1887亿元（约合273亿美元）①。

2013年，海尔决定采取一项激进的举措，即采用平台型组织战略，将业务拆解为数百个自治或半自治的小微企业单元，从而完成向网络化的平台型组织的转型。采用平台型组织战略的主要目标是促进各个组成单元的创业精神和创新。废除传统的科层组织结构是非常罕见的做法，尤其是对于拥有数百亿美元资产的成熟的企业集团来说。这一前卫的举措最终会从根本上将海尔从制造型企业集团转变成为平台上的小微企业提供服务的公司。

海尔采用新的组织形式有两个主要动机：一是推动创新，使现有的产品和服务更有活力；二是通过开放的平台，成为新型智能家电、服务的孵化器。从理论上说，这两类动机都将为内部和外部的利益相关者创造价值（Bonchek and Choudary, 2013）。截至2015年底，海尔已设立超过200个小微企业，其中许多小微企业从事提供物流、智能家电、智能可穿戴设备的新产品和新服务。此外，海尔的开放式孵化器平台已经吸引了400多个外部的创业项目。截至2021年2月，海尔集团孵化平台已承接4000多家小微企业。

如今，海尔已经简化了小微的创建流程，并将其纳入公司现有的结构中。若要成立一个小微企业，该企业单位团队必须准备一份合适的商业计划书，并申请海尔的战略和投资委员会批准。海尔鼓励小微跳出固有思维，在组织边界内外都寻求资源和合作伙伴，改进产品设计、研发、人力资源和融资。小微提案团队还负责从合作伙伴那里获得种子投资。在小微提案团队获得了初始投资之后，海尔

---

① 资料来源：Statista网站。

会参考适当的初始估值机制，共同投资有前景的项目。每个小微团队负责自己的预算和绩效目标。

海尔的重组产生了许多灵活的、自我管理的、互通互联的小微企业，这些小微企业与海尔网络化和高度自动化的制造设施、研发中心、供应链及其他职能部门相联系，海尔称之为“创业平台”。这些创业平台作为资源中心为成百上千个小微企业服务，同时小微企业也为平台提供服务（Hill，2015）。客户通过互联网也链接到海尔的创业平台，以便对产品设计和小微提供的服务质量进行即时反馈。小微在设计、制造和分销产品时就在竞争客户，同时还要从海尔和外部投资者那里竞争资源，如员工和资本（Hill，2015）。

所有的小微企业与海尔的基本关系是相同的，根据设立的目标可以分为两大类——创业型和非创业型[①]。“创业型”小微是以开发新产品为中心的，其本质是初创组织。相比之下，“非创业型”小微则是专注于现有产品。

（一）创业型小微企业

海尔的创业型小微[②]类似于其他大公司的企业孵化器，专注于开发海尔目前没有的新产品和新服务。小微企业的领导团队成员需要在种子投资和海尔提供的各种资源的帮助下，共同投资自己的项目。对于这些小微企业来说，海尔既是企业内部的孵化器，又是资源平台。Water Box 就是这类小微企业的其中一家，它提供线上、Wi－Fi 互联的住宅水质监测和过滤服务。图 1 展示了 Water Box 与海尔内部孵化平台的关系，包括产品设计、生产制造、市场营销、销售、采购等环节。创业型小微还可以在产品设计、研发和生产等环节与外部的合作伙伴进行合作。海尔通过让小微企业经理人成为小微企业的股东，鼓励他们像创始人经营初创企业一样经营小微[③]。

---

① “创业型”和“非创业型”是海尔在 2015 年使用的名称。海尔现在将“创业型小微企业”更名为“孵化器小微企业”，将“非创业型小微企业”更名为“转型小微企业”。孵化器小微企业的重点是孵化海尔现在不具备的新型智能家电和服务。转型小微企业由两部分组成，分别为“转型小微”和“生态小微”，侧重于海尔现有产品的转型和服务的自动化。

② 创业型小微企业后来被海尔称为“孵化器小微企业”。

③ 高级管理人员必须以个人资金投资他们的项目并持有少数股权。海尔同意小微团队预留一个通常为初始估值 15% 份额的股权池。海尔明确要求对赌条件中的“业绩”采用类似于私募股权“估值调整机制”的普遍做法，这是为了激励小微团队向特定的里程碑迈进。当小微达到预设的业绩里程碑或战略目标时，小微团队可以用已获得的绩效奖金置换额外的股权。

此外，海尔还帮助小微团队给项目寻求外部资金和投资人。一旦项目开始吸引外部或私募股权（PE）投资时，每个小微团队还可以获得一定的股权。虽然海尔保留了在预设期间内按照预设估值方式收购小微企业的权利，海尔依然鼓励成功的创业型小微企业独立上市。海尔引入外部资金的另一个好处就是给小微企业引入了外部的监管机制。

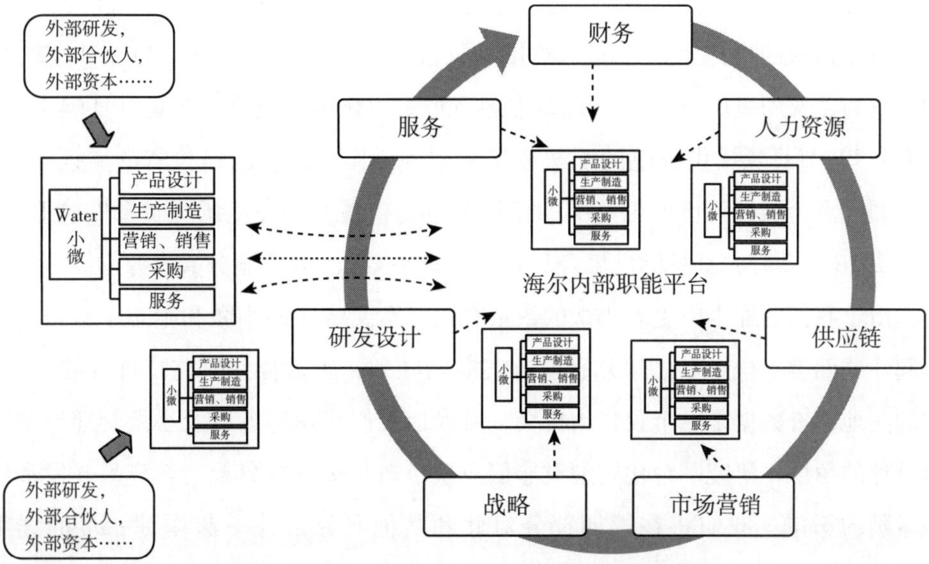

图1　小微企业（ME）和海尔职能平台

（二）非创业型小微企业

海尔的非创业型小微①与海尔现有的产品和服务相关，分为“转型小微”和“生态小微”。转型小微通常由来自海尔产品设计、生产、市场营销和销售等部门的成员自行管理。他们与公司现有的生产设备、销售团队、供应链紧密合作，不太可能成为完全独立的业务单元。转型小微在收集客户偏好和反馈以更好地设计产品和实现产品快速成型方面发挥着调节作用。实际上，一个转型小微好比是海尔内部的一个只专注于某个项目的虚拟业务单元，因此可以根据实际需要由海尔管理层进行组建和解散。海尔的内部转移定价和特定的利润分享协议允许转型小

① 非创业型小微企业后来被海尔称为“转型小微企业”。

微共同分享收益。

生态小微是指参与服务和支持活动的小微企业。他们提供职能服务，如财务、人力资源、物流、研发、分销等。因为这些职能支持着关键的企业基础结构，所以这些实体一直存在于海尔内部。但随着海尔的平台型组织转型，海尔也鼓励生态小微企业向开放市场积极拓展业务，同时寻找外部的客户。例如，海尔的财务部门不仅服务海尔内部，还寻求外部客户。

对于这样的生态小微，海尔的作用仅仅是一个平台。例如，2013 年 12 月，中国电商巨头阿里巴巴同意斥资 28 亿港元收购海尔的物流小微公司日日顺 9.9% 的股份①。日日顺提供家电的配送和安装服务。作为阿里巴巴投资的交换条件，日日顺同意为通过阿里巴巴购买的任何家电提供最后一英里的送货和安装服务。截至 2016 年 2 月，日日顺已聚合 9 万辆“车小微”、18 万服务兵资源②。

由于我们的样本中生态小微的数量有限，本文将转型小微和生态小微合并在一起，这两类小微企业之间几乎没有实质性区别，所以合并研究是可行的③。海尔的实地调查数据是一个独特的机会，可以让我们从参与者以及小微管理控制元素设计的角度，研究平台化转型对非创业型小微在决策权分配、新产品开发和组织激励的影响。我们将在第四部分对此和其他研究设计一起作进一步的详细介绍。

无论是创业型还是非创业型，所有的小微企业都要对自己的支出和盈利负责。这一政策在很多方面使海尔受益。例如，海尔将其客户配送服务部门转变为配送小微。客户配送服务以前受到公司层级式的物流系统限制，但转变为配送小微后，它成为了中国消费电器领域最灵活、最广泛的配送和安装服务网络之一。转型为小微使得业务单元可以组成许多个小型的自我管理单位，并且可以实施一系列提高效率的结构性变革。例如，配送小微团队投资了自己的配送车辆并雇用了自己的司机。它还使用智能手机连接海尔的客户订单与配送的 IT 平台，并制定政策，让客户可以与海尔签订配送和安装服务合同。最重要的是，它开发了一个

① 刘祎辰：《阿里巴巴 28 亿“迎娶”日日顺补足电器物流短板》，央广网，2013 年 12 月 9 日。

② 资料来源：日日顺供应链官网。

③ 海尔实践的一个值得关注的方面是海尔如何适当地控制管理以提高运营效率，与更扁平化、更分权、更开放的平台型组织进行联系以促进新业务、新产品孵化之间取得平衡。引用海尔集团创始人、董事局名誉主席张瑞敏先生访谈中说的话，“我们不需要平衡！不稳定和动态的环境是保持每个人灵活状态的最佳方式。”（The Economist，2013）。也有人批评海尔剧烈转型的实用性和可持续性，以及对公司生存的长期影响（Gupta，2015）。

可以立即征求和接收客户服务反馈和评价的移动设备端平台。这些评分不仅用于确定团队服务的薪酬，还用于衡量他们对未来订单的竞标能力。评分高的团队可以获得更多更好的订单，这使得高质量的团队比其他团队增长得更快。

三、管理控制系统（MCS）设计文献综述

管理控制系统（MCS）被定义为使用财务或非财务信息来影响或改变组织参与者的模式、活动或行为的正式程序和系统（Simons，1987）。管理控制系统的重要组成要素包括基于信息流的使用和处理的规划系统、报告/评估系统和监控程序。在传统的科层制组织中，管理控制系统主要关注流程设计，以防止或解决委托代理问题（Birnberg，1998）。随着组织从严格的科层制演化为多部门的公司，公司进入了公司间的战略供应链的伙伴关系和合作安排，这对依赖于关系的复杂性、相互依赖程度、双方议价能力的买家和供应商来说，是新的挑战。在这种情况下，管理控制系统往往不仅包括正式的合同，还包括跨边界业务的治理和信任安排。

平台化战略是新型的组织形式，虽然它与跨公司间的合作有许多相似之处，但在许多重要方面有所不同。首先，平台型业务模式对传统治理结构发起了挑战。在一个平台企业中，大多数与母平台相关的业务部门要么是企业内部孵化的，要么就是从现有的内部运营中分离出来的。其次，平台化战略包含开放的商业模式概念，鼓励通过开放的生态系统引进外部第三方合作伙伴孵化新型创新产品和服务。这种商业模式改变了在科层制组织中使用的绩效和考核指标与管控系统。与公司间合作一样，平台化战略将重点从内部运营优化转移向外部联系（Bonchek and Choudary，2013）协同与共创。然而，与公司间合作不同的是，平台组织将传统的线性生产供应商伙伴关系转变为非线性连接内外部参与者的平台网络关系，此网络关系的一致的合作目的就是共同创造价值（Van Alstyne et al.，2016）。

如前所述，平台型组织的范围往往超过了公司的传统定义。因此，平台型组织的管理控制系统必须在现行为小微企业提供灵活性的例行控制程序和为培养、促进平台网络成长的开放性之间找到平衡。这种管理控制系统可以使企业生态系

统中的大多数参与者受益。

本文对管理控制系统设计的研究遵循两条主要研究路线。第一条研究路线是检验公司间合作的管理控制系统设计相关的现有文献。公司间合作包括战略供应链伙伴关系、联盟、合营和独立业务部门之间的合作等（Anderson et al.，2014；Hakansson and Lind，2004；Mouritsen and Thrane，2006）。第二条研究路线重点放在科恩贝格尔等（Kornberger et al.，2017）提出的设计管理控制系统来解决平台型组织基础结构方面的问题。前者让我们深入了解管理控制系统设计的基本问题，后者帮助我们分析设计链接小微企业的管理控制系统与传统组织的管理控制系统有哪些区别。

与特定企业内传统的管理控制系统不同，关于公司间合作（如战略买方—供应商关系）的管理控制类似于横向会计制度，它们既不同于科层制度，也与纯粹的市场模型不同。公司间的正式或非正式的控制机制可能对支持松散连接独立或半独立开放型小微单元的平台组织有所启示。

安德森和德克尔（Anderson and Dekker，2014）对公司间组织关系的管理控制系统综述表明，管理控制在维持成功的企业关系中起到至关重要的作用。这是公司间合作合同的一个重要设计要素。传统意义上，管理控制系统设立的目的是为了减少交易成本理论所指出的投机行为（Simons，1995；Merchant and Van der Stede，2007；Jensen and Meckling，1976）。但安德森等（Anderson et al.，2009，2012）认为管理控制在混合型跨组织间促进协调和沟通也很重要。他们认为，在研究管理控制系统时，研究人员应该超越企业的传统界限。

安德森等（2014）在一项实地调查中进一步确定了混合型组织间关系中常见的三种主要的风险类别：绩效风险（涉及追求价值创造）、关系风险（涉及价值挪用）和合规风险（涉及监管或法律实体的制裁）。他们的研究报告提供了明确的证据，支持使用不同类型的管理控制系统来降低组织间联盟关系相关的风险。具体来讲，绩效风险是与合作伙伴的选择和合同协议控制有关的；关系风险主要是依赖现有协议管理的；合规风险则需依赖于信任和非正式评估等非正式控制。这一发现意味着在设计外部参与者可以短期参与的组织间平台时，正式控制（如合同）和非正式控制（如信任和非正式评估）是同样重要的。因此在一定的决策权下放给小微企业的情况下，管理控制系统的设计必须包括小微企业和母平台业务之间的协作关系。

科恩贝格尔等（2017）提出的第二种方法直接解决了管理控制系统如何影响平台型组织基础结构。这个方法基于平台型组织的管理控制系统与传统科层制组织中的管理控制系统存在差异的判断。平台型组织的核心类似于组建一组跨组织间用于交流和协作的稳定“基础设施”接口。这些接口还控制参与伙伴间的分销、生产和共创活动。

这种控制观点有三重含义：第一，控制机制的基础结构包括了不同的参与者、群体和团体，同时作为“管道和硬线电路”的基础核心。因此，控制协议的目的是实现有效的交流并促进各个参与小微企业的成长和发展。第二，平台型组织的管理控制系统更为复杂。它是内生式的而不是企业内部预设元素的连接，它促进了披露、交流和业务共创共建①。第三，在平台作为信息基础设施结构的观点下，控制机制由集中式协议（游戏规则）来管理，但控制本身是分散/分布的。于是会计从计算的职能转向聚焦于相关性和内生性的评估职能（Kornberger, et al. , 2017）。因此，在集中控制的前提之下，管控通常是完全分散或分布的，绩效指标也从传统的问责转向于信息披露。

综上所述，平台组织的结构意味着虽然小微企业间的联系是松散的，但小微企业仍要保持与母平台的直接联系，以实现更大的创新和创造力。因此，在不同类型的小微企业之间，各种决策权的分配和控制的部署会存在很大差异。此外，对于平台组织，绩效指标的选取与传统的利润和收入指标有所不同。对于创新、互联、开放的小微企业，绩效指标可以从问责的目的转变为披露未来新数字化时代的潜力和机会。

组织平台化转型的另一个显著特征是促进内部创业，同时拥抱开放的创新系统，鼓励外部的参与者共同创造产品和服务。对于采用平台战略的工业企业来说，一项主要挑战是平衡内部创新和充分利用外部研发资源的开放创新。开放创新平台的这一特征带来的问题是：如何在激励开放式创新的同时保持对平台参与者的适当的控制？

现有文献中关于管理控制系统设计对产品创新的影响有许多讨论。传统观点认为，在高速增长的初创公司中，管理控制系统的作用很有限，而过度强调管理控制系统会危及创业精神和潜在成功。一些最近研究表明，创业必要的一些方

① 与通用家电的 FirstBuild 一样，该平台可以用于快速原型化、定价以及最终扩展生产决策的报告、沟通交流和反馈。这样的平台促进了社群去选择、创造下一代家电。

面，如组织自主性和创新，可以将管理者从工作环境中适度解放出来，由此提高他们对创新的感知能力（Roberts，Campbell and Vijayasarathy，2016）。然而，达维拉和福斯特（Davila and Foster，2009）提出了不同的观点，他们的研究表明管理控制系统在引导和塑造初创公司的发展方面仍然至关重要。达维拉（Davila，2005）研究表明在小的成长型公司里，管理控制系统的增强和企业发展是同步进行的。达维拉等（Davila et al.，2013）进一步指出，创新需要一个适当的结构来将创造力转化为企业价值。否则，创造力就会被分散到不协调、没有重点的工作中。因此，适当的管理控制会影响对灵感和创造力的控制，并通过创造空间来进行方向控制。

关于创新的激励因素，格拉布纳（Grabner，2014）指出个人绩效薪酬和主观业绩评价是互补的。这两者的选择决定了企业内部员工的创造力，而员工的创造力是企业价值创造的主要来源。格拉布纳（2014）揭示了为创造性工作设计激励机制的挑战性和矛盾性。具体来说，"创造性工作的性质限制了外在激励的可行性，但同时也创造了对外在激励的需求"。格拉布纳总结认为，在激励创造性和创新性任务时，不应该只使用绩效薪酬，也需要一系列互补的激励方案。依赖创新的企业可以使用内在和外在激励系统作为控制机制。

四、研究命题设计

在平台型组合和小微企业的背景下，有很多管理控制系统设计问题尚未解决。什么是协调互联平台组织运作的有效控制、评估和反馈系统？管理控制和创新决策权的授权如何与管理从制造企业平台孵化、分离出来的小微企业相平衡？授予小微企业决策权以及绩效反馈和绩效指标如何影响与平台相连的不同类型小微企业的运营、激励和创新的整体有效性？

通过对小微企业高层和中层管理人员的深入访谈和调查，我们收集到海尔内部不同类型小微的管理控制系统设计的数据。本文将解决以下问题：

（1）创业型小微企业与非创业型小微企业的决策权力有何不同？母平台如何行使控制权？除了参股控股，在松散连接的小微企业中还使用了哪些关键决策权？

（2）平台组织强调协议和基础结构的建制（Kornberger et al.，2017）。使用的量化“评估”型的指标与传统的用于问责的业绩指标（如利润和收入）是完全不同的。具体来说，在数字生态中，使用了哪些“评估”型的指标来反映“潜力和机会”的生成？样本中不同类型的小微企业如何选择关键绩效指标是我们感兴趣的研究问题。

（3）新产品和新服务的创新和孵化是海尔推动平台化转型的关键。决策权的分配和关键激励因素是如何在不同的小微企业中共同作用来推动创新和运营效率改进的？

（4）平台型组织将外部各方整合到小微企业中并重新定义了企业内的关系和角色。从根本上来说，这些变化模糊了企业的传统界限。而这种管理控制系统和组织形式转变如何影响小微企业参与者对母平台归属感和忠诚度的认知？

简而言之，本文体现的是传统制造型企业向平台型组织转变过程中检验管理控制系统的第一步，对数字经济下的管理控制系统设计具有重要的指导意义。下面我们简要讨论关键命题。

（一）不同类型小微企业决策权力分配的影响

决策权决定了控制的边界，是规范和规划小微企业运行的重要工具。从小微企业的角度来看，决策权的分配决定的是小微业务单元的自治程度。海尔的平台——小微战略的主要目标是将科层制组织转变为实现更多创新的连通的商业平台。因此，哪些权力下放给了不同类型小微企业以及下放的程度是平台型组织设计和实现目标能力的关键问题。

组织设计理论中有大量文献，探讨研发的组织形式（由决策权力分配定义）与权力分配产生的创新类型之间的联系。阿盖尔斯和西尔弗曼（Argyres and Silverman，2004）检验了这一假设，即与分散式研发相比，集中式研发更有可能产生对后续技术演化更深、更广泛影响的创新。他们假设，集中的研发通过结合广泛的原理与资源，而非更具体的产品相关理念，以提升更通用、非特定的知识。他们的实证发现支持了他们关于影响深度的假设，但没有支持其广度的假设。

有趣的是，他们发现除了分配决策权和报告权外，对资金（即研究预算）的控制确实可以在促进创新方面作为直接权属关系的补充，同时也使用公司总部与研究部门人员人数的比率代表研发组织的集中程度。

与以往依赖间接、单一、整体的决策权力分配的实证研究不同，我们的调查数据包含有关母公司海尔集团向其小微企业分配各种决策权力的详细和具体信息。这些信息包括与战略制定、财务、日常运营、内部资源分配、奖励分配和人力资源管理相关的决策权。

不同类型小微企业，创新程度不同，需要不同程度的决策权授权。特别是，我们预想创业型小微企业提供的独特、创新的产品和服务越多，则需要母平台授予的自主权和决策权就越多。鉴于此，我们认为与现有产品密切相关的非创业型小微企业需要更具体的创新，因此对母公司的自主权和决策权要求较低。因此，我们提出以下命题：

命题 1：与内外部战略合作伙伴一起参与更具创新性和协作性活动的创业型小微企业，可能需要更高的自主权，因此可能获得更大的决策权。

（二）测度、奖励和激励

科恩贝格尔等（2017）所定义的平台组织重点关注控制生态系统的“基础结构”。因此，平台组织中小微企业绩效指标的选取会明显偏离如盈利能力、净资产收益率（ROE）、投资回报率（ROI）或收入增长等这一类传统绩效指标。平台组织的基础结构决定了使用评估类指标，并强调披露平台生态系统的潜力和机会。这类指标包括网络流量、订阅率、点击率和用户粉丝数等。这意味着此类小微企业的绩效指标与传统绩效指标已经大相径庭。在海尔，创业型小微企业主要负责孵化新型智能家电产品。这些小微类似于科恩贝格尔等（2017）提出的基于基础结构的平台组织模型。因此，我们认为，一方面，使用基于互联网的评估指标可以使海尔的创业型小微受益更多。另一方面，海尔的非创业型小微致力于对严重依赖现有制造、研发和分销渠道的传统家电产品的转型。对于此类小微企业，传统的绩效指标更为合适。

总之，传统的会计和财务指标更适用于衡量非创业型小微企业的运营效率，而表现数字化创新机会和潜力的非传统的战略评估指标更适合面向平台的创业型小微企业。因此，我们提出以下命题：

命题 2：专注于孵化新产品和服务的创业型小微企业符合基于基础结构的平

台组织定义，因此需要使用更多非财务和评估类的绩效指标。

（三）内在激励因素

数十年的管理学和心理学研究表明，当个体受到内在因素如兴趣、满足感、挑战性的工作和学习机会的激励时，可能更具有创造性。由于创业型小微企业主要是为了孵化新产品和服务，因此需要更加重视创新，并为各种创新计划提供更多机会。因此，我们认为内在激励因素可以在这些小微企业中发挥更显著的作用。张晓萌和巴托尔（Zhang and Bartol，2010）发现，授权型的领导力可以积极调动心理上的赋能，进而影响内在激励和创造性过程参与度。最重要的是，后两个因素对创新有积极影响。因此，我们提出以下命题：

命题3a：内在激励因素对创新和创造力至关重要。创业型小微企业专注于孵化新的商业模式和开发新产品和服务，这使得内在激励因素在创业型小微企业中可以发挥更突出的作用。

认知评价理论认为，持续的绩效监控（Lepper and Greene，1975）和评估（Smith，1975）会削弱自主感，促使感知的因果关系轨迹（PLOC）从内在激励因素转变为外在激励因素（Heider，1958；DeCharms，1968），进而破坏内在激励。相反，更大的决策权和为员工提供参与任务方面的选择有助于增强自主感，使感知的因果关系轨迹从外在转向内在，并提高内在激励（Zuckerman et al.，1978）。

大多数认知评价理论研究都是在受控的实验环境中进行的，因此限制了它们的普遍性。在这项研究中，我们检验了真实的商业环境中决策权分配与小微企业的内在激励创新水平之间的关系。如果认知评价理论的普遍观点是正确的，我们应该可以观察到更强的自主性和更高水平的内在（外在）动机可能对创造力产生积极（消极）的影响，并驱动创新。由于创业型小微企业的设立主要是为了创造创新的商业模式和产品，并被赋予更多的自主权，所以我们预期观察到创业型小微企业的内在激励水平与其创造力和创新性成正比。换句话说，我们期望内在激励因素对创业型小微企业创新能力的影响大于非创业型小微企业。因此，我们提出以下命题：

命题3b：具有高水平内在（外在）激励和更多决策权的创业型小微企业可能在创新驱动力/能力和运营效率获得更大（更少）的收益。

（四）忠诚度

海尔向平台型组织转型的隐含目标有两个：保留组织内部已有的创新人才，以及从组织外部吸引人才。开放式平台结构允许小微企业引入外部资源，同时通过海尔的“共同创造程序”使小微可以获取海尔的内部资源。那么，开放式松散连接的组织结构如何影响小微企业对其与海尔（母平台）关系的看法？特别是，小微企业团队成员如何看待他们对母平台的忠诚度以及他们在多大程度上认为自己是母平台的成员？劳动力流动和企业家精神相关的现有文献表明，企业家精神和员工留任之间存在正相关关系（Haar and White，2013）。我们希望研究小微企业的性质、决策权力授予的范围、内在激励因素是如何共同影响小微企业参与者忠诚度的。因为忠诚度影响人才保留，忠诚度的变化可能会影响协同网络效应。因此，我们提出以下命题：

命题 4：与非创业型小微企业参与者相比，创业型小微企业参与者拥有更高的内在动机和更大的决策权，对海尔的忠诚度也更高。

五、数据收集

2013～2015 年，我们分别对海尔进行了三次实地考察。在前两次考察中，我们对海尔负责制定平台转型战略的高管进行了深入访谈，包括财务部门、人力资源部门、产品管理部门和质量管理部门的高管。此外，我们还访谈了小微团队的主要领导。在第三次考察中，我们在经理和高管不在场的情况下专门与小微的中层管理人员和参与者进行了访谈。这些访谈为海尔在战略和实施层面的组织转型提供了有价值的见解。

根据这些访谈收集的信息，我们在 2015 年初设计并初步测试了一份调查问卷。到 2015 年 2 月，我们已经从海尔的高层管理团队获得了该项目的批准，并开始与海尔战略投资部合作。当时我们的调查确定了大约 200 个小微企业样本，这个数量大概是 2014 年底海尔所有的运营中的小微。我们通过验证保证了不同的小微类型（即创业型和非创业型）在我们的调查样本中有足够的代表性。

我们在每一个接受调查的小微企业中，选择了最多5名关键成员（包括小微企业负责人）来完成调查。海尔的协调人分发了大约1000份调查问卷。这项调查包括一封说明函，向受访者保证本研究自愿参与并对其答复严格保密。所有问题都是匿名完成的，并用研究团队提供的附有战略业务部门代码的空信封密封以确保匿名性。

完成的调查在当月月底返回给研究小组。我们在200个小微企业中一共收到了74个小微企业的回复，小微企业层面的响应率为37%。共有272名来自74个小微企业的个体参与者完成了调查，小微企业中的被调查者的应答率为74%[272/(74×5)]，约占所有分发问卷的27%①。

在完成问卷的74家小微企业中，属于创业型小微企业的有28家（38%），非创业型小微企业的有46家（62%）。平均每家小微企业有66名员工，其中15人曾是海尔的全职员工。我们还注意到，创业型小微的平均参与人数（53人）少于非创业型小微的平均参与人数（75人）。此外，创业型小微来自母平台的参与人（7人）也少于非创业型小微（21人）。表1列出了汇总统计数据。

表1　小微企业样本的描述性统计

	数量	变量	均值	中位数	样本标准差
创业型小微企业	28	员工总人数（人）	52.90	34.50	69.40
		母公司员工人数（人）	7.00	4.50	8.90
		外来员工人数（人）	28.80	2.00	59.80
		同母公司相似度（%）	55.19	70.00	26.76
非创业型小微企业	46	员工总人数（人）	74.81	25.00	193.80
		母公司员工人数（人）	20.74	10.00	37.70
		外来员工人数（人）	14.60	0	47.20
		同母公司相似度（%）	66.80	70.00	24.97
总样本	74	员工总人数（人）	73.20	30.00	153.50
		母公司员工人数（人）	15.30	7.00	30.50
		外来员工人数（人）	20.70	1.00	52.90
		同母公司相似度（%）	62.21	70.00	26.14

注：同母公司相似度是指小微企业提供的产品或服务类型与母公司提供的产品或服务的相似程度。报告值范围为0~100%。

① 我们进一步向海尔管理团队询问了无响应的小微企业，并得知这些小微企业中的大部分都是新成立的，或者是在各地主要从事销售活动的销售部，因此无法提供有意义的研究数据。

海尔的小微企业是由独立法人实体（Indept_Corp）或内部业务单位设立的。在参与调查的创业型小微中，46.4%的企业是独立法人，而非创业型小微中这个比例只有24.4%。截至2015年8月底，样本中8.1%的小微（74家小微中的6家）接受了外部投资。总体而言，获得外部资本投资的创业型小微企业占总创业型小微企业的10.7%，高于非创业型小微企业的比例（6.5%）。这些细节在表2中有所展示。

表2　　创业型小微企业与非创业型小微企业

类别	独立法人实体	非独立法人实体	合计
创业型小微企业	13 （46.4%）	15 （53.6%）	28 （37.8%）
非创业型小微企业	11 （24.4%）	35 （75.6%）	46 （62.2%）
合计	24	50	74
类别	外部VC/PE投资	预计3年内引入外部VC/PE投资	合计
创业型小微企业	3 （10.7%）	15 （53.5%）	28 （37.8%）
非创业型小微企业	3 （6.5%）	15 （32.6%）	46 （62.2%）
合计	6	30	74

六、实证分析

本部分报告的是我们实地研究的结果。首先，我们检验这些命题并讨论其相关实证结果。

（一）决策权力分配和小微企业的选择

决策权决定了企业的边界，也反映了小微企业的自治程度。直觉上，一个拥有更大决策自主权的创业型小微企业可以更有效地协调内、外部各方。相反，专注于提高现有产品的运营效率或加快引入市场的非创业型小微企业需要的决策自主权就要小。

在我们的调查问卷中，参与者需要在1~9的范围内评估母平台授予他们的各种决策权的自主程度，包括战略制定、日常运营、资源分配、财务决策、奖励分配和人力资源管理。分数越高表示自主权越大。为了检验创业型小微企业与非创业型小微企业的决策权是否不同，我们首先对比了创业型和非创业型小微各种决策权的指标。表3总结了不同类型的小微企业对不同决策权力分配的平均主观给分。总的来说结果与预期相符，创业型小微企业在所有决策权力的自主性给分都更高。创业型小微企业尤其在资源分配（Resource）、人力资源管理（HR_Mgt）和日常运营（Operation）等决策权的自主性给分高于非创业型小微企业。此外，战略制定和财务决策在所有授予的决策权中获得分数最低。尤其财务决策权自主性在创业型小微企业和非创业型小微企业中得分都最低。

表3　　不同类型小微企业的决策权力分配

决策权力	创业型小微企业	非创业型小微企业	差额
战略制定	5.14	4.72	0.41 (1.34)
日常运营	6.85	6.01	0.84 (2.78)***
资源分配	6.03	4.90	1.14 (3.54)***
财务决策	4.67	3.99	0.63 (2.01)**
奖励分配	5.28	4.41	0.88 (2.68)***
人力资源管理	6.99	5.97	1.02 (3.54)***

注：括号内的数据为t检验值；*表示在10%水平上显著、**表示在5%水平上显著、***表示在1%水平上显著。

该表总结了小微企业关键决策权的范围和自主程度：包括战略制定（Strategy Formulation）、小微企业日常运营（Operation）、小微企业内部资源分配（Resource Allocations）、财务决策（Financial）、小微企业内部参与者奖励分配（Rewards）、员工的雇佣和解聘（HR Mgt）。

表3的数据分析结果显示，“战略制定”（Strategy）和“财务决策”（Financial）权力可能是母公司用来控制其小微企业的两个关键控制杠杆。正如表2小微数据结果所示，这两项母平台授予的决策权的自主性在所有决策权中得分最低。这意味着小微企业在“战略制定”和“财务决策”中的自主权最低。这一发现的意义是：海尔必须仔细协调所有松散的小微业务单元，以确保其与母平台的总体战略目标高度一致。此外，所有小微企业从财务角度来说，其构成必须合理。

为了控制母平台对小微企业决策权力分配可能存在的干扰因子，我们进一步使用一系列等式进行完整的多变量分析：

$$Strategy = \alpha_0 + \alpha_1 \text{ Entrepre} + \alpha_2 \text{ Similarity} + \alpha_3 \text{ New Prdt\%} + \alpha_4 \text{ SSE\_listing} + \alpha_5 \text{ Indept} + PE/VC + \alpha_6 \text{ Size} + \varepsilon$$

$$Financial = \alpha_0 + \alpha_1 \text{ Entrepre} + \alpha_2 \text{ Similarity} + \alpha_3 \text{ New Prdt\%} + \alpha_4 \text{ SSE\_listing} + \alpha_5 \text{ Indept} + PE/VC + \alpha_6 \text{ Size} + \varepsilon$$

$$Operation = \alpha_0 + \alpha_1 \text{ Entrepre} + \alpha_2 \text{ Similarity} + \alpha_3 \text{ New Prdt\%} + \alpha_4 \text{ SSE\_listing} + \alpha_5 \text{ Size} + \varepsilon$$

$$Resource = \alpha_0 + \alpha_1 \text{ Entrepre} + \alpha_2 \text{ Similarity} + \alpha_3 \text{ New Prdt\%} + \alpha_4 \text{ SSE\_listing} + \alpha_5 \text{ Size} + \varepsilon$$

$$Rewards = \alpha_0 + \alpha_1 \text{ Entrepre} + \alpha_2 \text{ Similarity} + \alpha_3 \text{ New Prdt\%} + \alpha_4 \text{ SSE\_listing} + \alpha_5 \text{ Size} + \varepsilon$$

$$HR\_Mgt = \alpha_0 + \alpha_1 \text{ Entrepre} + \alpha_2 \text{ Similarity} + \alpha_3 \text{ New Prdt\%} + \alpha_4 \text{ SSE\_listing} + \alpha_5 \text{ Size} + \varepsilon$$

该模型包括以下变量：

（1）小微企业的类型。二进制变量 Entrepre，创业型小微为 1，非创业型小微取 0。

（2）小微企业提供的产品和服务的创新程度。变量 Similarity 衡量的是小微所提供的产品与海尔现有产品组合的相似程度，New Prdt % Sales 表示新产品销售额占总销售额的百分比。我们猜想小微产品的相对创新程度与母平台分配给业务部门的决策权范围有关，因为经营创新产品需要更大的决策权授权。

（3）附属于母平台的小微企业的上市情况。变量 SSE = 1 时，该小微在上海证券交易所上市。

（4）小微企业的所有权结构，即该小微是注册为独立公司（Indept）还是由私募股权投资/风险投资（PE/VC）。小微企业的所有权结构对创业型小微尤其重要。我们猜想，拥有外部股权持有人（PE/VC）或是独立法人实体（Indept）可能会影响海尔如何为这些小微企业分配决策权。

变量 Indept 仅出现在“战略制定”（Strategy）和“财务决策”（Financial）的方程中，因为注册为独立法人实体的小微企业在这类决策中应有更高的自主性。

（5）小微企业的规模，该变量由小微关键参与者人数表示。

因为决策权分配是由母公司的一个管理团队设计的，所以每个决策权方程的误差项可能是高度相关的。因此，我们使用似不相关回归（seemingly unrelated regression，SUR）方法进行分析。

我们在表 4 中报告了主要发现。第一，六个决策权方程中的有四个方程的虚拟自变量创业型小微企业（Entrepre = 1）的相关系数大于 0 且显著，表明创业型小微企业（Entrepre = 1）在日常运营（Operation）、内部资源分配（Resource）、人力资源管理（HR_Mgt）和奖励分配（Reward）等决策上有更高的自主权。

表 4　　创业型小微企业的决策自主性更高

指标	(1) 战略制定 (Strategy)	(2) 财务决策 (Financial)	(3) 日常运营 (Operation)	(4) 资源分配 (Resource)	(5) 奖励分配 (Rewards)	(6) 人力资源管理 (HR Mgt)
Entrepre	0.35 (0.99)	0.39 (1.09)	0.78 (2.28)**	1.13 (3.16)***	0.65 (1.77)*	0.89 (2.68)***
Similarity	-0.01 (-1.75)*	-0.01 (-1.49)	-0.01 (-1.52)	-0.01 (-1.88)*	-0.01 (-1.65)*	-0.01 (-1.87)*
New Prdt % of Sales	-0.01 (-0.86)	0.01 (1.25)	0.01 (0.90)	0 (0.32)	-0 (-0.13)	0 (0.11)
SSE_Listing	-0.10 (-0.30)	-0.22 (-0.64)	-0.50 (-1.49)	-0.11 (-0.32)	0.33 (0.92)	0.42 (1.28)
Indept	0.10 (0.31)	0.12 (0.45)				
PE/VC	-0.31 (-0.71)	0.54 (1.48)				
Size	-0.34 (-2.25)**	-0.16 (-1.04)	-0.27 (-1.86)*	-0.20 (-1.32)	-0.06 (-0.40)	-0.09 (-0.65)

续表

指标	(1) 战略制定 (Strategy)	(2) 财务决策 (Financial)	(3) 日常运营 (Operation)	(4) 资源分配 (Resource)	(5) 奖励分配 (Rewards)	(6) 人力资源管理 (HR Mgt)
Constant	6.96 (9.07)***	4.90 (6.31)***	7.65 (9.97)***	6.32 (7.87)***	5.26 (6.41)***	6.81 (9.13)***
N						
adj. R^2	0.051	0.058	0.077	0.082	0.040	0.073
χ^2	12.06	13.36	18.85	20.22	9.36	17.80
p	0.099	0.064	0.002	0.001	0.095	0.003

注：括号内的数据为 t 检验值；* 表示在 10% 水平上显著、** 表示在 5% 水平上显著、*** 表示在 1% 水平上显著。为了控制不同方差残差项的相关性，我们使用了似不相关回归（SUR）分析。这张表格报告了小微企业类型［如创业型小微企业（Entrepre）］是否与分配的决策权力范围相关。因变量是对不同决策权的自主程度的主观打分。模型中包含的控制变量有：小微企业提供的产品或服务类型与母公司提供的产品或服务的相似程度（Similarity）、新产品销售额占总销售额的百分比（New Prdt % Sales）、附属于母平台的小微企业的上市情况（SSE_Listing）、小微是否已注册或未来 2 年内将注册为独立法人公司（Indept_Corp）、是否引入私募股权投资/风险投资（PE/VC）、小微企业的规模（Size）。

第二，正如预期的那样，创业型小微企业（Entrepre = 1）这一虚拟变量在战略制定（Strategy）和财务决策（Financial）中并不显著，这意味着分配给创业型小微和非创业型小微的决策权在战略制定（Strategy）和财务决策（Financial）方面并没有显著差异。

第三，如表 4 所示，常数项排序（Intercept）中财务决策（Financial）常数项最小，这意味着，与其他决策权力相比，母平台在财务决策上授权最少。此外，财务决策授权方程中小微企业类型（Entrepre）自变量的相关系数并不显著，表明在财务决策的授权上，创业型小微企业（Entrepre = 1）与非创业型小微企业（Entrepre = 0）之间基本没有差异。

与表 3 一起，我们得出的结论与命题 1 一致，即创业型小微企业确实享有更高的自主性和更多的决策权。然而，我们还发现，母平台对“战略制定”和“财务决策”的授权程度最低。这表明海尔利用“战略”和“财务”决策权作为关键杠杆，在平台层面上控制松散连接的小微企业。

（二）绩效指标选择

科恩贝格尔等（2017）建议，平台组织的会计控制应以作为培育生态系统的信息基础。因此，平台组织绩效指标的选择与基于收入和利润的传统“问责”目的非常不同。当会计控制被视为生态系统内的信息基础建设时，其评估方面应侧重于反映生态平台未来的“潜力”和“机会”。对于转型为平台组织的传统制造型企业而言，如何平衡传统考核措施（如盈利能力和营收报告）的问责需求与披露、沟通平台的潜力和机会的信息平台成为一项非常有挑战的任务。

为了调查关于不同类型的小微企业使用不同绩效指标的命题2，我们收集了不同小微企业使用的关键绩效指标信息。海尔依靠基于运营与战略的二维指标系统，以满足平台平衡运营效率与战略潜力和机会的需求。我们的调查报告显示海尔针对其小微企业采用了收入/利润（Profits）、销售增长（Sales）、成本降低（Cost_Redu）以及市场份额（Mkt_Shrs）等常用会计指标。对于战略（或“评估”）指标，海尔重视让整个生态社群共同参与创造迭代下一代产品和服务。社群参与是海尔在数字经济中设计和开发未来智能家电的关键战略要素。小微企业的性质不同，其用于战略维度的绩效指标也不尽相同，不仅包括通用的指标，也使用了一些新颖的指标，如：通过互联网的用户交互扩展（Web_Exch）、以海尔现有用户/客户为基础的产品设计反馈（Cust_Feedback）、在网络上开发新产品或服务吸引的粉丝数量（Web_Fans）、线上粉丝转为客户的转化率（Cust_Conv）和产品开发论坛的订阅人数（Web_Subsc）。

海尔创建创业型小微企业以孵化新的互联网智能家电，这与科恩贝格尔等（Kornberger et al.，2017）提出的平台型组织战略是一致的。命题2预测，与非创业型小微企业相比，创业型小微企业更可能依赖于非财务的战略和“评估”与“沟通”类型的绩效指标。

表5总结了我们的研究结果。我们注意到，对于运营指标，创业型小微企业更可能使用销售增长指标（Sales）。对于其他运营绩效指标，创业型小微企业与非创业型小微企业在指标选择上没有显著差异。这可能因为对于创业型小微而言，销售和增长的相关指标对其持续的财务生存至关重要。尽管如此，在运营绩效指标方面，海尔还是为创业型和非创业型小微企业提供了一套相似的指标。这

一发现的另一种解释是，无论是创业型小微还是非创业型小微，母平台都要求其为自己的运营绩效负责。

表5　　运营绩效指标：检验不同类型小微企业使用此类指标的情况

类别	成本降低 Cost_Reduction	市场份额 Market Shr	利润 Profit	销售额 Sales	合计
创业型小微企业（百分比%）	1（0.98%）	5（4.90%）	66（64.71%）	83*（81.37%）	102
非创业型小微企业（百分比%）	6（3.49%）	16（9.30%）	102（59.30%）	123*（71.51%）	172
合计（百分比%）	7（2.55%）	21（7.66%）	168（61.31%）	206（75.18%）	274

注：Pearson 卡方检验，* 表示在10%水平上显著、** 表示在5%水平上显著、*** 表示在1%水平上显著。

为了检验命题2的第二部分，即创业型小微企业是否需要更多战略和评估类的绩效指标，我们比较了创业型小微企业和非创业型小微企业使用此类指标的频率。表6总结了我们的发现。第一，我们注意到，一般而言，创业型小微企业较少依赖公司现有用户和客户群体的反馈（Cust_Feedback）作为产品设计绩效的关键衡量指标。这表明，拥有更多创新产品的创业型小微并不依赖现有的客户渠道进行产品设计。第二，关于使用战略或"评估"指标，表6中的结果显示，创业型小微企业与非创业型小微企业相比，使用"评估"指标的频率更高且在统计学上显著。第三，我们注意到，创业型小微企业也更可能利用互联网，社交媒体和其他移动网络作为产品设计快速原型化的手段和交互来源。

表6　　战略绩效指标：检验不同类型小微企业使用此类指标的情况

类别	线上用户扩展 Web_Exchange	产品设计反馈 Cust_Feedback	线上粉丝数量 Web_Fans	粉丝转化率 Cust_Conv	论坛订阅数 Web_Subsc	合计
创业型小微企业（百分比%）	47（46.08%）	30**（29.41%）	37（36.27%）	40**（39.22%）	11***（10.78%）	102
非创业型小微企业（百分比%）	83（48.26%）	76**（44.19%）	50（29.07%）	51**（29.65%）	2***（1.16%）	172
合计（行百分比%）	130（47.45%）	106（38.69%）	87（31.75%）	91（33.21%）	13（4.74%）	274

注：Pearson 卡方检验，* 表示在10%水平上显著、** 表示在5%水平上显著、*** 表示在1%水平上显著。

我们得出的结论是，一般而言，创业型小微企业更有可能使用非常规的“评估”指标作为关键的战略绩效指标，如线上粉丝的客户转化率（Cust_Conv）或新产品开发论坛或社交媒体的订阅人数（Web_Subsc）。我们注意到，创业型小微企业使用此类指标的频率更高且在统计学上显著（见表6）。我们的发现基本支持了命题2。

（三）企业家精神的激励因素和激励机制

创造力和创新领域的文献（Amabile，Hill，Hennessey and Tighe，1994；Amabile，1997）指出，当人的专长与强烈的内在兴趣和激情同时出现时，最有可能激发创造力。实证论据还表明，当相关工作具有一定程度的自主性时，创造力也会提升（Sauermann and Cohen，2010；Stern，2004；Hertel，Niedner and Hermann，2003）。文献表明，各种内在和外在激励因素会引导参与者加入到创新项目中，并且这些激励因素是相互促进的（Markus，Manvile and Agres，2000）。命题3a中，我们认为，内在激励因素越强、决策权的自主性越高，则创新性越强。

我们收集了小微企业成员主观上的关键激励因素，例如总薪酬回报、职业稳定性、晋升机会和职业发展的满意度，还收集了与他们的工作经历、同事关系相关的数据，如工作内容、工作经验积累、工作任务挑战度以及未来个人发展机会（见表7）。正如上述分析，这些构成表现出极高的相关性。统计上，这些变数构成的对应克朗巴哈系数等于0.92（表7里未列出），这表明这些变数测量值之间具有非常高的内部一致性。为了方便多变数模型的分析，我们使用探索性因子分析来降低不同激励因素变量的维度。一个简单的主成分因子分析表明，总体来说，两个主要因子（如表8定义的激励因素变量组合）的解释力超过了77.6%。这个发现完全符合赫茨伯格（Herzberg，1964）的激励双因子理论。与因子1（Intrinsic）相关的变量包括同事关系、工作内容、工作经验积累、工作任务挑战度以及未来个人发展机会，主要是反映参与者的内在激励因素。与因子2（Extrinsic）关联的变量覆盖如总薪酬回报、职业稳定性和晋升机会等外在激励要素。

表 7　　不同激励因素的 Pearson 相关性

项目	职业稳定性	晋升机会	同事关系	工作内容	工作经验积累	工作任务挑战度	个人发展
总薪酬回报	0.78	0.76	0.44	0.48	0.45	0.39	0.49
职业稳定性		0.77	0.49	0.45	0.50	0.42	0.52
晋升机会			0.49	0.55	0.54	0.48	0.56
同事关系				0.55	0.55	0.51	0.50
工作内容					0.75	0.73	0.72
工作经验积累						0.76	0.70
工作任务挑战度							0.75

注：Cronbach α 系数 =0.915。

表 8　　小微企业参与者的激励因子分析

旋转后因子载荷矩阵	内在激励	外在激励
	因子 1	因子 2
	（外在奖励）	（内在奖励）
总薪酬回报	0.24	0.89
职业稳定性	0.27	0.89
晋升机会	0.36	0.83
同事关系	0.58	0.40
工作内容	0.84	0.28
工作经验积累	0.85	0.28
工作任务挑战度	0.89	0.18
个人发展	0.81	0.33
因子的方差贡献：特征值	3.47	2.73
比重（%）	43.41	34.16

表 9 是按小微企业类型对关键激励因素的简单统计对比。我们发现，平均来看，创业型小微企业（Entrepre）在外在激励因素（例如总薪酬回报、职业稳定性和晋升机会）和内在激励因素（同事关系、工作内容、工作经验积累、工作任务挑战度以及未来个人发展机会）的分值都更高。然而，一个简单的 t 检验表明，创业型小微和非创业型小微的外在激励因素分值并没有显著的统计学上的差异。相反，除同事关系外的内在激励因素中，创业型小微比非创业型小微（Non-Entrepre）的平均得分更高并且统计上是显著的差异。

表 9　　　　不同类型小微企业的内在和外在激励因素

激励因子变量	创业型小微企业（Entrepre）	非创业型小微企业（Non-Entrepre）	差额	因子	T 检验值
总薪酬回报	6.05	5.73	0.32	外在	1.81
职业稳定性	6.30	6.14	0.16	外在	0.80
晋升机会	6.32	6.21	0.11	外在	0.57
同事关系	7.49	7.34	0.15	内在	1.09
工作内容	7.65	7.15	0.50	内在	3.32***
工作经验积累	7.52	7.05	0.47	内在	2.93***
工作任务挑战度	7.64	7.08	0.56	内在	3.71***
个人发展	7.45	7.03	0.42	内在	2.59**

注：变量定义：该表总结了小微企业参与者对工作相关的关键激励因素的主观满意度分数：①总薪酬回报（Pecuniary Rewards）；②职业稳定性（Job Security）；③职业发展和晋升机会（Opportunity of promotion）；④同事的支持（Relation with peers）；⑤工作内容的多样性（Contents of the job）；⑥工作经验积累（Accum of Exper）；⑦工作任务挑战度（Challenge of task）；⑧个人能力提升的机会（Opportunity for Self-Development）。** 表示在 5% 水平上显著、*** 表示在 1% 水平上显著。

这一发现有两种可能的解释。第一，加入创业型小微企业的参与者可能是自主选择的结果。受内在因素强激励的个体更有可能被创业型小微吸引并自主选择加入。第二，创业型小微企业项目本身的新颖性可以提高参与者的内在激励水平，所以这些小微企业参与者报告的内在激励水平更高。没有纵向数据，简单的横截面分析无法分析出确切原因。但我们的分析表明，创业型小微企业参与者总体上内在激励因素得分更高。

总体来说，表 9 中的发现与命题 3a 一致，内在激励因素对于需要更多创造性和创新性活动的创业型小微企业来说发挥着更重要的作用。但由于内在激励因素的平均标准化因子得分总体上高于外在激励因素的平均标准化因子得分，我们认为内在激励因素对平台化转型的所有参与者有更重要的作用。

（四）内在和外在激励因素以及决策权分配对小微企业创新和运营效率的交互效应

一个有效的管理控制系统不仅需要组织设计（决策权分配）的适当调整，还需要有效的绩效评估和适度的内在/外在激励。正如前文分析所指出，海尔的创业型小微企业总体上被授予了更大的决策权，其更多地使用评估型和战略性的评价指标，并且总体上有更高水平的内在激励。因此，研究这类小微企业相关决策权分配和内在/外在激励因素水平对参与者创新力、驱动力和小微企业运营效率的关联影响非常重要。

小微企业管理控制系统设计的成功与失败必须根据其长期的经济回报进行评估。由于海尔的小微企业实践开始于本文写作前不到两年的时间，因此没有足够的纵向财务数据来评估管理控制系统设计的结果。所以我们采用小微企业参与者的主观评价来替代财务数据，评估对小微企业管理控制系统设计有效性的影响。我们的问卷测度了参与者在加入小微企业工作前后主观感知的生产力变化，设置了关于参与者创新能力和创新驱动力变化（分别是Δ Drive_Innov，Δ Ability_Innov）以及运营效率提升（Δ Oper_Eff）的问题。

为了研究小微企业决策权分配与小微报告的激励因素Δ Ability_Innov，Δ Drive_Innov 和Δ Oper_Eff 如何交互影响小微企业，我们对小微企业报告的结果指标与小微企业的类型、决策权分配、内在/外在激励因素水平等进行回归分析。

为了控制不同小微企业面临的外部市场条件和内部管理挑战的影响，我们还将以下小微企业面对的各种风险作为环境控制变量：外部市场不确定性、产品和服务的替代风险、动机不一致和内部运营风险、母平台资源支持不足、与母平台协调困难、人才储备不足。我们进一步使用因子分析来降低各种风险因子的维度。表 10、表 11 和表 12 总结了三个不同环境控制变量的结果因素：产品平台风险（Platform_risk）、人才/人员相关风险（Talent_risk）和市场风险（Market_risk）。我们使用这三个风险因子的得分作为控制小微企业经营环境的代理变量。

表 10　　小微企业面临的挑战和风险

变量	外部市场不确定性风险	动机不一致和市场风险	产品和服务的替代风险	动机不一致和内部运营风险	母平台资源或支持不足	与母平台协调困难	小微企业创新能力不足	创新资源不足	小微企业人才储备不足
外部市场不确定性	1.000	0.319	0.217	0.187	0.194	0.094	0.222	0.116	0.156
动机不一致和市场风险		1.000	0.312	0.348	0.227	0.165	0.282	0.247	0.295

续表

变量	外部市场不确定性风险	动机不一致和市场风险	产品和服务的替代风险	动机不一致和内部运营风险	母平台资源或支持不足	与母平台协调困难	小微企业创新能力不足	创新资源不足	小微企业人才储备不足
产品和服务的替代风险			1.000	0.713	0.360	0.359	0.292	0.397	0.460
动机不一致和内部运营风险				1.000	0.483	0.424	0.358	0.407	0.504
母平台资源或支持不足					1.000	0.814	0.442	0.502	0.461
与母平台协调困难						1.000	0.398	0.435	0.424
小微企业创新能力不足							1.000	0.763	0.555
创新资源不足								1.000	0.656
小微企业人才储备不足									1.000

表 11　　　　　不同类型小微企业面临的挑战和风险

变量	创业型小微企业	非创业型小微企业	差额
外部市场不确定性	6.000	5.994	0.006
动机不一致和市场风险	6.390	5.858	0.532
产品和服务的替代风险	5.860	5.774	0.086
动机不一致和内部运营风险	5.796	5.577	0.219
母平台资源或支持不足	5.444	5.433	0.012
与母平台协调困难	5.510	5.448	0.062
小微企业创新能力不足	5.030	5.215	-0.185
创新资源不足	5.450	5.574	-0.124
小微企业人才储备不足	5.880	5.780	0.100

表 12　　　　　　小微企业面临的挑战和风险的因子分析

		产品平台风险	人才风险	市场风险
市场风险	外部市场不确定性的挑战	—	—	0. 700
	小微企业面临的动机不一致与外部市场风险	—	—	0. 716
平台风险	替代产品和服务的存在	0. 627	—	0. 534
	小微企业面临的动机不一致与内部运营风险	0. 706	—	0. 464
	昂贵的母平台资源	0. 791	0. 374	—
	与母平台协调困难	0. 819	0. 316	—
人才/人员相关风险	小微企业创新能力不足	—	0. 879	—
	创新资源不足	0. 267	0. 872	—
	小微企业人才储备不足	0. 387	0. 686	—
	Cronbach α 系数	84. 51%	—	—
	总因子解释力	70. 89%	—	—
	对应的特征值	2. 443	2. 321	1. 616

估算模型使用的其他控制变量包括：小微企业是否注册为独立法人公司（Indept_Corp），以及是否已有或计划引入外部 VC/PE 投资（VC_PE）。如果被调查者是小微企业的领导者，则设定一个指示变量（Leader = 1）。为了解决同一个小微企业有多个被试者的潜在问题，我们在以下回归分析中也控制了小微企业的固定效应：

$$
\begin{aligned}
\Delta \text{ Ability\_Innov} = {} & \alpha_0 + \alpha_1 \text{ Intrinsic} + \alpha_2 \text{ Extrinsic} + \alpha_3 \text{ Decision\_Right} \\
& + \alpha_4 \text{ Entrepre} + \alpha_5 \text{ Entrepre} \times \text{Intrinsic} + \alpha_6 \text{ Entrepre} \\
& \times \text{Extrinsic} + \alpha_7 \text{ Entrepre} \times \text{Deci} + \alpha_8 \text{ Entrepre} \times \text{Intrinsic} \times \text{Deci} \\
& + \alpha_9 \text{ Platform\_risk} + \alpha_{10} \text{ Talent\_risk} + \alpha_{11} \text{ Market\_risk} \\
& + \alpha_{12} \text{ VC\_PE} + \alpha_{12} \text{ Indpt\_cor} + \alpha_{13} + \text{Leader} + \text{ME Fixed Effects} + \varepsilon
\end{aligned}
$$

$$
\begin{aligned}
\Delta \text{ Drive\_Innov} = {} & \alpha_0 + \alpha_1 \text{ Intrinsic} + \alpha_2 \text{ Extrinsic} + \alpha_3 \text{ Decision\_Right} + \alpha_4 \text{ Entrepre} \\
& + a_5 \text{ Entrepre} \times \text{Intrinsic} + \alpha_6 \text{ Entrepre} \times \text{Extrinsic} + \alpha_7 \text{ Entrepre} \\
& \times \text{Deci} + \alpha_8 \text{ Entrepre} \times \text{Intrinsic} \times \text{Deci} + \alpha_9 \text{ Platform\_risk} \\
& + \alpha_{10} \text{ Talent\_risk} + \alpha_{11} \text{ Market\_risk} + \alpha_{12} \text{ VC\_PE} \\
& + \alpha_{12} \text{ Indpt\_cor}\alpha_{13} + \text{Leader} + \text{ME Fixed Effects} + \varepsilon
\end{aligned}
$$

$$\Delta\ Oper\_Eff = \alpha_0 + \alpha_1\ Intrinsic + \alpha_2\ Extrinsic + \alpha_3\ Decision\_Right + \alpha_4\ Entrepre + \alpha_5\ Entrepre \times Intrinsic + \alpha_6\ Entrepre \times Extrinsic + \alpha_7\ Entrepre \times Deci + \alpha_8\ Entrepre \times Intrinsic \times Deci + \alpha_9\ Platform\_risk + \alpha_{10}\ Talent\_risk + \alpha_{11}\ Market\_risk + \alpha_{12}\ VC\_PE + \alpha_{12}\ Indpt\_cor\alpha_{13} + Leader + ME\ Fixed\ Effects + \varepsilon$$

表 13 报告了我们的主要发现。第一，所有结果方程中的内在激励因素（Intrinsic，α_1）的系数均为正，且在统计上显著。这表明内在激励因素（Intrinsic）对海尔小微创新驱动力（Δ Drive_to_Innov）、创新力（Δ Ability_to_Innov）和运营效率（Δ Operation_Eff）提升真的至关重要。

表 13　小微企业类型、激励因素和决策权分配对小微创新和运营效率的影响（控制固定效应）

变量	(1)	(2)	(3)
	Δ in Drive to Innovation	Δ in Ability to Innovation	Δ in Operation Efficiency
Intrinsic	0.49 (3.16)***	0.42 (2.44)**	0.40 (2.48)**
Extrinsic	0.04 (0.25)	0.06 (0.36)	0.43 (2.65)***
Decision Rights	-0.06 (-0.32)	-0.08 (-0.39)	0.11 (0.54)
Entrepre	0.35 (0.92)	0.52 (1.24)	-0.12 (-0.30)
Entrepre × Intrinsic	-0.35 (-1.24)	-0.43 (-1.35)	-0.13 (-0.42)
Entrepre × Extrinsic	-0.69 (-2.48)**	-0.46 (-1.51)	-0.45 (-1.56)
Entrepre × Deci	0.81 (2.61)***	0.66 (1.94)**	0.53 (1.64)
Entrepre × Deci × Intrinsic	-0.05 (-0.18)	0.05 (0.18)	-0.29 (-1.11)
Platform Risk	-0.50 (-3.19)***	-0.65 (-3.76)***	-0.48 (-2.94)***

续表

变量	(1) Δ in Drive to Innovation	(2) Δ in Ability to Innovation	(3) Δ in Operation Efficiency
Talent Risk	-0.38 (-2.88)***	-0.09 (-0.62)	-0.23 (-1.68)*
Market_Risk	0.31 (2.40)**	0.35 (2.43)**	0.17 (1.26)
VC/PE Invest	1.38 (2.88)***	1.92 (2.38)**	-0.39 (-0.52)
Indpt_corp	1.49 (2.06)**	0.29 (0.55)	0.75 (1.50)
leader	-0.11 (-0.48)	-0.16 (-0.61)	-0.13 (-0.55)
Intercept	1.45 (4.64)***	1.27 (3.65)***	1.95 (5.94)***
N	228	228	228
adj. R^2	0.401	0.327	0.356
F	4.72	2.98	2.95
P<	0	0	0

注：括号内的数据为 t 检验值；* 表示在 10% 水平上显著、** 表示在 5% 水平上显著、*** 表示在 1% 水平上显著；所有的风险都经小微企业固定效应调整。

这张表报告了内在和外在激励因素对创新力变化（Δ in Ability for Innovation）、创新驱动力变化（Δ in Drive for Innovation）和运营效率变化（Δ in Operational Efficiency）的影响。模型中包含的控制变量有：小微是否已注册或未来 2 年内将注册为独立法人公司（Indept_Corp）、是否引入私募股权投资/风险投资（PE/VC）。我们也控制了不同小微企业的固定效应（ME fixed effect）。

第二，外部激励因素的系数（Extrinsic）在创新驱动力（Δ Drive_to_Innov）和创新力（Δ Ability_to_Innov）中并没有统计上的显著性；但是，在运营效率（Δ Operation_Eff）方程中系数为正且统计上显著。这些发现表明，外部激励因素（Extrinsic）对创新力或创新驱动力没有显著影响，但是对小微的运营效率（Δ Operation_Eff）却有积极影响。

总体来说，我们的研究结果支持命题 3a 的前半部分，即内在激励因素（Intrinsic）对创新、创造力以及运营效率提升有重要作用，且适用于所有类型的小微企业。然而，外部激励因素似乎只与运营效率提升相关。这与我们先前的猜测一致，即海尔的小微企业项目会吸引特定类型的人才。这些人会更多地被开始一项新项目的满足感激励，而不是追求“典型”的奖励。外部奖励只与小微那些可以衡量成果的任务相关，即运营效率（Δ Operation_Eff）。

同样地，我们发现，在所有变化的方程中，决策权分配的系数对加入小微前后创新力、创新驱动力、运营效率提升等的影响在统计上并不显著。这意味着决策权分配和小微企业自主性的程度本身对这些结果变量的影响很小。

接下来，我们考察创业型小微企业（Entrepre）与创新的内在/外在激励因素对小微成立后的创新力、创新驱动力和运营效率的关联效果。命题 3a 表明内在（外在）激励因素在创业型（非创业型）小微创新中发挥更显著（更小）的作用。因此，我们考察以下交互影响的组合内、外在激励（Extrinsic，Intrinsic）与创业型小微（Entrepre）的交互影响因子“Entrepre × Intrinsic”和“Entrepre × Extrinsic”对创新力、创新驱动力和运营效率的影响。表 13 的报告表明，在所有方程中，Entrepre × Intrinsic 组合的系数均不显著，且不支持命题 3a 的后半部分。因为 Entrepre × Intrinsic 的交互项不显著，再加上内在激励因素（Intrinsic）对创新和运营效率变化方程中是显著的，这表明小微企业类型（即 Entrepre = 1）在内在激励因素影响小微企业生产效率的关系中不起调节作用。

更有趣的是，当我们研究小微企业类型（Entrepre）和外在激励因素（Extrinsic）的交互项影响时，我们注意到该组合系数在创新驱动力方程中是负数且统计上显著（见表 13 第 1 列），这表明创业型小微企业（Entrepre = 1）与外部激励因素同时存在时会对创新驱动力有消极影响。换言之，过多的外部激励（Extrinsic）可能会损害创新驱动力。

接下来，我们考察了创业型小微企业与决策权分配的交互项影响（Entrepre × Deci），并发现它对创新驱动力和创新力的变化具有积极影响并且在统计上显著。这意味着决策权分配对创业型小微企业的创新驱动力和创新力起正向调节作用。更重要的是，在创新驱动力变化的公式中 Entrepre × Deci 的系数远大于内在激励因素影响创新驱动力变化（Δ Drive_to_Innov）的系数。也就是说，将决策权（Decision_right）适当分配给创业型小微企业（Enterpre = 1）会对小微企业感知的创新驱动力和创新力有重大影响。

总体而言，我们的研究发现支持了命题 3b 的后半部分，且与认知评价理论的观点一致，即通常与外部激励因素（Extrinsic）相关的监督和绩效评价往往会降低感知的自主性，进而削弱内部激励的影响（Lepper and Greene，1975；Smith，1975）。相比之下，任务参与方面的更大的决策权往往会增强感知的自主性，使得因果关系知觉轨迹（PLOC）从外在激励转向内在激励，带来内在激励的提升（Zuckerman et al.，1978），最终提高创新力和创新驱动力。

（五）小微企业类型、内在激励和决策权分配对参与者忠诚度/母平台归属感的影响

随着平台逐渐接受开放式组织和创新的概念，企业传统的组织边界开始模糊。在这部分分析中，我们研究了平台组织转型和由此导致的管理控制系统设计的变化如何影响参与者对母平台的归属感和忠诚度。劳动力流动和创业领域的文献表明，企业家精神和员工留任之间存在正相关关系（Haar and White，2013）。我们预计，员工留任率越高，参与者对组织的忠诚度可能越高。

命题 4 由此推测，具有更高内在激励因素（Intrinsic）和更高决策权分配（Decision_Rights）的创业型小微企业（Enterpre = 1）的参与者更有可能对母公司表现出较高的忠诚度。为了验证这一假设，我们将参与者感知的忠诚度测量值（Loyalty_belonging）与内在激励水平、决策权分配相应的交互项进行回归分析。分析中其他控制变量包括：与平台管理能力有效性相关的各种风险（Platform_Risk）、小微企业人才缺乏风险（Talent_Risk）以及已开发产品的市场过剩风险（Market_Risk）。最后，我们还加入了与特定小微企业是否已有或预计未来 24 个月内取得 VC/PE 投资（VC/PE_Invest）、小微是否已注册为独立法人公司（Indpt_corp）等变量。命题 4 强调了以下变量组合：创业型小微企业、决策权分配和内在激励水平（Entrpre × Intrinsic × Deci）对母平台忠诚度的潜在、积极的交互作用。为了解决同一个小微企业有多个被试者的潜在问题，我们在以下回归分析中也控制了小微企业的固定效应：

$$\begin{aligned}\text{Loyalty\_Belonging} = {} & \alpha_0 + \alpha_1\ \text{Intrinsic} + \alpha_2\ \text{Extrinsic} + \alpha_3\ \text{Decision\_Right} + \\ & \alpha_4\ \text{Entrepre} + \alpha_5\ \text{Entrepre} \times \text{Intrinsic} + \alpha_6\ \text{Entrepre} \times \text{Extrinsic} + \\ & \alpha_7\ \text{Entrepre} \times \text{Deci} + \alpha_8\ \text{Entrepre} \times \text{Intrinsic} \times \text{Deci} + \\ & \alpha_9\ \text{Platform\_risk} + \alpha_{10}\ \text{Talent\_risk} + \alpha_{11}\ \text{Market\_risk} + \\ & \alpha_{12}\ \text{VC\_PE} + \alpha_{13}\ \text{Indpt\_corp} + \alpha_{14}\ \text{Leader} + \text{ME Fixed Effects} + \varepsilon\end{aligned}$$

表 14 报告了我们的调查结果。与预期一致，我们注意到内在（Intrinsic）和外在（Extrinsic）激励因素对小微企业参与者对海尔的忠诚度和归属感（loyalty_belonging）都有显著影响。然而，决策权分配量化变量（Decision_right）对忠诚度没有直接影响，这表明激励因素可能在影响参与者对组织忠诚度方面发挥更为主导的作用。其次，小微企业类型和激励因素的交互项（Entrepe × Intrinsic，Entrepe × Extrinsic），以及和决策权分配的交互项（Entrepe × Deci）对被试者的忠诚度没有显著影响。

表 14　小微企业类型、激励因素和决策权分配对与母平台忠诚度/归属感的影响（控制固定效应）

变量	Loyalty and Belonging
Intrinsic	0.71 (4.05)***
Extrinsic	0.74 (4.33)***
Decision Rights	0.18 (0.83)
Entrepre	−0.04 (−0.10)
Entrepre × Intrinsic	0.43 (1.40)
Entrepre × Extrinsic	−0.05 (−0.15)
Entrepre × Decision	0.37 (1.08)
Entrepre × Decision × Intrinsic	−0.61 (−2.26)**
Ineffective Platform Risk	−0.12 (−0.70)
Talent Risk	−0.47 (−3.14)***
Market_Risk	−0.30 (−2.13)**
VC/PE Invest	−1.26 (−2.37)**

续表

变量	Loyalty and Belonging
Indpt_corp	-1.57 (-1.97)*
Leader	-0.04 (-0.14)
Intercept	7.15 (20.87)***
N	229
adj. R^2	0.495
F	6.42
P<	0

注：括号内的数据为 t 检验值；* 表示在 10% 水平上显著、** 表示在 5% 水平上显著、*** 表示在 1% 水平上显著。

最有趣的发现是三方交互项：Entrepe × Deci × Intrinsic 对参与者感知的母平台忠诚度测量值（Loyalty_belonging）中系数为负且统计学上显著。这意味着创业型小微企业参与者感知的对海尔的忠诚度和归属感（Loyalty_belonging）随着他们享有决策权加大和内在激励水平提高而降低。

正如我们之前的分析（命题 1 ~ 命题 3）中所讨论的，我们注意到，创业型小微企业享有更高的自主性（决策权分配）和更高的内在激励，这与海尔设立创业型小微企业孵化创新产品和服务的目标一致。因此，表 14 中 Entrepe × Deci × Intrinsic 三方交互项的系数为负的发现基本上否定了命题 4 的假设，即否定了更高的内在激励和更广泛的决策权分配有助于培养创业型小微参与者对其母平台的忠诚度和归属感。

我们的发现提出了一个关于平台组织管理控制系统设计有趣但重要的问题。这一发现表明，管理控制系统设计直觉上与内部孵化和支持创新最为契合，但实际上却对参与者对母平台组织的忠诚度和归属感起负调节作用。

为了进一步证实这一发现的稳定性，我们在表 14 中列出了每个变量影响忠诚感和归属感的程度。结果表明，不出所料，注册为独立法人实体（Indpt_corp）或引入（或预期引入）外部 VC/PE 资金（VC/PE_Invest）的小微企业对其母平台的忠诚度和归属感（Loyalty_belonging）平均较低。这意味着，注册为独立公司或从 VC/PE 获得外部资金的小微企业参与者对海尔更为独立，忠诚度更低。这些发现与 Entrepe × Deci × Intrinsic 三方交互项对忠诚度和归属感的负面影响的发现相呼应，并指出了海尔面临的一个的困境：有效的管理控制系统设计促进了创新和内部孵化，但实际上也会削减参与者对母平台的感情和忠诚度。换句话说，创新产品的内部成功孵化可能意味着小微企业与母公司平台组织的紧密联系的需要的减退。我们还注意到，小微企业缺乏足够的人才（Talent_Risk）、产品开发市场过剩风险（Market_Risk）也对被试者的母平台忠诚度产生负面影响。

海尔的平台组织转型是为了在新设立、高度自治和松散连接的小微业务单元之间形成更好的协同和互补效应，并最终孵化更多的创新产品/服务，提升海尔的价值。然而，我们的研究结果表明，对于小微企业而言，最有利于孵化和创新的管理控制系统设计——赋予小微更高的自主性和更强的内在激励，却实际上会削减参与者对母平台的忠诚度。我们的研究结果表明，在转变为平台组织之前，制造型企业必须认真培养和培育一种共同的文化，以一个有凝聚力的目标联结所有关联的小微业务部门。否则，推动小微企业成功的因素可能就是促使他们离开母平台的原因。

七、结论与讨论

通过深度访谈和问卷调查，我们研究了中国大型制造型企业海尔的管理控制系统设计及其对海尔平台化转型的影响。我们收集了海尔内部 74 家小微企业的数据，并对其中 223 名参与者进行了调查。我们具体研究了：(1) 不同类型小微企业（创业型和非创业型小微企业）中的决策权分配有何差异；(2) 小微企业之间“绩效”的关键指标选择有何差异；(3) 不同类型的小微企业中驱动创新的关键激励因素是否存在显著差异，以及创新驱动力/创新力和小微运营效率怎样受小微企业类型、创新激励因素和决策权分配影响的；(4) 这种关联设计如何影响小微企业参与者对母平台的忠诚度和归属感。

总体来说，我们的研究结果表明，不同的小微企业结构与母平台决策权分配差异有关。平均而言，更多的决策权分配给了创业型小微企业，包括与日常运营、内部资源分配和人力资源管理相关的决策权。我们的研究结果还表明，“战略制定”和“财务决策”是海尔对松散连接的小微企业的关键控制机制。其次，我们的发现与先前关于平台型组织绩效指标选择的研究假设一致（Kornberger et al.，2017）。我们发现，创业型小微企业可能更依赖评估指标来传达业务部门未来潜力和机会的信息。

最后，我们还发现，内在激励因素对小微企业的创新和创造力以及运营效率的提高都起着至关重要的作用，这在所有类型的小微企业都适用。相反，外部激励因素对创新没有显著影响，但与运营效率提升呈正相关关系。内在激励因素在创新中的显著作用，对于旨在内部孵化的平台型组织来说尤其重要。

我们还注意到，内部和外部激励因素都与参与者对母平台的忠诚度呈正相关。然而，我们也同时发现，创业型小微企业参与者对海尔的忠诚度受到更大决策权的赋予和更高内部激励的负面影响。而从直觉上讲，更大的决策权和更高的内部激励最有利于内部孵化和得到海尔平台战略的支持。

我们的发现指出了制造型企业在追求平台转型战略时面临的一个困境：管理控制系统设计是为了在互联的平台上推动创新，而这同时也会削弱小微企业参与者对母平台的忠诚和归属感。因此，在设计此类管理控制系统时，需建立补充的管理计划或机制以培养小微企业对母平台的忠诚度。

本文有其局限性。首先，我们的小微企业样本均来自同一制造型企业，限制了我们研究结果的普遍性。更广泛的横截面数据集可以进行更准确地因果关系分析和假设检验。其次，一些管理控制变量可能存在内生性问题。没有面板数据集很难解决内生性问题。

尽管存在上述局限性，本文仍对支持传统制造型企业从集权的科层制组织向平台型组织转型的控制系统设计具有重要借鉴意义。

参考文献

［1］Accenture. Digital China 2020：An action plan for Chinese enterprises. 2016.

［2］Amabile T. M. Motivation creativity in organizations：On doing what you love and loving what you do. California Management Review，1997，40（1）：39－58.

［3］Amabile T. M.，Hill K. G.，Hennessey B. A.，and Tighe E. The work preference inventory: Assessing intrinsic and extrinsic motivational orientations. Journal of Personality and Social Psychology, 1994, 66 (5): 950 - 967.

[4] Anderson Shannon W. and Dekker Henri C. The Role of Management Controls in Transforming Firm Boundaries and Sustaining Hybrid Organizational Forms. Foundations and Trends? in Accounting: Vol. 8 (Forthcoming) April 29, 2014.

[5] Anderson, Shannon, Margaret H. Christ, Henri C. Dekker, and Karen L. Sedatole. The Use of Management Controls to Mitigate Risk in Strategic Alliances: Field and Survey Evidence, Journal of Management Accounting Research, Spring 2014, Vol. 26, No. 1, pp. 1 - 32.

[6] Argyres N. S. and Silverman B. S. R&D, organization structure, and the development of corporate technological knowledge. Strategic Management Journal, 2004, 25: 929 - 958.

[7] Birnberg, Jacob. Control in Interfirm Cooperative Relationships. Journal of Management Studies. July, 1998, Volume 35 Number 4, pages 421 - 428.

[8] Bonchek, Mark and Sangeet Paul Choudary. Three Elements of a Successful Platform Strategy. Harvard Business Review, January 2013.

[9] Chang, Rachel. Higher Ambitions: China Haier's Gambit to Invade American Homes. Bloomberg, January 21, 2016.

[10] Davila A. and Angelo Ditillo. Convergent Creativity and Management Control Systems: Managing Stylistic Innovation in Fashion Companies. IESE Business School Working Paper, 2013.

[11] Davila A. and George Foster. The Adoption and Evolution of Management Control System in Entrepreneurial Companies: Evidence and a Promising Future. Handbook of Management Accounting Research, Edited by Christopher S. Chapman, Anthony G. Hopwood and Michael D. Shields, Elsevier Ltd 2009.

[12] Davila Tony. An exploratory study on the emergence of management control systems: formalizing human resources in small growing firms. Accounting, Organization and Society, 2005 (30): 223 - 248.

[13] DeCharms R. Personal causation: The internal affective determinants of behavior. New York: Academic Press, 1968.

［14］ Gilpin Lyndsey. GE's FirstBuild: Can a big company harness startup mojo on the backs of upstart entrepreneurs? TechRepublic, April 17, 2014 (7): 55.

［15］ Grabner Isabella. Incentive System Design in Creativity-Dependent Firms. The Accounting Review: September 2014, Vol. 89, No. 5, pp. 1729 –1750.

［16］ Gupta, Anil K. Haier's "Platform" Strategy – A critical Assessment. CKGSB Knowledge, 2015.

［17］ Hakansson H., and Lind J. Accounting and network coordination. Accounting, Organizations and Society, 2004, 29 (1), 51e72.

［18］ Harr J. M., White Brook J. Corporate entrepreneurship and information technology towards employee retention: a study of New Zealand firms. Human Resource Management Journal, Vol. 23, no. 1, 2013, pages 109 –125.

［19］ Heider F. The psychology of interpersonal relations. John Wiley & Sons Inc., 1958.

［20］ Henri J. Management control systems and strategy: A resource – based perspective. Accounting, Organizations and Society, 2006, 31: 529 –558.

［21］ Hertel G., Niedner S. and Herrmann S. Motivation of software developers in open source projects: An internet-based survey of contributors to the Linux kernel. Research Policy, 2003, 32 (7): 1159 –1177.

［22］ Hill Andrew. After 17 Harvard case studies, Haier starts a fresh spin cycle. Financial Times, November 25, 2015.

［23］ Jensen M. C. and Meckling W. H. Theory of the firm: Managerial behavior, agency costs and ownership structure. Journal of Financial Economics, 1976, 3 (4): 305 –360.

［24］ Kornberger M., Dane Pflueger, Jan Mouritsen. Evaluative infrastructures: Accounting for platform organization. Accounting, Organizations and Society, Volume 60, 2017, Pages 79 –95.

［25］ Lepper M. R. and Greene D. Turning play into work: Effects of adult surveillance and extrinsic rewards on children's intrinsic motivation. Journal of Personality and Social Psychology, 1975, 31 (3): 479 –486.

［26］ Markus L., Manvile B. and Agres C. What makes a virtual organization work? MIT Sloan Management Review, 2000, 42 (1): 13 -26.

[27] Merchant K. A. and Van der Stede, Wim. Management control systems: performance measurement, evaluation and incentives. Prentice Hall, Harlow, UK, 2007.

[28] Mouritsen J., and Thrane S. Accounting, network complementarities and the development of inter-organizational relations. Accounting, Organizations and Society, 2006, 31 (3): 241 -275.

[29] Parija Kavilanz. GE Appliances wants to turn your design ideas into new products. CNN Money, July 20, 2016, 9 (6).

[30] Quadri S., Kapoor B., Singh G., Tewari RK. Rapid prototyping: An innovative technique in dentistry. J Oral Res Rev, 2017, 9: 96 -102.

[31] Roberts N., Campbell D. E., Vijayasarathy L. R. Using Information Systems to Sense Opportunities for Innovation: Integrating Postadoptive Use Behaviors with the Dynamic Managerial Capability Perspective. Journal of Management Information Systems, 2016, 33: 1, 45 -69.

[32] Sauermann H. and Cohen W. M. What makes them tick? Employee motives and firm innovation. Management Science, 2010, 56 (12): 2134 -2153.

[33] Simons R. Accounting control systems and business strategy: An empirical analysis, Accounting. Organizations and Society, 1987, 12 (4): 357 -374.

[34] Simons R. Levers of control: how managers use innovative control systems to drive strategic renewal. Boston: Harvard Business School Press, 1995.

[35] Smith W. E. The effects of anticipated vs. unanticipated social reward on subsequent intrinsic motivation. Unpublished doctoral dissertation, Cornell University, Ithaca, NY, 1975.

[36] Stern S. Do scientists pay to be scientists? Management Science, 2004, 50 (6): 835 -53.

[37] The World Bank. Global Practice in Incubation Policy Development and Implementation, 2010.

[38] Van Alstyne, Marshall W., Geoffrey G. Parker and Sangeet Paul Choudary. Pipelines, Platforms, and the New Rules of Strategy. Harvard Business Review, April 2016, pp. 54 -60, 62.

[39] Zhang X. and Bartol K. M. Linking empowering leadership and employee creativity: The influence of psychological empowerment, intrinsic motivation, and creative process engagement. Academy of Management Journal, 2010, 53 (1): 107-128.

[40] Zuckerman M., Porac J., Lathin D., Deci E. On the Importance of Self-Determination for Intrinsically-Motivated Behavior. Personality and Social Psychology Bulletin. 1978, 4: 443-446.

管理会计实践创新与物联网商业生态的竞争力：海尔集团的探索*

戴　璐**

摘要：本文聚焦于企业间合作是否可以通过管理会计报表的创新设计和创新运用，助推合作各方协同实现商业创新，并塑造新的竞争力。秉承理论与现实对话的理念，本文选择诺贝尔奖获得者哈特的不完全契约理论为主线，以理论为透镜审视海尔集团发展物联网商业生态的战略进程、企业间合作的特征以及由此对合作关系管理提出的新要求。笔者运用案例研究方法开展实地调查，经过理论与现实的对照分析发现海尔集团开创的共赢增值表在内容和立场上均超越了海尔自身的组织边界，容纳了合作方的共创价值，从而以综合性的因果逻辑框架衡量并列报了合作的整体价值创造及其来龙去脉。通过应用于事前算赢和事中、事后的大数据显差分析，共赢增值表能够及时传递合作共赢理念与实际的共创结果，助推了企业间合作关系的良性发展，成为海尔集团发展物联网商业生态的管理利器。这一研究最终揭示了案例企业的新型管理会计报表采用可视化的因果逻辑框架完整反映合作共赢的价值与动因，是富有信息含量的；同时也印证了有效的管理工具能够为企业间合作挖掘竞争优势筑底。在现实推广应用方面，本文认为设计和运用综合管理会计报表到企业间合作中，能够正式的提供合作各方需要的信

---

* 如无特殊说明，本文引用受访者言论均出自2021年2月、7月海尔调研实录。

** 戴璐，中国人民大学商学院、中国人民大学管理会计研究中心。

本文感谢“面向跨组织运作与价值共创的管理会计发展：海尔集团的探索”课题支持，感谢海尔集团财务创新总监敖翔、海尔集团模式研究项目经理侯群对本文调研期间的大力支持，感谢汤谷良教授、李苹莉、殷华祥几位老师对本文的点评与指导。

以互联网为平台的许多商业模式在中国快速崛起，它们的发展在很大程度上是因为个人隐私保护的法律法规不健全。本文立足于现有的法律体系和社会现实开展案例研究。

息，可以持续地服务于合作关系管理，激发合作的活力。

关键词： 管理会计实践创新，共赢增值表，企业间合作，物联网商业生态，不完全契约

一、引言

在“互联网+”的新工业时代，如何将传统制造业的资源基础与互联网技术进行有机结合，使制造业在激烈的市场竞争中突出重围，是许多企业共同思考的问题。借助互联网技术开辟新的商业场景及创建新的商业生态，是其中一类战略选择。但是，资源是稀缺的，企业需要面对现有业务与新的商业场景在发展重心和资源配置方面的取舍。对此，传统制造业中的全球知名企业海尔集团作出的选择是将传统业务与“互联网+”业务融为一体，以开拓物联网商业生态作为整个集团的新战略（张瑞敏，2020）。这意味着海尔集团各业务线的自主经营体（小微链群）要开启新型的企业间合作关系：以产品为物联网的媒介，到其他行业或细分市场发展合作关系，以此拓展新的商业场景和延展价值创造的空间。那么，海尔集团的新战略内含着企业间合作的发展方式将不同于传统——涉及许多“跨界”合作。这一方面可以帮助海尔集团跨越行业的知识与经验壁垒、实现资源互补，另一方面也可以形成相对稳定的合作交易，会比纯粹的市场交易节约反复订约的交易成本。但是，跨界的合作对企业间合作的管理提出了挑战，需要发展适配的管理机制，才能激发出新型企业间合作的竞争力。

从理论上来看，海尔集团以物联网商业生态为导向的新型企业间合作，需要合作方更多的协调配合，更有针对性地进行专有资源投入（包括合作流程和专业人才等），才能将各自的产品/服务链接在一起形成物联网，并共同推进商业创新。而从无到有开启这类企业间合作，会面临诸多未知因素，“隔行如隔山”也使合作方之间存在着许多不透明，为相互协调配合带来了难题。以理论来解读实践，企业间合作中的不确定性较强，会使合作很难依靠充分订约约束合作行为，也很难依靠契约保障专有资源的投入产出，所以这类企业间合作具有不完全契约关系特征。按照不完全契约理论的预示，合作方需要更多的相互了解，知晓各自合作意图、合作对彼

此的重要性以及各自对合作利益分配的考虑，从而有助于达成共识和推进合作订约（Aghion et al.，2012）；否则，企业间合作就可能出现激励不足的问题（Baiman and Rajan，2002a）。所以，海尔集团作为全球性的家电企业，是合作中的平台主导方，需要专业化的管理手段，为新战略下企业间合作关系的良性发展奠定管理基础。

给定现实背景，理论上很少有调查研究发现面向企业间合作的管理会计报表创新，也较少有理论研究关注到企业间合作的不完全契约特征对合作方之间信息共享的影响。既然发展面向价值创造的管理会计是理论研究和实务界共同的倡议，那么管理会计报表作为企业内部管理信息的载体，是否同样可以在企业间合作中发挥效力，成为有效的信息共享机制以支持合作关系的管理？这是兼具理论意义和现实意义的重要问题，也是本文的研究主题。

基于理论与现实的对话，本文致力于采用案例研究方法开展实地调查，解析海尔集团面向企业间合作的管理会计报表（共赢增值表）的创新设计与运用能否成为企业间合作关系管理的机制。经过案例分析，本文研究发现海尔集团开创的共赢增值表在内容设计上将合作共同创造价值的来龙去脉以可视化的因果框架进行列报，并创造性地应用于合作前的论证、谈判（即事前算赢）和合作后整体产出及其分配的跟踪诊断（大数据显差分析），从而使得共赢增值表在内容上与在用途上都超越了企业组织边界，成为企业间合作中信息共享的机制，在合作的谈判、订约和执行等关键阶段推动了合作关系的缔结和发展，最终支持了海尔集团在疫苗网、血液网等方面的物联网商业创新。

本文的研究发现具有重要的理论启示。管理会计领域有关企业间合作管理控制的研究并不丰富，有关合作中信息共享的研究更加少。在现有文献中，少量研究关注了供应链情景下合伙人共享其内部会计系统的信息以及对供应链效率和合作中代理问题（hold - up problem）的影响，不过这些研究主要关注的是成本类信息的对外共享（total ownership of cost，activity based cost information），比较少关注到其他类型的企业间合作如何共享信息。对于信息共享的内容方面，合作中是否共享了非财务信息，是否更完整地共享了合作价值创造的因果信息，以及这些信息共享是否对合作方的决策更有用，几乎没有研究。本文的案例调查相对完整地反映了合作价值创造因果逻辑的管理会计报表，通过固定的列报可以提供合作方比较关注的信息，并在不完全契约关系下促进了隐性契约的达成（implicit contract），即在合作订约阶段达成共识、合作期间形成一致行动。由此，本文的研究揭示了管理会计报表如何通过设计和应用影响企业间合作关系的发展，弥补了现有理论文献在这一方面的空白，为理解不完全契约情景下如何发展有效的管理控制机制提供了新的理论启示。

从更一般的意义上来说，本文的研究也表明结构性的管理会计报表和标准化应用，依然可以通过内容创新和应用创新为企业重塑竞争力，铸就管理基础，海尔集团借共赢增值表助推物联网商业生态战略就是个案型的证据。由此，本文的研究发现为理解管理会计报表的信息含量与企业重塑竞争力的关系提供了新的理论发现。

最后，“工欲善其事，必先利其器”，本文基于海尔集团的实践创新，从管理会计报表的角度发现了面向外部合作的管理会计创新及其效能，这对其他企业会有较强的现实推广借鉴意义。在现实世界，许多企业开展外部合作都是高度依赖派出的员工所拥有的个人能力和经验，这使企业间合作面临许多制约因素和不确定性。而开创统一的综合管理会计报表用于正式地提供合作各方需要的信息，可以减少员工个体因素的不确定性，为企业间合作发展提供更有效的管理机制。更为重要的是，一套管理会计报表设计出来后可以持续地应用于较长时期的合作关系管理，令面向企业间合作的管理工具以“四两拨千斤”的方式激发合作的活力。

本文其余部分结构安排如下：第二部分为文献综述；第三部分介绍案例与数据收集过程；第四部分为案例分析与讨论，并得出研究发现与构建理论框架；第五部分为研究结论；第六部分为管理建议。

二、文献综述

（一）企业间合作的管理控制发展、挑战与理论启示

1. 企业间合作的管理控制发展

企业间合作是以商业关系为主的组织间合作，包括打造强有力的供应链联盟、技术联盟等，是通过合作订立相对长期稳定的契约，使得企业间可以在缔结合作关系后持续的重复交易各自所需要的资源或涉足彼此不熟悉或不擅长的商业领域等。对此，战略管理领域的研究解释了为什么需要战略联盟，是因为这类相

对固定的组织间关系缔结比纯粹的市场化交易有明显的益处，如更快速地进入新的产业领域或市场、更有效率地结合各自的技术擅长或知识基础，降低市场动态的风险，等等（Caglio and Ditillo，2008；Das and Teng，2000；Doz，1998）。

从交易成本经济学的角度来看，企业间合作以长期合作契约为纽带，开启紧密的合作和交易，很少再经由市场竞争开启竞价和反复谈判模式，从而为合作各方以富有效率或风险可控的方式各取所需，也节约了交易成本（Preiss，1996）。

由此，形成集合各自优势的企业间合作，是企业开展竞争的重要路径。治理和管理好企业间合作关系，对从这一途径挖掘竞争优势比较关键（戴璐，2013）。对于企业间合作的管理控制问题，现有文献分别从交易成本经济学、契约理论、社会交换理论等经济学、社会学领域的多个基础理论提出了相应的理论观念和研究发现。

从企业间合作关系的发展过程来看，主要可以分为三个阶段，即接触阶段、订约阶段和执行阶段。结合这三个阶段中面临的主要问题或合作的主要特点，一些具体的管理控制手段用于建立和维持合作关系。具体而言，在接触阶段，控制手段主要是用于寻找合适的合伙人；在订约阶段，控制手段主要是用于设计和安排合作各方的授权和责任，并收集和提供信息用于评估合作活动，以及确定合作利益分配，等等。

梅尔·库伊斯特拉和福塞尔曼（Meer Kooistra and Vosselman，2000）提出企业间合作有关的管理控制模式：市场主导的模式、科层管理主导的模式和信任主导的模式，并提出影响企业间管理控制设计和运用的三类权变因素，分别是交易的特征、交易环境的特征（市场环境和制度环境）以及交易方的特征，如表1所示。

企业间合作中市场主导的管控模式（market based pattern）是以市场化机制为主导，治理企业间合作关系，主要特点是在企业合作伙伴接触阶段和合作的合同执行阶段都以竞价为主，合作的形成和合作关系的推进都伴随着市场化的竞价压力，通过竞价来促使合作各方以更有效率或有成本优势的方式提供产出，没有具体的管理控制工具参与这类合作管理模式。

企业间合作中科层管理主导的管控模式（bureaucracy based pattern），近似于企业内部科层组织的管理方式。具体表现在合作各方接触阶段，设立合作规范、标准和规则，用于筛选和确定合作伙伴（如供应商）和进行谈判订约，在这一模式下合作方之间的交易条件与需要开展的活动、后果都会明确在订约中。在执行阶段，类似于企业内部的管理控制工具用于对合作的监督、评估，包括监督和评估反馈合作方参与员工的表现等，并有相对完备的信息处理系统定期提供信息，用于支持企业间的合作开展和相应的管理控制机制运转。

企业间合作中以信任为主导的管控模式（trust based pattern），主要是依靠非正式的管理控制机制建立和管理合作关系。具体表现为在合作方接触阶段，主要是基于信任来选择合作方，信任的来源或者是合作方个体成员之前的私人友情关系，或者合作方此前的声誉积累，或者之前经历过的合作关系等等。在订约阶段，合作方之间只有框架性的合同，很大程度上依靠信任关系来治理企业间合作，并辅之以流程和文化为基础的控制机制。在契约执行阶段，一些具体的合作活动要依靠合作方个体之间的交流商议来完成，合作各方以公开承诺、能力和信誉为基础的信任作为控制手段，这对执行契约很重要。

关于以上三类管控模式的具体应用与权变因素，梅尔·库伊斯特拉和福塞尔曼（Meer Kooistra and Vosselman，2000）指出，企业间合作交易特征、交易环境特征与合作方特征，影响了企业间合作的管理控制模式选择与运用。如表 1 所示，企业间合作的交易特征主要是为合作而投入的资产专用性高低。交易的重复性高低，交易活动与产出是否可测量，合作契约是短期还是中长期等。而企业间合作的交易环境特征主要是合作所处的制度因素及其影响力，市场风险、交易价格是否有足够的市场化和富有信息含量，合作面临的不确定性高低，而合作方特征主要包括合作方的能力、声誉、此前的合作经验、合作方风险共享的态度，以及转换合作的成本。这些因素共同影响了企业间合作管理控制模式的选择，所以被称为权变因素。

表 1　　企业间合作的管理控制模式与权变因素

权变因素	市场导向模式	科层管理模式	信任为主模式
交易特征	较低的资产专用性 较高的重复性交易 中短期订约 可测量合作交易的活动和产出	中高低资产专用性，并可以由契约规则来保护 较低或中等程度的重复性交易 基于契约规则能够测量活动或产出 中长期订约	较高的资产专用性 较低的重复性交易 难以较好测量合作交易的活动和产出 长期订约
交易环境特征	许多潜在交易方 市场价格包含所有重要市场信息 社会嵌入与制度因素无关于企业间交易	未来的权变因素或多或少已知 中高程度的市场风险 制度因素会影响企业间合作的契约规则	未来的权变因素未知 市场风险高 社会嵌入与制度因素影响企业间交易关系

续表

权变因素	市场导向模式	科层管理模式	信任为主模式
合作方特征	合作方特征不重要，因为有许多合作方在特征上高度同质，转换合作方的成本较低	能力声誉（competence reputation） 共享中等风险的态度 谈判力不对等	能力声誉（competence reputation） 外部合作经验 与订约方此前合作经验 共享风险的态度 谈判力对等

梅尔·库伊斯特拉和福塞尔曼（Meer Kooistra and Vosselman, 2000）进一步指出，在企业间合作关系形成和运转的三个阶段中（接触、订约和执行契约），以上三类模式也可能是组合的，例如在订约阶段是市场主导的管控模式，而执行阶段是科层管理主导的管控模式。

2. 企业间合作中特定资源投入的管理挑战与理论启示

企业间合作既不同于市场化交易，也不是企业集团内部交易，使得企业间合作关系相较于企业内部的科层组织而言并不稳定；企业无法像管理内部组织一样掌控合作伙伴。这令企业间合作的管理面临许多挑战，现实中经常出现一些企业间合作关系断裂了，另一些企业间合作关系又浮现出来（Dyer, Dekker and Abbeele, 2010；Chua and Mahama, 2007；Dyer and Singh, 1998）。

企业间合作能够持续存在或不断涌现，主要是合作能够互补彼此不具备（或不充分具备的）的资源和（或）能力。为达成合作目标，企业间合作在管理上需要开发相应的合作流程和投入相关的人力资源来推动合作，即企业间合作会需要投入流程型专有资产（procedural asset specificity）和人力资源型专有资产（human asset specificity）。

因为企业间合作不属于企业内部各个分支之间的合作，难以直接统筹，那么围绕组织间合作开发有效的流程、富有效率的运转流程和持续改进流程，是重要的。流程型专有资产是在企业间合作中经过培训和实干中学习掌握的知识和经验，以熟悉和衔接合作方的工作流程，从而形成流程型专有资产。它对促进合作或避免合作失败都较为重要。

在企业间合作中，筛选和派出合适的人才具体开启外部合作，培养和激励人才为推进合作积极作出脑力贡献、积累合作所需要的知识技能和经验，并传递回企业内部，也是重要的。企业间合作中，人力资源型专有资产是指满足合作方需要的知识、技能和经验（Zaheer and Venkatraman，1995）。

没有好的跨组织流程或没有胜任的人才，都会引起企业间合作失败（Vosselman and Meer Kooistra，2009）。从交易成本经济学的角度来看，这属于企业间合作中流程型专有资产或人力资源型专有资产投资不足。由此，揭开企业间合作情景下专有资产投资不足的深层原因，会比解读企业间合作关系的各类表象更富有理论启示和现实意义。

经济学家威廉姆森（Williamson，1979）认为，企业间的交易关系主要是以契约关系为制度框架。从契约的角度，企业间合作具有不完全契约的特征。所谓不完全契约，是指一些信息很难写进合同里，即使它们后续会被订约各方观察到，依然很难在订约的时刻进行沟通和谈判，这类订约由此具有不完全契约特征。沿着不完全契约的理论指引，拜曼和拉詹（Baiman and Rajan，2002a）以供应链管理为具体情景，运用分析式研究分析了企业间合作的激励问题。他们论证认为，成功的供应链管理要求合作各方都能识别并认同企业间合作中应做什么、如何做得更好，从而促使合作各方愿意共同努力推进供应链的持续改进。这就要求合作方充分了解彼此，才能知道如何共同投入资源并付出应有的行动到合作中，以推进供应链在效率或质量上的改进。然而，合作各方之间存在着信息不对称，合作方的信息，尤其是行动信息或者行动策略很难对外透明，这些信息也就难以订约，使得供应链情景下企业间交易关系的订约是不完全的。

企业间的合作在不完全契约的治理下，有相当一部分活动和事项实际是由隐性契约支配，即没有正式契约关系之下的默契或默认行动①。由于没有订约的保障，对合作前景的未知以及对合作方的不了解，使得合作各方存在着利益侵害的担忧（appropriation concerns）（Dekker，2004；Vosselman and Meer Kooistra，2009），尤其对权力共创方而言（power disadvantage），这种担忧程度会更大（Abbeele et al.，2009）。企业间合作中典型的利益侵占可能在事中，如一方侵占了另一方的商业思想或技术（Baiman and Rajan，2002a）；也可能在事后，如一方隐瞒或低估合作产出的信息并压低应分配给合作方的利益，从而形成了利益侵占

① 合作行动即使能够订约、加强合作方的监督，也会严重限制合作的灵活性。所以，企业在跨组织关系中的合作行动，需要依靠默契或默认行动实现相互协调。

(Drake and Haka，2008)。所以，企业间合作中的利益侵占是合作方追逐长期自利的情况下，因各方利益不同而损害或牺牲合作中其他方的利益，也是属于企业间合作中的机会主义行为（Baiman and Rajan，2002a）。

企业间合作中合作方对利益侵占的担忧，会导致合作中的专有资产投资不足(hold-up problem)。为合作而需要投入的专有资产及其回报度很难合理的测量和估计，也由此很难订约，并无法得到契约关系的保障（Drake and Haka，2008)。前述的流程型专有资产和人力资本型专有资产投资都是这类情况：合作方很难对企业间合作所需要的人才在培养和激励成本方面作出合理测量和会计核算，培养和投入这类人才能得到的企业间合作回报也很难精确的估计。当合作方预计难以通过投资专有资产得到合理回报时，会更倾向于规避风险（Drake and Haka，2008)。所以，不完全契约和利益侵占的担忧，共同引起了合作中的专有资产投资低于跨企业的整体最优水平（socially optimal levels)。

一些经济学领域的研究进一步表明，企业间合作中专有资产投资不足的问题，依靠市场力量、声誉机制以及契约关系都很难解决。而不完全契约理论进一步提出了应对利益侵占担忧的机制设计。阿吉翁等（Aghion et al.，2012）从经济学角度论证，面对不确定的前景和合作收益，如果合作各方能够充分了解彼此，即在合作前提高合作方自身的透明度，依然可以促成合作订约，由此企业间合作的信息共享，是促进合作的重要机制，建设和运用信息共享机制，可以筛选、淘汰和更新合作伙伴，建立、巩固或更新合作关系。具体而言，首先，在订约前进行合作各方的信息共享，将有用、可观测、后续可验证的信息用于订约，形成企业间合作的有效治理结构，以抵销合作各方对彼此未来行动的负面预期。其次，对于有用、可观测但难以后续充分验证的信息，也可以共享以促进合作方充分了解彼此，减少合作方利益侵占的担忧。最后，在合作期间通过信息共享，可以减少利益侵占行为和（或）补偿在利益侵占行为带来损失的一方。拜曼和拉詹(Baiman and Rajan, 2002a）基于供应链情景，提出在机制设计上，供应商可以更早地介入买家的产品设计流程，以及合作双方更大程度上共享信息，从而为降低供应链成本或改善供应链产出质量进行更好的合作。

但是，企业间合作不仅仅是供应链场景下的，还有许多新兴的企业间合作类型，如最近十年开始出现的物联网等新兴商业模式都涉及企业间合作，而这些新型企业间合作的意图已经不是传统的供应链交易。面对实践中日益崛起的新型企业间合作关系，当前的理论文献中尚未揭示不完全契约理论建议的信息共享机制是否或者如何有效。给定许多管理会计工具是企业间合作的主要管理控制手段，也很少有研究从这一领域探索企业间合作中什么样的机制设计用于合作方之间的信息共享更有优势，以及更为具体地是否有必要为企业间合作建立和投入专门的管理信息系统，以更好地助推合作各方的信息交换和实现合作共赢。

（二）企业间合作的信息共享机制与管理会计报表的创新

管理会计领域的理论研究探索了企业间合作的常见管理手段，包括正式的、非正式的管理控制工具或管理控制系统。其中，正式的管理控制工具或系统，经现有研究调查发现有开放账户会计（open book accounting）（Cooper and Slagmulder, 2004；Dekker, 2004）、企业间合作的全成本核算①（total cost of ownership）（Abbeele et al., 2009）、企业间合作的业绩测量和管理（Meer Kooistra and Vosselman, 2000）、财务激励，等等（Dekker, 2004；Meer Kooistra and Vosselman, 2000）。非正式的管理控制主要有企业间合作中的信任、文化控制，等等（Meer Kooistra and Vosselman, 2000；Tomkins, 2009）。

在以上管理手段之外，企业间合作中共享合作专有信息（proprietary information），包括会计信息、价值链整体信息等，也是一类正式的管控机制。如前所述，企业间合作订立的契约是不完全的，除了一些信息（包括会计信息）可以订约，还有相当一部分合作专有信息（proprietary information）无法订约。而这些专有信息对合作各方形成合作预期、建立信任、减少利益侵占的担忧都是重要的信息要素（information input）。通过在合作各方共享这些合作专有信息，将形成防御机制、防卫利益侵占（safeguards against risks of appropriation）或用于补偿利益侵占受损的一方（Vosselman and Meer Kooistra, 2009），从而减少合作方为企业间合作投入专有资产的顾虑（Dekker, 2004；Tomkins, 2001）。

阿贝勒等（Abbeele et al., 2009）研究发现，权力共创方（power disadvantage）比平台主导方更需要企业间合作中共享的信息。

---

① 企业间合作的全成本核算试图将ABC的原理和方法应用于企业间合作活动，将企业间活动的资源耗费更为精确地计量出来，从而使得后续的企业间价值链分析可以有较为相关和丰富的成本和成本动因数据，从而帮助合作方改善合作的盈利性。

在企业间合作中交换或共享有价值的专有信息，由此成为缓解合作中利益侵占担忧与专有资产投资不足的关键机制。基于供应链情景，阿贝勒等（Abbeele et al.，2009）研究发现，如果可以在供应链上计算并共享全成本信息（total cost of ownership，TCO），即将作业成本分析法（activities-based cost method）应用于企业间合作中，将合作的许多活动也计算相关成本，则共享全成本信息可以用于合作方分析外部价值链，发现公司边界之外的成本降低机会，从而提高供应链整体的成本效率。与之不同，德雷克和哈卡（Drake and Haka，2008）借助实验研究发现，供应链上合作方分享内部会计系统中的作业成本信息，虽然可以提升供应链上的经济透明度、实现帕累托整体最优（pareto optimal equilibrium），但是可能为机会主义行为开了方便之门，如果合作一方选择共享信息而另一方没有共享信息。类似地，拜曼和拉詹（Baiman and Rajan，2002b）采用分析式研究也得出结论认为，企业选择将内部会计系统（如成本系统）的信息提供给合作伙伴，可能会缓解、也可能会加剧外部合作伙伴对共享信息的机会主义使用。

以上理论研究的分歧表明，合作中如果没有一些机制能够确保合作各方披露其私有信息被合理使用，将使得在合作中的共享信息不一定会带来好结果。但是，关于企业间合作中共享信息的机制设计，现有研究比较少见。拜曼和拉詹（Baiman and Rajan，2002a）认为，合作中的信息共享首先取决于合作契约在多大程度允许重新谈判合作，如果比较容易通过重新谈判解决合作中浮现出来的问题，则共享信息的有用性就会下降；合作中的信息共享其次取决于合作本身的相互依赖程度，依赖程度越高，则共享信息就越重要。与此类似，本萨欧和安德森（Bensaou and Anderson，1999）提出了供应链的结构性相互依赖概念（architectural interdependence），并认为这类特有因素会激励买家和供应商之间的信息共享①。

总体来说，管理会计领域的现有研究主要关注的是供应链情景下的企业间合作如何共享企业内部会计系统的信息，并以成本类信息为主（TCO 或 ABC）。实际上，一些与合作效果有关的非财务信息（合作的活动或产出），也是外部价值链分析的关键要素，有助于揭示合作效果的来龙去脉。容纳这类信息到外部价值

① 供应链的结构性相互依赖是指供应链上买家的产品和供应商的部件做接口（interface between the buyer's product and the supplier's component），使得合作一方在产品设计上、供货要求上的选择，会影响到合作另一方的成本。那么，更为精确地计算企业间合作的专有成本数据（如作业成本）并共享这类精细的成本信息，对买家和供应商而言，是价值链整体成本最优的必要信息要素。

链分析中，并开创出新型管理会计报表，是一类面向企业间合作的管理控制机制，也将是一个理论和现实意义兼具的管理会计创新。而管理会计报表如何通过内容创新成为有效的信息共享，现有的研究非常少见。

由此，面向企业间合作的管理会计报告如何创新设计和服务于不完全契约之下的合作信息共享，以减少合作方对利益侵害的担忧、促进合作预期达成，是值得探索的理论问题，同时也是富有借鉴推广意义的现实问题。鉴于现有的实地调查研究较少，本文接下来通过海尔集团面向企业间合作的管理会计报表实践创新开展案例调查，予以揭示以上问题。

三、案例选择、数据收集与案例简介

众所周知，海尔集团自1984年成立以来，以制造出有品质的冰箱产品闻名遐迩，并逐渐将经营范围拓展至洗衣机、空调、热水器等多个家电产品系列，在发展战略上也从发展名牌优品到适度的多元化。随着中国经济的发展，家电市场环境也经历了翻天覆地的变化。在过去的三十年，随着人们生活水平的提高，对家电产品的需求从旺盛到渐渐平稳，家电市场趋于饱和，市场竞争越发日益激烈。虽然质量和价格是主要的竞争手段，但是质量对企业持续增长是个双刃剑。高质量的家电产品赢得好的口碑和客户认同，在市场增长空间较大时对企业的发展可以形成良性循环；但是当市场趋于饱和时，高质量的产品会增加用户使用现有产品的时间，导致产品复购率不高，新用户又很难大范围发掘，使得质量刺激增长的效应趋于下降，依靠频繁的价格战能够获得的增长也会逐渐减弱。

在这一背景下，家电企业如何避免陷入发展停滞的态势，是整个产业要面对的战略性问题。海尔集团自2019年进入第六个战略发展阶段——生态品牌战略，以重塑竞争力。这一战略的具体策略是将家电产品做成“互联网+”，将电器发展为网器，开拓大数据平台和新的商业场景，由此发展物联网为载体的商业生态。这一战略转型意味着海尔集团并不放弃现有的家电产品，而是利用庞大的家电用户群连同合作伙伴做持续的用户需求拓展，由此家电产品成为海尔集团对外合作的硬件媒介，通过与合作伙伴的产品/服务互联互通，形成新的商业生态，以获得持续增长。

在新战略推进过程中，海尔集团需要不断地开展跨界的企业间合作，以开创新的商业场景。所以，激发企业间合作的活力、实现合作方的优势互补比较重要。海尔集团对自身在企业间合作中的角色定位是成为物联网平台，既是产品端的物联网平台，也是物联之后的大数据平台。为此，海尔集团开发了卡奥斯工业互联网平台，将各行各业的合作方都吸纳到平台上。而为推动集团内部各业务链充分利用好平台资源，并与外部合作方不断加强联系，海尔集团通过授权和货币激励等形式驱动内部的自主经营体（小微链群）以创业的方式同外部合作方开展合作、进行商业创新。所以，具体的企业间合作基本是由海尔集团的内部自主经营体（小微链群）同外部合作方共同推进的。

在内部管理上，海尔集团为小微链群发展企业间合作提供了平台支持，包括信息系统、平台财务等职能性支持。其中，海尔集团于2015年9月创新性地提出了“共赢增值表”的概念和框架，以结构性管理会计报表的列报形式，衡量合作中的整体价值创造、相关动因与利益分配，并由集团内的各自主经营体（小微链群）具体应用于相关商业场景中。

鉴于海尔集团规模体量庞大，本文重点关注共赢增值表应用较为典型的一家旗下企业海尔生物医疗开拓疫苗网的历程以及如何应用了共赢增值表。

海尔生物医疗始于生物医疗领域超低温存储设备的研发、生产和销售，在技术应用和设备制造方面处于行业领先地位。随着集团推进物联网战略转型，海尔生物医疗对生物低温储存市场这一垂直赛道的痛点作深入挖掘，聚焦用户需求，融合生物科技和物联网科技，形成血液网、疫苗网、样本网、试剂网及生物安全产业等多个物联网生态场景的综合解决方案①。与大多数低温存储服务商只是提供设备的生产和销售不同，海尔生物医疗提供的是一整套场景方案，并且根据不同的生物存储需求和痛点提供定制化服务，运用物联网等技术实现了生物样本、血液、疫苗等安全管理的全流程可追溯②。2019年，海尔生物医疗在科创板上市（股票代码688139），成为物联网科技生态第一股。

疫苗网的创业历程是落实新战略、发展商业生态的一个缩影。2018年5月，

① 谭丽霞：《未来已来 从海尔生物看新型组织价值创造与衡量》，载于《中国管理会计》2019年第4期。

② 王彦强：《解码海尔生物：营收净利双增毛利率稳定打造物联网生态新物种》，载于《投资时报》，2019年11月8日。

海尔集团开创出海乐苗的物联网疫苗安全场景方案，为疫苗的存储提供－196℃～8℃全温度范围内的超低温存储设备，并采用RFID无线射频、智慧芯片等物联技术实现了人、设备、疫苗产品的互联互通，在疫苗的全流程管理上力求零差错，实现问题疫苗秒冻结、接种全过程可追溯。目前，疫苗网已在天津、河南、内蒙古、广州、四川等20余个省份500余个社区卫生服务中心落地，于2020年逐步覆盖青岛和深圳整个城市的疫苗接种网。

四、案例分析与讨论

（一）案例分析

1. 物联网商业生态的拓展与新型企业间合作

第三部分的案例简介表明，过去几年家电市场近于饱和，为摆脱同质化竞争，海尔集团开启了战略转型，努力拓展物联网商业生态。对此，海尔集团旗下海尔生物医疗围绕超低温冷柜开展的商业转型就是顺应这一战略转型的典型个案（见表2）。

表2　　案例调查简介

访谈时间	访谈对象	访谈历时
2021年1月25日	海尔集团财务创新总监	4小时
2021年2月8日	海尔智家财务运营平台总监	2小时
2021年7月7日	海尔集团财务创新总监	2小时
2021年7月15日	海尔集团控股上市公司海尔生物医疗CFO莫瑞娟、集团平台财务刘经理	2.5小时

在转变之前，海尔生物医疗是一家超低温存储设备制造商。随着集团整体推进物联网战略转型，海尔生物医疗从单纯的制造商转向“基于物联网的生物科技综合解决方案服务商”。其中，海尔生物医疗的疫苗网，以天津大王庄的接种站为起点，开拓新的商业场景。在大王庄接种站，海尔生物医疗的员工在销售疫苗存储冷柜时与接种站交流得知，疫苗接种不出问题是疫苗厂商、接种站和接种用

户共同需要面对和解决的核心问题。

海尔集团内部提供的档案显示，疫苗网小微主巩燚指出，“之前的低温设备制造企业都是以产品和标准为中心，关注点始终围绕着能耗、功效等，如今以用户为中心，才发现用户要的不是一个疫苗储存箱，而是接种零差错。”

这使海尔内部意识到超低温冷柜在存储疫苗的过程中，需要更好地关联到疫苗进、出和存储的情况，可以应用物联技术采集这类信息，以大数据的方式参与疫苗的动态管理，从而形成综合性的商业服务。接种站或社区医院（社区卫生服务中心）由此成为海尔生物医疗“疫苗网”的合作共创方之一。海尔生物医疗不再单纯地向接种站或社区医院销售超低温冷柜，而是以冷柜产品为物联网节点，为疫苗产品包装配备射频码，每个疫苗产品进出冷柜时，就会实时生成相关的数据，由此搭建以冷柜为媒介的物联网大数据平台，使得疫苗的产品信息、厂家信息和接种站的接种信息都能够存储到大数据平台上，即形成了以疫苗为核心的物联网。在具体应用时，疫苗厂家提供的疫苗产品进入到接种站的时间数量、接种人群的接种需要、实际接种时使用的疫苗，都可以动态地存储到疫苗网的数据平台上，并应用到疫苗的运营管理流程中。

据媒体报道，在接种环节，接种站的呼叫系统会提醒、显示要接种的疫苗，护士会在接种箱扫描儿童“预防接种手册”，接种箱小屏幕会显示注射疫苗的名称等详细信息。为确保精准无差错，护士会手持针剂在冷柜上再一次扫码，二次核对信息，并确认接种方式、部位后再予以接种。

为此，海尔生物医疗创造出首个物联网疫苗诚信生态品牌“海乐苗”，从一次性硬件产品的交易到硬件产品为物联网媒介的综合性解决方案，实现了单一收入向商业生态收入的进化。

“我们已经构建了从生产、运输、清关、配送、安装、维修等全流程的商业生态体系，可以做到最小单支包装的疫苗全程追踪，实现了疫苗、儿童、接种人员等五码合一。”海尔生物医疗的CFO莫女士在调研中谈道。

类似地，海尔生物医疗为生物样本、血液安全、药品及试剂安全等场景也协同外部合作方提供了超低温存储综合解决方案。商业场景的不断拓展，帮助海尔生物医疗实现了由医疗设备制造商转型成为物联网生物科技综合解决方案服务商。

“我们从物联网的技术改造起步，一步步形成新的商业场景，然后形成商业生态。”海尔集团财务创新总监在调研中介绍道。

以上商业生态构建的关键因素离不开接种站和疫苗厂商等各方配合，否则综合解决方案是无从应用的。为此，自合作接触、谈判阶段到整个合作期间，海尔集团的自主经营体（小微链群）向合作方传递生态共创、共赢共享的合作理念，推动合作方形成一致的愿景，以共同投入资源、形成综合性的解决方案和实现疫苗接种的精益管理。

由此，案例企业以发展物联网商业生态为目的的企业间合作，非常注重商业创新，寻找的外部合作方也大多来自现有行业之外并有用户交集的企业。与理论部分对照，案例企业重点发展的这类企业间合作，不是供应链关系或渠道关系，也不是技术联盟或同业的竞争性合作，而是以商业创新为目的、跨行业为主的企业间合作。这类合作需要不同行业或细分市场的企业加深相互了解，才能协同配合。这就要求海尔集团培育出更好的管理手段以支持新型的企业间合作，持续吸收合适的合作方，共同拓展商业生态。

2. 面向物联网商业生态的管理会计创新："共赢增值表"

经过几十年的发展，海尔集团依靠硬件产品制造积累了竞争优势和相关的知识基础，但是在战略转型与商业创新的过程中，海尔集团的各级员工却无法做到快速掌握许多新的商业领域的要领，这就需要开放组织边界，不断地到组织外部与潜在的合作方进行交流，吸收外部有用的信息，发现与其他行业的用户交集和尚未有效解决的用户需求，从而才能逐步探索出新的商业场景。尤其在合作接触阶段，如理论部分所述，需要激励合作方共享信息，具体到海尔集团的物联网情景下就是激励外部合作方分享其对用户体验和用户需求的理解，促进双方的专有知识融合在一起，从而以集思广益的方式探索新的商业机会。

那么，什么管理手段可以促进海尔集团激励合作方自接触阶段就愿意分享宝贵的商业见识和资讯，并愿意共同规划新的商业场景？不完全契约理论的关键在于信息共享的机制设计。通过信息共享机制，外部合作方可以了解到海尔集团物联网商业生态的战略和共赢共创的合作意图，减少合作方对其商业知识、技术或关键利益被侵占的担忧。

为此，海尔集团提出的管理理念是拓宽价值创造的范围和立场，以发展综合商业生态为业务目标，以合作的整体收入、整体利润为财务目标。在开启外部合作的过程中，海尔集团需要正式的管理工具传播这一理念，引导合作共赢。如果仅靠各业务线非正式的口头沟通进行对外传播是有欠缺的，难以获得合作方的充分信任，也无法成为集团内部可推广借鉴的管理机制。由此需要开创出正式的信息共享工具，为海尔集团的各自主经营体所用。

从 2015 年 9 月到 2019 年，海尔集团经过反复迭代升级，将企业间合作的整体价值创造与利益分享等关键信息，以会计报表的形式列报，最终开创出一类跨越组织边界的新型管理会计报表，海尔集团称为“共赢增值表”，也称“第四张表”。随后，共赢增值表应用于海尔生物医疗和其他业务条线的新商业场景的开拓。

依据我们在调研中取得的数据和文档，海尔集团的共赢增值表在内容上有六大核心要素，分别是用户、资源方、生态平台价值总量、收入、成本、边际收益，具体呈报也是依据这六大项的顺序逐一列示（见表 3）。而且，共赢增值表详细定义了每个项目的内涵与算法。

表 3　　　　共赢增值表的信息要素与内容设计

信息要素	共赢增值表内项目	内容要素
商业生态价值创造动因信息	用户资源	分类用户： 交易用户 交互用户 终身用户
	资源方	分类的资源方： 平台链接的所有资源方 能参与共创的资源方
商业生态价值创造的财务信息	生态平台价值总量	传统利润 生态利润
	边际收益	单用户收入 – 边际成本
	收入	传统收入 生态收入 单用户收入
	成本	传统成本 生态成本 边际成本
商业生态价值创造分配信息	增值分享	基于整体利润
	自主经营体分享 支持平台分享 共创攸关方分享	链群分享 支持平台 资源方、用户、外部资本方

“无论是海尔生物医疗，还是其他业务条线，我们都不再像过去一样以自身的产品为聚焦，而是依托海尔的产品加外部合作方的产品或服务一起推进新的商业生态。所以，我们的发展理念是从博弈走向共创共赢，以促进各方的资源整合在一起。共赢增值表就是以共赢增值为理念设计出来的管理报表，可以清晰地显示出整个商业生态价值创造的过程，这对决策是有引领性的，可以帮助我们的业务团队更好地吸引优质的合作方一起开创整体解决方案。”海尔集团财务创新总监介绍说。

“共赢增值表的框架与模拟测算可以让合作方清晰看到，用户数量的增多，一起开拓的商业生态收入和生态利润会随之增加，各方可分得的收益也会增加。”海尔生物医疗的 CFO 莫女士在调研中谈道。

所以，共赢增值表的设计以用户为呈报的第一项，其他类别的项目在算法上都是以用户数量为动因，用以表明整个商业生态价值创造的起点是用户（谭丽霞，2019）。与此一致，海尔集团提供的内部文档[①]总结认为，“传统的报表没有一个项目可以体现企业的用户资源。共赢增值表的出现彻底改变了用户资源不能进表的尴尬局面，它用详细的数字记录下不同层次的用户数量，衡量了整个平台有多少用户由交易用户升级到持续参与产品体验迭代的交互用户，最终演变成终身用户，清晰地展示出生态平台所拥有的用户资源。共赢增值表实现了传统报表没有完成的目标，体现了‘用户至上’的主旨。”

秉承从因到果的设计逻辑，在物联网商业生态中合作方与海尔集团进行资源交互或整合也是关键因素，所以“资源方”列在共赢增值表的第二项，并按照资源方同商业生态的相关性区分为“能参与共创的资源方”和“平台上链接的所有资源方”，这一项目的设计一方面可以让海尔集团在对外合作的各个阶段展示出重视合作方、合作共赢的理念，另一方面也引导海尔集团内部的业务团队基于平台上可用的资源方选择合适的合作伙伴，避免高成本地在组织外部搜寻。

共赢增值表的第三项是“生态平台价值总量”，在口径和算法上突破了海尔集团的组织边界，将海尔集团与各个合作方打造的商业生态作为价值衡量的主体，即将合作方的价值共创也包含进来，使得这一新型管理报表跨越了组织边界，从衡量本企业制造产品的价值增值，拓展为衡量整个商业生态的价值创造

① 邵原、朱振梅、单雨飞、刘玉声：《海尔共赢增值表研究：共赢增值表——物联网时代的财务工具》，IMA 美国管理会计师协会中国官网，2020 年 9 月 14 日。

（谭丽霞，2019）。

“生态平台价值总量”进一步下设和列报增值分享等明细项目（见表3），用以表明商业生态的价值分配过程，包括向海尔集团平台、内部自主经营体（链群）的分配，以及向外部合作方（资源方、用户）和资本方的分配，从而比较明晰地展示出合作整体收益的分配过程。据我们在调研中了解，通常在合作之初就会约定各方分成比例，并嵌入到共赢增值表增值分享部分相关项目的算法里，使得共同合作的收益获得与分配过程对外部合作方而言是清晰可见的。

至此，共赢增值表在内容要素上比传统会计报表多了三类项目，即“用户、资源、生态价值总量”，前两类是量化的非财务指标，也是商业生态价值创造的原因，后一类是广义价值创造的结果项目，包括传统收入、成本以外的生态收入和生态成本，从而令共赢增值表可以直接反映商业生态价值创造的因果关系，并与新的战略相契合（朱卫东等，2018）。

“我们就是要打破企业和行业的边界，实现盈利模式在企业间的贯通，各方共创共赢，创造新型的多维价值创造模式。”海尔集团执行副总裁谭丽霞在2019年公开撰文指出的共赢增值表的设计理念。

3. 运用“共赢增值表”开展商业创新与推动企业间合作

在海尔集团，共赢增值表应用于物联网商业生态的建设，首先是作为事前算赢的分析框架，用于支持决策。海尔生物医疗的CFO莫女士介绍了疫苗网创业过程中对共赢增值表的运用：“依托于集团的战略转型，疫苗网的创业力图开创出一个全新的商业场景。为此，我们财务需要和业务团队一起测算分析。如何满足用户的核心需求？我们需要哪些内部和外部资源？整体解决方案的成本和预计收入、预计边际效益如何？在测算的过程中、同合作伙伴接触的过程中，我们采用了共赢增值表的框架，以此来进行多方沟通、论证。共赢增值表的核心指标是用户资源。我们在决定要不要开启一个综合解决方案时，始终关注怎么从一个接种站的单触点到链接更多的接种站和用户进来。共赢增值表的框架会直接呈现给各方，每链接上一个接种站、每增加一个终身用户数，都要考虑生态收入会增加多少，海尔集团内部和外部合作方又各自能够分享多少。所以，共赢增值表是和我们的事前算赢相结合的，它驱动整个团队在关注样板点扩张过程中终身用户数的增加，促使业务团队从接种站的单触点到让‘海乐苗’覆盖整个城市、形成城市网。”

据莫女士披露，海尔生物医疗截至2019年底在疫苗网的发展方面已经完成了深圳城市网的建设，2020年已有更多的城市网铺开，“疫苗网生态收入的复合增长大幅提升。”

可见在疫苗网的创业过程中，事前算赢是基于共赢增值表框架中的业务和财务指标而开展的，财务人员会参与新业务发展的论证，并参与目标设定，例如疫苗网在某个阶段设定的目标是链接5000个终身用户，即努力发展更多接受综合解决方案的用户，以此夯实商业生态的价值创造根基。

事前算赢还有一个关键问题就是如何选择合适的合作伙伴，这也是共赢增值表上呈报的第二项“资源方”[①]。据海尔集团财务创新总监介绍，“海尔在业务上已经积累了一些上下游关联方，后期也成立了卡奥斯互联网工业平台（COSMO Plat），所有的资源方数据都在平台上，通过内部共享，创业团队可以便捷地找到合适的资源方。洽谈成功的概率比创业团队到外面去搜寻洽谈资源方更高。”这说明在每个新的商业场景的开创阶段，创业团队可以直接在平台上寻找和筛选潜在的合作伙伴。

海尔集团发展物联网商业生态的关键是将不同细分市场或不同行业背景的产品或服务借助物联技术链接在一起，才有物联网平台上富有商业价值的大数据，才有后续可拓展的延伸服务和综合解决方案。而环环相扣的商业战略中，一个挑战就是，在向外拓展做“跨界”合作时，来自不同行业/细分市场的合作伙伴与海尔集团并不充分了解彼此，使得最初的合作是需要充分的信息共享的。例如，疫苗网的创业团队要令接种站愿意在接种设备上应用物联技术，也要令疫苗厂家愿意在产品外包装上应用物联技术，才能将海尔的冷柜、疫苗产品和接种用的设备链接在一起，形成疫苗网。

在接触和谈判阶段，由于尚未进行具体的商业规划，没有相关的预测数据可用，仅依靠创业团队的个体口头交流，谈判效率或者信服力都是有限的。“我们的洗衣机刚开始做物联网时，洗衣液厂家觉得和我们不是一个行业的，为什么要合作?”海尔智家的财务运营平台总监说。

我们在调研中进一步了解到共赢增值表的框架或者样表用作海尔的创业团队对外沟通的正式工具。“在具体与资源方洽谈时，我们会从用户维度到生态收入

---

① 具体区分了平台上可用的资源方与能参与共创的资源方。

和分成比例去做沟通。比如说，我们设计产品/服务组合推向用户，可以给彼此省去哪些中间环节的费用，我们由此可以提出更具有竞争力的整体报价吸引用户，等等。而且，海尔凭借家电产品的市场占有率积累起来的用户规模，成为我们吸引资源方合作的重要因素。”海尔智家的财务运营平台总监在调研中谈道。

共赢增值表有生态收入和生态利润项目的设计和算法，也有向各方具体分成的项目，应用正式的框架或样表到合作接触和谈判中，能够使合作方很直观清楚地看到海尔集团发展对外合作的基本意图，以及合作方可以从合作中得到哪些收益。

“我们会和资源方达成一个共识，海尔的用户也是资源方的用户。一起合作意味着海尔给资源方提供了新用户的流量入口。我们会说服资源方把部分数据系统与海尔集团联通，我们合作后，资源方能及时看到他们的产品或服务具体下单的数据。如果盈利空间扩大，后期的分成比例可以再提高。这对资源方而言是额外的收入，他们通常是愿意的，会和我们一起设计新的产品组合或综合解决方案。”海尔智家的财务运营平台总监介绍。

所以，借助共赢增值表，海尔集团的创业团队可以在谈判中承诺，合作后可实时共享相关数据，并以海尔集团的平台为信用背书，由此可以减少外部合作方对海尔集团利益侵占的担忧，促使合作方形成“共赢”的预期。

当外部合作方接受合作要约后，就进入到共同推进商业策划和设计产品/服务组合的阶段，即新商业场景的孵化期。至此，事前算赢进入到盈利空间测算的环节。据海尔集团财务创新总监介绍，通常是海尔集团创业团队依据共赢增值表的框架进行决策论证，以满足用户需求为起点，预测新的商业场景将有多少用户和市场价值空间，从而预测出整体收入区间。在事前算赢过程中，成本端的预测主要由财务团队负责，根据业务规划的商业场景具体测算相关的成本，包括资源方的投入以及海尔自身的投入。预测收入和成本过后就可以得出商业场景的预计盈利空间，即生态利润，最后按照合作方约定的比例测算出各自分得的部分。所以，在商业场景规划阶段，事前算赢实际上是沿着共赢增值表做整个商业场景的经营预测与盈利预测。

具体到疫苗网的事前算赢，据海尔生物医疗的CFO莫女士介绍，团队会测算全国范围内社区医院的覆盖率、接种点数等，以此估算整体解决方案的市场空间，再依据包含合作方在内的商业场景规划，测算整体收入。在成本端，财务人员主要依据新的商业场景所需要的各项资源测算相关成本。而合作伙伴分成的部分，则依据业务在谈判中初步约定的分成比例测算。事前算赢的结果，会引导业务团队推进合作谈判，从中选择最佳的合作伙伴与合作方案①。

至此，我们的调查反映出海尔集团新创的共赢增值表，以管理工具的形式应用到海尔的创业团队对外合作的几个关键节点（包括接触、谈判和订约阶段），并具体应用于合作伙伴的选择、谈判沟通、商业策划与合作方案确定等多个决策环节。共赢增值表以用户、资源方、生态平台价值总量及其分配等新项目作为主要内容，在以上各个关键环节促进了合作方更直观地了解海尔集团的物联网战略与共赢共创的合作意图以及合作对双方的重要性，从而促进了合作预期的达成，并成为推进企业间合作订约与商业创新的管理工具。

4. 运用“共赢增值表”动态管理企业间合作关系与商业生态

企业间合作自订约之后就进入到实质性合作阶段，海尔集团需要如合作谈判阶段所承诺，及时共享合作期间的相关数据，同时集团内部的各自主经营体（小微链群）也需要及时了解自身负责的对外合作业务取得的进展，包括用户的新增情况以及共创收入和共创利润的情况等。对此，海尔集团的“平台财务”在信息系统上提供了共赢增值表的基本框架与标准化定义，而负责各商业场景的小微链群结合具体业务的特点将共赢增值表填实内容，即具体界定每个商业场景下的用户（资源方）及其分类、生态收入（成本）和利润的具体算法，并据此确定每个项目背后的数据逻辑关系等，从而令共赢增值表在合作期间可以面向各商业场景有具体的数据。在共赢增值表的生成方面，海尔集团的平台提供了自动化数据处理功能，基于小微链群的一系列设定，集团平台可以每日自动生成各商业场景下的共赢增值表②，从而为小微链群的决策提供支持。而每个商业场景的外部合作方，可以通过与海尔集团的平台搭建接口界面，比较及时、直观地了解与其有关的生态平台价值总量与增值分享。

“海尔集团的财务系统与业务系统是链接在一起的，共赢增值表项目的大部分数据是在我们内部各个系统间关联好并自动生成的。对于每个利润中心的各个

① 综合业务发展、效率、效益等多维度指标。

② 集团的平台可以依据小微链群对共赢增值表项目的详细定义和算法设定，自动采集业务和财务系统内的相关数据源和自动关联数据字段，用以生成列报项目数据。

商业场景，平台上的用户数据会传到共赢增值表系统上，形成用户资源数据；共赢增值表的收入项目、成本项目有关的具体算法都会在平台上设定和关联好，自动生成生态收入、成本和自动计算出生态利润等项目，最终报出共赢增值表。”海尔智家财务运营平台总监说。

“我们对外分享数据的口径是按商业场景的，不同场景下共赢增值表的实际数据不同，对应的外部资源方也不同。但我们有统一的可视化界面，让每个资源方每天都能够看到相关场景的生态价值总量，按照约定的比例可以计算得到实际的增值分享，这些数据对增强资源方的信心是有帮助的。”海尔集团财务创新总监在调研中说。据他介绍，共赢增值表生成实际数据后，链群的财务等专业团队会进行“大数据显差分析”，将业绩目标（预算目标）同共赢增值表的实际数据做差异分析，显示出每个商业场景的实际情况同预设目标的差距，用于监督商业创新中用户增长的情况和评估业务的进展。同时，财务团队也基于“大数据显差分析”评估资源方的投入和实际分成（谭丽霞，2019），从而为优化合作关系和优化商业场景提供管理依据。

（二）案例讨论与理论框架的构建

1. 面向企业间合作与商业创新的新型管理会计报表

纵观案例调研数据，几个实践层面的关键词贯穿始终：物联网，商业生态，商业场景，用户需求，资源方，共赢共创，共赢增值表，“人单合一”，生态品牌，链群合约。如果以理论来解读这些实践中的创新，可以更为深入地看到它们的内在关联及其背后的意义。

众所周知，海尔集团是全球性企业，过往较长一段时间依靠制造和销售较高品质的各类家电产品（冰箱、空调、洗衣机等）[①] 为竞争力内核。在家电市场接近饱和、用户复购周期较长的情况下，再依靠传统的竞争手段很难实现企业的可持续增长。怎么避免企业陷入下滑的颓势中？海尔集团选择的战略转型是重塑企业和用户的关系，不再以产品为出发点、仅从市场化交易的角度对待用户，而是

① 除了面向个人用户的家电产品，海尔集团也有面向企业的产品系列，例如主要针对生物医疗行业的超低温冷柜等。

注重调查了解产品相关的用户需求还有哪些。但是，满足家电产品以外的用户需求，如果依靠海尔集团逐一进入新的领域，会有资源基础和知识基础等诸多的制约，而且容易形成无关多元化，使得现有的资源分散配置。对此，海尔集团的战略转型在于寻求跨行业/细分市场的企业间合作，以发展企业间合作关系的方式联合其他相关产品的厂商一同设计产品加服务的组合，为用户提供各类综合解决方案，也由此完成商业创新，即海尔所称的构建商业场景。所以，以满足用户需求的商业创新为出发点，跨行业/细分市场的企业间合作为路径，为用户提供各类综合解决方案，帮助用户节约交易成本或节约分散购买各类产品服务的时间，是新战略的关键支点。

在海尔集团的战略转型落地过程中，一个关键问题是要将海尔的产品与合作方的相关产品/服务相互连通，在功能、报价、配送效率或者服务效果等方面集合合作各方的优势，形成专销性质的产品或服务组合，使得不参与合作的同业对手难以单方面匹敌，具备竞争力。

将理论照进现实，海尔集团开启的跨行业为主的企业间合作，需要合作方进行诸多专有资源投入，尤其是对用户的理解等商业见识和经验，以及对共同设计产品或服务组合的知识和见解，即理论部分所述的流程型专有资产和人力资源型专有资产，才能打造出具有竞争力的综合性解决方案。如理论部分所述，企业间合作存在着双向的信息不对称，跨行业的合作更是如此，使得企业间合作具有不完全订约的特征，合作方的专有资源投入很难通过订约来保障相关权益。那么，合作方在一起论证商业场景的可行性时，存在着利益侵占的担忧，例如合作一方可能会侵占另一方的专有知识、经验或创意等。由于这类问题没有办法通过事先订约来约束，就需要机制设计激励跨行业的合作各方共享信息。

如前所述，我们在调研中得知，海尔集团对新型的企业间合作没有选择传统的管控模式，不简单依据合作方报价高低来建立和更新合作关系（市场化主导的企业间合作管控模式），也不单凭此前的合作经历和积累的信任直接推进合作（信任主导的管控模式，见表1），而是另辟蹊径从管理会计报表创新入手，创新性地提出面向商业生态的新型管理会计报表，即共赢增值表，以此作为管理企业间合作关系中的机制设计，推动合作各方的相互了解与对合作本身的了解。

共赢增值表的主要创新来自呈报的立场与内容要素。在立场上，共赢增值表超越了组织边界，衡量合作的整体价值创造（具体有生态平台价值总量、生态收入和生态成本等项目），也是较传统管理报表而言的一项突破，即广义价值创造的口径进行呈报，使得合作各方都可以清晰地了解到共同的价值创造。

在内容要素上，共赢增值表与传统会计报表[①]相比的一项创新在于抓住合作整体价值创造的核心要素——用户，并按照合作目标对用户分类统计和列报，由此可以指引合作各方朝向共同目标投入资源，不断改进用户体验或拓展服务，将交易类用户发展为终身用户。于是，通过用户的分类呈报有助于在订约前让合作方了解到合作的共同目标，也有助于在订约后让合作各方清楚共同开拓的商业场景带来了多少终生用户，这一数据信息是合作利益分配的基础。

与传统会计报表相比，共赢增值表的另一项创新在于设计项目分别列报合作方的信息以及合作分成的信息，以此增加合作本身的透明度，并表明合作发起方（海尔集团）同合作方共赢共创的意图，这无疑也是外部合作方最希望了解的信息。

所以，从设计角度来看，海尔集团的共赢增值表较传统会计报表新设的项目，基本都是合作方在订约前、后比较关注的信息。这意味着在企业间合作无法完全订约的情景下，管理会计报表在列报上，要包含合作方希望了解的内容要素，才能借助这一报表在合作订约前后的运用，成为合作方之间信息共享的有效机制。

2. 共赢增值表的运用与企业间合作的竞争力

如理论部分所述，海尔集团致力选择跨行业/细分市场的企业，开展“跨界”合作和联合商业创新，通过发展物联网商业生态的方式重塑竞争力。这在家电行业是从无到有的过程，跨行业的合作伙伴同海尔集团存在明显的信息不对称，而且商业创新本身也面临的未知因素较多。这使得联合推进的商业创新中许多合作事项难以订约，合作方投入的专有资源能否得到回报，也无法通过契约关系进行约束。基于理论启示，在不完全契约关系中，信息共享机制在订约前有助于增进合作各方相互了解，明确各自的合作意图，对最终达成合作共识和形成一致行动预期，比较重要。

与理论启示一致，海尔集团从会计报表创新为管理抓手，设计了新型的管理会计报表——共赢增值表，用于缔结企业间合作关系，并在接触和谈判阶段、订约阶段与契约执行阶段都借助共赢增值表为合作各方提供了有用的信息。

---

① 传统会计报表只有收入和利润等结果类信息，没有价值创造的驱动因素呈现在表内。

在接触与谈判阶段，海尔集团因为拥有家电行业的竞争优势和庞大的用户基础，通常是平台主导方，也是话语权较强的一方。如不完全契约理论所述，处于共创方的合作伙伴更需要了解平台主导方的合作意图是什么，合作能够带来哪些预期收益（Baiman and Rajan，2002a），商业创新过程中难以事先明确订约的合作事项和资源投入如何达成一致，如何在合作中得到合理的利益分配，才能决定是否加入联合商业创新中。与此一致，案例分析的访谈证据表明，海尔集团无论哪个业务团队在具体谈判中都借助统一的共赢增值表框架作为正式的沟通工具，让外部合作方了解到海尔集团的合作目的，以及共同发展物联网的商业生态对海尔集团重塑竞争力具有战略意义，所以海尔集团会重视合作并尊重合作伙伴的商业利益（海尔集团称为“共赢共创”）。如我们对海尔生物医疗和海尔集团经理人的访谈所述，运用共赢增值表以开拓新的商业场景为目标进行沟通谈判，通过预测新商业场景中用户数和合作整体收益（海尔集团称为“事前算赢”），能够促进双方对合作前景达成共识①，并作为合作分成比例的谈判依据。所以，共赢增值表相较于传统会计报表的新增内容，包括用户数、生态平台价值总量以及利益分成项目，在谈判阶段由平台主导方以预测的方式提供信息，可以满足合作方对参与合作的信息需求，有助于推动谈判阶段达成合作预期。

在契约订立阶段，核心问题不是约定合作收益，因为面向商业创新的合作有较多未知因素，合作收益难以确定，所以契约关系无法用于管理商业创新的风险。但是，合作各方在商业创新中利益分配的风险可以通过订约治理。如理论部分所述，决定利益分配的关键信息共享可以减少共创方对利益侵占的担忧。所以，案例分析中海尔集团与跨行业合作方关于合作利益分配的比例是用于订约的。而决定利益分配的关键信息，即用户信息和合作整体收益信息则可以订立隐性契约的，即承诺将共赢增值表上的关键信息经由信息系统及时传递给合作方。这说明共赢增值表在契约订立阶段用于让合作方更清晰地了解到利益分配的关键信息如何经由正式的机制进行共享，以推进不完全合约的订立。

在契约执行阶段，不完全契约可能导致合作的低效率，由于许多合作事项难以依靠契约关系治理，合作各方需要就如何共同投入资源持续沟通协调，以达成共识和一致行动，否则就可能涉及重新谈判（Baiman and Rajan，2002a；Drake

---

① 即共同开创新的商业场景，有机会塑造新的竞争优势。

and Haka，2008）。而共赢增值表因为包含了合作整体利益的决定因素信息——各类用户信息，可以引导海尔集团的创业团队和外部合作方，将资源共同投入到如何开创新的商业场景，发展更多的终身用户。因为共赢增值表关联了各类用户数量同合作整体收益的量化关系，所以在推进合作中海尔方面将持续增加终身用户数量作为关键合作目标，由此协调外部合作方一致行动，为开创新的商业场景和持续增加终生用户、做大整体收益而投入资源。

所以，在以商业创新为导向的跨行业企业间合作中，新型的管理会计报表（共赢增值表）通过内容设计上包含了合作方在合作各个阶段所需要的关键信息（见表4），成为有用的信息共享工具，推动了海尔生物医疗，开拓了疫苗网、血液网等不同的商业场景，从单纯的制造销售超低温存储设备转型成为“物联网生物科技综合解决方案服务商”。

表4　企业间合作情景下共赢增值表在内容和用途上的创新

管理会计报表内容/用途创新	共赢增值表的应用		
共赢增值表的设计	接触与谈判阶段	订约阶段	执行阶段
用户分类信息 资源方分类信息 商业生态价值创造信息 多方合作分成信息	使用报表框架共享合作意图与开展事前算赢	共享合作规划与预测信息，达成一致预期，将决定利益分配的关键信息用于隐性契约，减少利益侵占的担忧，增强合作信心	以报表动态列报的方式共享合作价值创造与分配信息，对报表实际数值与目标进行差异分析，协调合作方，形成一致行动，推动合作结果朝向合作目标

将理论与实际相联系，当企业间的合作关系具有不完全契约特征时，对无法由契约关系治理和保护的专有资源投入和合作利益，合作平台主导方如果将企业间合作的整体收益和按约定比例各方的分得收益，在事前、事中和事后以管理控制手段较为正式的披露给合作共创方，则需要在事前、事中和事后通过有效的信息共享机制促进合作各方相互了解合作的目的和如何开展合作利益分配，从而促进合作各方达成一致的预期和共同投入专用性资产，尤其是在流程上和人才与知识储备上做专有资产投资，才能推动合作，促进相互配合与商业创新。而海尔集团的实践表明，管理会计报表的创新和运用作为信息共享的机制，通过展示海尔集团的合作目的、合作对海尔的战略意义、决定整体利益的信息（用户的信

息）以及整体利益如何分配的信息，满足了合作方的信息需求，从而推动了企业间合作。

经过以上分析，本文归纳得出的结论是企业间合作中平台主导方提供的管理会计报表要在信息含量上契合共创方的信息需求，才能成为不完全订约关系下有效的信息共享工具，推动合作各方达成合作预期和投入一系列专有资源，从而为形成富有竞争力的企业间合作铸就管理基础。

3. 理论框架的提出

以上分析表明，开创和运用有效的管理手段，对激活“跨界”的合作具有重要的意义。其中，管理会计报表在内容和应用上的创新，可以成为重要的信息共享机制，为“跨界”合作下的不完全契约订立和执行提供助力。由此，本文的发现概括了案例企业的现实，并提炼出相应的理论意义。管理会计报表的创新作为信息共享的机制，对企业间合作关系和合作效果的影响，由此可以得到新的研究发现，具体的理论框架如图 1 所示。

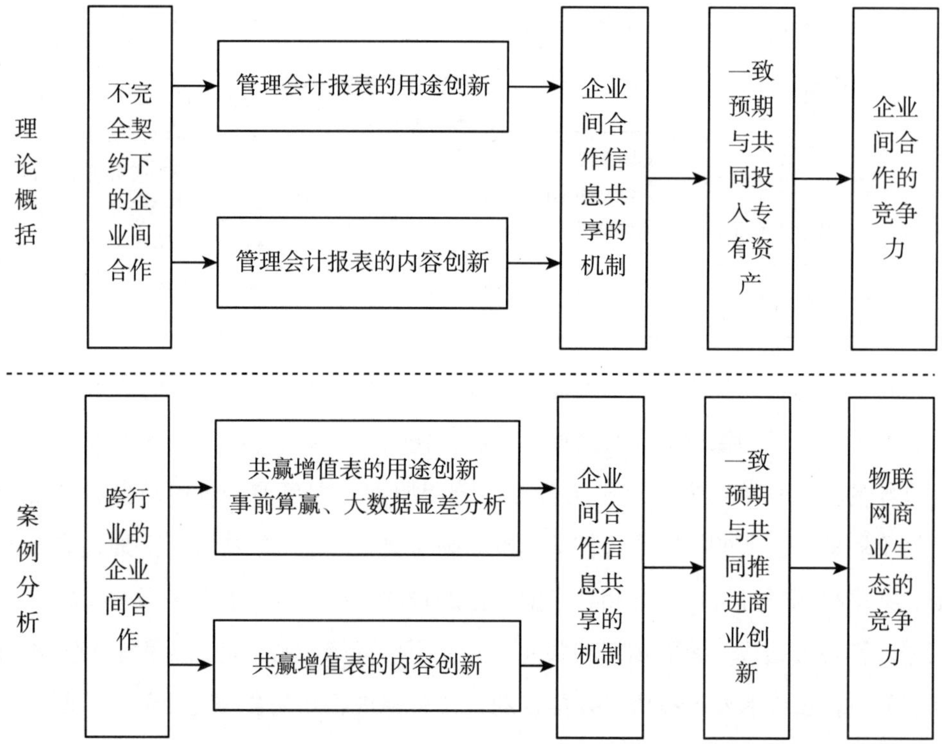

图 1　理论与案例的对话

五、研究结论

本文采用案例研究方法调查了海尔集团为推进战略转型而创新的管理会计报表——共赢增值表在内容上和用途上的创新，以及如何为企业间合作筑底、支持物联网商业生态的发展。由于海尔集团是全球性的商业巨擘，笔者重点关注了海尔集团旗下的上市公司海尔生物医疗发展疫苗网的历程，并通过一系列质性数据分析呈现了疫苗网创业历程中共赢增值表所发挥的作用。

通过回顾现有理论，笔者认识到企业间合作关系具有不完全契约的特征，海尔生物医疗从无到有发展疫苗网，同接种站和疫苗厂商开展“跨界合作”就是典型的实例。由于所处行业的不同，海尔生物医疗与外部合作方存在着双向的信息不对称，行业专有知识的壁垒与共同开展商业创新的不确定性，令这类“跨界合作”要取得成功，一方面需要合作方相互了解，清楚各自的合作目的以及合作对彼此的重要性，另一方面需要在行动上更多的协同配合、作出必要的专有资产投资，才能共赢共创。而依据不完全契约理论的启示，企业间合作中平台主导方或谈判力较强一方需要采用管理手段向共创方共享信息，即企业间合作的信息共享需要机制设计，才能增进合作方相互了解和推动合作成功。

与理论论断一致，在现实中案例企业选择开创了新型的结构性管理会计报表（共赢增值表），将合作方需要了解的信息、同时也是合作目标的常见内容都包含在报表中，具体包括各类用户规模、合作创造的整体收益以及合作各方的分成收益等。这些新设的列报项目是传统的内部管理报表或对外的财务会计报表所不具有的内容。新型管理会计报表在内容上的创新归根结底是要刻画、衡量海尔与合作方在商业创新中共同创造的价值及其来龙去脉，尤其是新增价值如何分配。基于这些内容创新，案例企业的管理会计报表在用途上也突破了企业边界，应用到了企业与合作方发展合作关系的主要决策环节（事前算赢与大数据显差分析等）。由此，本文通过案例研究发现了管理会计报表在内容和用途上的创新如何促进了不完全契约关系的发展，并发现关键取决于管理会计报表包含合作各方所需要的信息以及由平台主导方主动用作信息共享的机制。

基于理论与实践的对话，本文的研究发现具有重要的理论贡献。长久以来，受到现实的制约，针对企业间合作的管理控制开展的理论研究和实地调查都比较有限。纵观管理会计领域的已有研究，主要集中在供应链关系、技术联盟等传统的企业间合作情景下，采用的理论视角以社会学和管理学领域的理论主线居多，如社会交换理论（social exchange theory）、不平等理论（inequity theory）、角色网络理论（actor network theory）等。具体的研究视角主要从合作方的谈判力、平等、社会关系嵌入、信任等方面探索了企业间合作有关的管理控制问题。但是，很少有研究从企业间合作关系的源头之一——契约关系去揭示企业间合作的订约特征需要怎样的管理控制机制进行适配，以及实践中是否存在行之有效的管理会计工具映射理论的推演。本文通过深入海尔集团开展实地调查和运用案例研究方法，发现了现实中的新型管理会计报表成为平台主导方发起的信息共享机制，服务于企业间合作中不完全契约的订立和执行，并具体推动了物联网为基础的商业创新，从而提升了企业间合作的竞争力。这一研究发现为理解管理会计工具在企业间合作中的作用以及在不完全契约关系中的作用，提供了新的研究发现和个案证据。

此外，理论和实务界长久以来共同倡议管理会计的发展应更明确地朝向组织的价值创造，本文通过理论与实践的对话，发现了管理会计报表在企业间合作中的信息共享作用和管理价值，从而为理解管理会计报表在不完全契约关系下的有用性提供了新的实地调查线索。

最后，本文的研究具有较强的现实借鉴意义。相比于其他管理会计工具，如战略地图和平衡计分卡（BSC），案例企业以因果关系为框架、容纳业务因素和财务结果的新型管理会计报表能够将价值创造的将因果关系更为清晰地呈现出来，可以综合用于决策制定和决策实施。所以，无论在企业间合作情景下还是其他情景下，各类企业可以借鉴海尔集团的实践创新，更好地提升管理会计报表在现实中的有用性。

六、管理建议

前述案例分析表明，企业海尔集团开创的共赢增值表具有实质性的管理价值，是面向企业间合作的管理创新，也是激发合作竞争力的利器。以持续改进为理念，本文作者对共赢增值表的后续迭代升级提出建议如下。

（一）将共赢增值表升级为共赢增值报告

从调查获得的体会来看，共赢增值表是结构性的管理会计报表，以量化分析为主，对企业间价值创造的一些专业意见等重要的定性数据没有容纳的空间。这使得共赢增值表在使用过程中需要紧密的业财融合。即便如此，业务和财务等不同领域的专业人才在合作各个阶段上形成的专业意见，依然需要有效的知识管理工具。尽管不能依靠一套管理会计报表作为万能工具，仍然可以将共赢增值表升级为共赢增值报告，使得小微链群的业务财务团队可以将一些关键的意见添加在共赢增值表数据的分析部分，令事前算赢的分析和大数据显差的分析同共赢增值表的数据更为紧密地结合在一起。

另外，共赢增值表是标准化的管理报表，可以允许各个小微链群在具体使用过程中添加附表，为各个业务条线的特定场景增加颗粒度更细的数据，用于关联共赢增值表内的总体价值创造，例如将一些特定业务场景的核心 UPI 数据关联到共赢增值表的附表等。

（二）发展中长周期的战略性共赢增值报告

据目前的调查了解，本文笔者认为共赢增值表是年度以内的定期报表，由于信息系统和数据处理功能的强大，共赢增值表在呈报的及时性方面已经可以实现日报。无论是日报、周报、月报还是季报，归根结底是年度报表的细分。作为推进集团物联网战略的重要管理工具，共赢增值表需要提升战略引领价值，不仅仅是战略落地的工具。具体而言，本文笔者建议应发展战略性共赢增值报告，做到既有数据也有分析，例如回溯疫苗网等商业生态一个发展阶段的价值创造历程，或者对过去 3 ~ 5 年作综合性的诊断分析，从而为集团级别的战略实施评估和后续战略决策提供重要依据，也为小微链群调整具体的实施进展或实施策略提供比较长周期的回顾，做到以史为鉴。

本文笔者相信，战略性共赢增值报告能够支持重要的战略性决策，为商业生态的发展提供鸟瞰式的共赢共创全景图。

参考文献

[1] 谭丽霞：《未来已来 从海尔生物医疗看新型组织价值创造与衡量》，载于《中国管理会计》2019 年第 4 期。

[2] 张瑞敏：《论物联网时代的管理模式创新》，2020 年 11 月 30 日论坛主题发言。

[3] 张瑞敏：《于 VUCA 时代创造引领商业模式——人单合一》，2020 年 9 月 22 日论坛主题发言。

[4] 朱卫东、张超、吴勇、田雨绯：《基于价值共创与共享视角的增加价值报告研究》，载于《会计研究》2018 年第 7 期。

[5] Abbeele A. Integrated information systems, alliance formation, and the risk of information exchange between partners, Journal of Management Accounting Research, 2016 (28): 19 -23.

[6] Abbeele A., F. Roodhooft and L. Warlop. The effect of cost information on buyer-supplier negotiations in different power settings, Accounting, Organizations and Society, 2009 (34): 245 -266.

[7] Aghion P., D. Fundenberg, R. Holden, T. Kunimoto, and O. Tercieux. Subgame-perfect implementation under information perturbations, Quarterly Journal of Economics, 2012 (127): 1843 -1881.

[8] Anderson S., H. Dekker and A. Abbeele. Costly control: An examination of the tradeoff between control investments and residual risk in interfirm transactions, Management Science, 2017 (63): 2163 -2180.

[9] Baiman S. and M. Rajan. Incentive issues in inter-firm relationships, Accounting, Organization and Society, 2002a (27): 213 -238.

[10] Baiman S. and M. Rajan. The role of information and opportunism in the choice of buyer-supplier relationships, Journal of Accounting Research, 2002b (40): 247 -278.

[11] Chua W. F., Mahama H. The effect of network ties on accounting controls

in a supply alliance: Field study evidence. Contemporary Accounting Research, 2007 (24): 47 -86.

[12] Das T., and B. Teng. Instabilities in strategic alliances: An internal tensions perspective. Organizations Science, 2000, 11 (1): 77 -101.

[13] De Dreu C., B. Beersma, K. Stroebe and M. Euwema. Motivated information processing, strategic choice, and the quality of negotiated agreement, Journal of personality and social Psychology, 2006 (90): 927 -943.

[14] Dekker H. Control of inter-organizational relationships: evidence on appropriation concerns and coordination requirements, Accounting, Organization and Society, 2004 (29): 27 -49.

[15] Dekker H. C., Van den Abbeele A. Organizational learning and inter-firm control: the effects of partner search and prior exchange experiences. Organization Science, 2010, 21 (6): 1233 -1250.

[16] Doz Y. L., and G. Hamel. Alliance advantage: The art of creating value through partnering. Boston: Harvard Business School Press, 1998.

[17] Dyer J. H., Singh H. The Relational View: Cooperative Strategy and Sources of Interorganizational Competitive Advantage. Academy of Management Review, 1998, 23 (4): 660 -679.

[18] Kristof S., A. Abbeele, J. Meer-Kooistra and F. Roodhooft. Management control design in long-term buyer-supplier relationships: unpacking the learning process, Management Accounting Research, 2019 (45): 1 -11.

[19] Masschelein S., E. Cardinaels and A. Abbeele. ABC information, fairness perceptions, and interfirm negotiations, The Accounting Review, 2012 (87): 951 - 973.

[20] Meer-Kooistra J. and E. Vosselman. Management control of interfirm transactional relationships: The case study of industrial renovation and maintenance, Accounting, Organizations and Society, 2000 (25): 51 -77.

[21] Miller N. Efficiency in partnerships with joint monitoring, Journal of Economic Theory, 1997 (77): 285 -99.

[22] Drake A. and S. Haka. Does ABC exacerbate the hold-up problem between

buyers and suppliers? The Accounting Review, 2008 (83): 29 -60.

[23] Tomkins C. Interdependencies, trust and information in relationships, alliances and networks, Accounting, Organizations and Society, 2009 (26): 161 -191.

[24] Vosselman E. and J. Meer-Kooistra. Accounting for control and trust building in interfirm transactional relationships, Accounting, Organization and Society, 2009 (34): 267 -283.

四、

基于海尔网络财务与管理会计报告的研究

基于海尔“共赢增值表”的企业管理会计报告研究

田高良　杨　娜*

摘要：“人单合一”是海尔集团多次战略转型的思想基础，海尔经历了六次转型，不断探索顺应时代发展的商业模式和管理工具。随着《关于全面推进管理会计体系建设的指导意见》的推出，海尔集团结合物联网商业环境和企业的发展战略，率先设计和使用了共赢增值表，为管理会计报告指引的应用实践提供了很好的经验借鉴，为管理会计理论体系的完善做了有益的补充。

关键词：人单合一，共赢增值表，管理会计报告

一、前言

为了深度研究中国海尔集团独创的“人单合一”商业模式和以共赢增值表为基础的管理体系，“海尔共赢增值表研究院”于2020年7月成立，并启动一系列基于海尔商业生态、组织变革与管理创新实践的研究项目，设立了14项研究课题。西安交通大学管理学院承担了其中的《基于海尔“共赢增值表”的企业管理会计报告研究》。课题组经过一年的努力，在海尔集团的大力支持和共赢增值表研究院各位专家的指导下，通过多次的调研、访谈、完善，撰写出了本研究报告，并在研究过程中，课题负责人也多次通过网络直播的形式，将共赢增值表的应用向社会各界进行推广。

* 田高良，西安交通大学。
杨娜，西安交通大学；青岛理工大学。

本研究报告主要从以下几个方面进行了研究：（1）利益相关者视角下企业共赢增值的“度量衡”——共赢增值表；（2）共赢增值表如何嵌入管理会计报告体系；（3）共赢增值表在推动管理会计理论发展中的作用。研究报告提出了从利益相关者的视角，构建以“共赢增值表”为抓手的管理会计报告体系。一方面，报告从理论上丰富了财政部颁布的管理会计报告应用指引的内容，将“共赢增值表”作为一个有力的管理工具，构建了包含“第四张表”在内的管理会计报告体系。共赢增值表与传统的三大报表结合使用，更多的挖掘企业的非财务信息，对企业的经济管理行为进行指导。另一方面，共赢增值表的应用是对海尔“人单合一”管理哲学的升华，从产品、网络，到小微链群、合伙人、创客以及利益相关者们，都在获取各自利益的同时，也成为相互支持的平台或触点，从而引爆整个生态系统的“共赢式增长”，“独行快，众行远”的管理哲学也与我国传统的“天人合一”思想不谋而合。

二、引言

2014 年 11 月 14 日，财政部颁布了《关于全面推进管理会计体系建设的指导意见》，建立与我国社会主义市场经济体制相适应的管理会计体系。一方面，推进管理会计理论体系建设，推动加强管理会计基本理论、概念框架和工具方法研究；另一方面，切实加强管理会计理论和实务研究，有关会计团体在管理会计理论研究中发挥具体组织、推动作用，及时宣传管理会计理论研究成果，提升我国管理会计理论研究的国际影响力。2016 年财政部颁布了 1 项基本指引和 34 项具体应用指引，为企业在进行管理会计的实践提供了操作保障。

“人单合一”是海尔集团多次战略转型的思想基础，从企业初创到今天的物联网时代，海尔经历了六次转型，不断探索顺应时代发展的商业模式和管理工具。海尔共赢增值表的设计和使用，为管理会计报告指引的应用实践提供了很好的经验借鉴，为管理会计理论体系的完善做了有益的补充，在“人单合一”的思想的引领下，海尔的管理实践已经在世界范围内产生了深远的影响。

三、理论基础与文献综述

（一）“人单合一”

“人单合一”是海尔集团创始人、董事局名誉主席张瑞敏提出并命名的一种商业模式，通常称为“人单合一”模式。人，指员工，并且是拥有决策权、用人权和分配权的创业者和动态合伙人；单，指用户价值。合一，指员工的价值实现与所创造的用户价值合一。每个员工都应直接面对客户，创造用户价值，并在为用户创造价值中实现自己的价值分享。员工不隶属于岗位，而是因用户而存在，有“单”才有“人”。

海尔管理哲学的核心是“企业即人，人即企业”。自 20 世纪 80 年代创业以来，张瑞敏在海尔的管理实践始终聚焦于充分激发员工的创造力、挖掘员工的潜力。坚信人是企业唯一能够增值的资产。企业最重要的就是两部分人，内部是员工，外部是用户。海尔模式创新的主线就是让内部员工与外部用户零距离，也就是“人单合一”。但在不同的发展阶段，“人单合一”的内涵又有不同之处。

在物联网的今天，“人单合一”模式顺应“零距离”和“去中心化”的时代特征，从企业、员工和用户三个维度进行战略定位、组织结构、运营流程和资源配置领域的颠覆性、系统性的持续动态变革，在探索实践过程中，形成不断迭代演进的互联网企业创业模式。

互联网科技的快速发展和深入应用彻底颠覆了传统时代的经济理论和管理理论。互联网带来的“零距离”促使第一次和第二次工业革命时期传统的、集中式的经营活动逐渐被第三次工业革命的分布式经营方式取代，传统的、等级化的经济和政治权利也将让位于分布式节点组织的网络化驱动力。海尔集团创始人、董事局名誉主席张瑞敏指出，互联网带来的“零距离”将以企业为中心颠覆为以用户为中心，由大规模制造变成大规模定制，这是对科学管理原理的颠覆；互联网带来的“去中心化”把员工的领导从过去的商机变成了用户，这是对科层制的颠覆；互联网带来的“分布式”意味着资源不局限于企业内部而是来自全球。

“人单合一”是动态优化的，其特征可以概括为：“竞单上岗、按单聚散”“高单聚高人、高人树高单”。“人单合一”的“合一”通过“人、单、酬”来闭环，每个人的酬来自用户评价、用户付薪。“人单合一”模式会给企业带来战略和组织上的模式改变，体现为企业平台化、员工创客化、用户个性化。企业平台化，即企业从传统的科层制组织颠覆为共创共赢的平台；员工创客化，即员工从被动接受指令的执行者颠覆为主动为用户创造价值的创客和动态合伙人；用户个性化，即用户从购买者颠覆为全流程最佳体验的参与者，从顾客转化为交互的用户资源。战略转型、组织重构和关系转变带来的是整个商业模式的重建。

互联网科技的持续创新和实践应用深刻变革着用户的消费和体验行为。用户端的信息获取和交互体验又倒逼传统企业提供产品和服务的方式。生产和消费模式的变革，进一步对工业革命以来企业的商业模式和组织治理模式提出颠覆性的挑战。全世界的企业在这一轮变革前都站在同一起跑线上，勇于创新和挑战自我的企业和学者已经开始新的探索、实践和观察总结。

海尔的模式创新突破了企业的传统边界壁垒，扣住战略和组织这两个变量，按照组织从属战略，战略顺应时代的逻辑和主线，让用户和利益攸关方这两类原本属于被动和从属地位的要素成为主动参与甚至驱动组织变革和管理创新的重要因素。

全世界范围内已知的对应互联网时代的模式变革可以分为两类：一类是海尔式的，另一类是非海尔式的。非海尔式的中心任务即“重新定义管理”，海尔式的变革是“重新定义企业”。

正是因为海尔有着“和而不同，自以为非”的创新理念，不断地在挑战自我、颠覆自我中完成一次次转型，甚至会损害到个人的利益。“人是目的，有生于无”，这八个字和海尔发展历程结合起来，可以用一张纵横两维图来概括。纵轴“人是目的”，体现了人单合一的引领性；横轴“有生于无”，体现了品牌的时代性。纵轴是海尔企业文化的四次迭代，横轴是海尔发展战略的六次转型（见图 1）。

图 1 中关键的一个交叉点就是 2005 年，从这里开始，海尔提出“人单合一”，此后一直以“人单合一”为主轴持续发展。回顾海尔的战略演变过程，每个战略阶段都贯彻了“人是目的，有生于无”的价值观。（1）名牌战略阶段是强调“高品质的产品出自于高素质的人”；（2）多元化战略阶段是“盘活资产先盘活

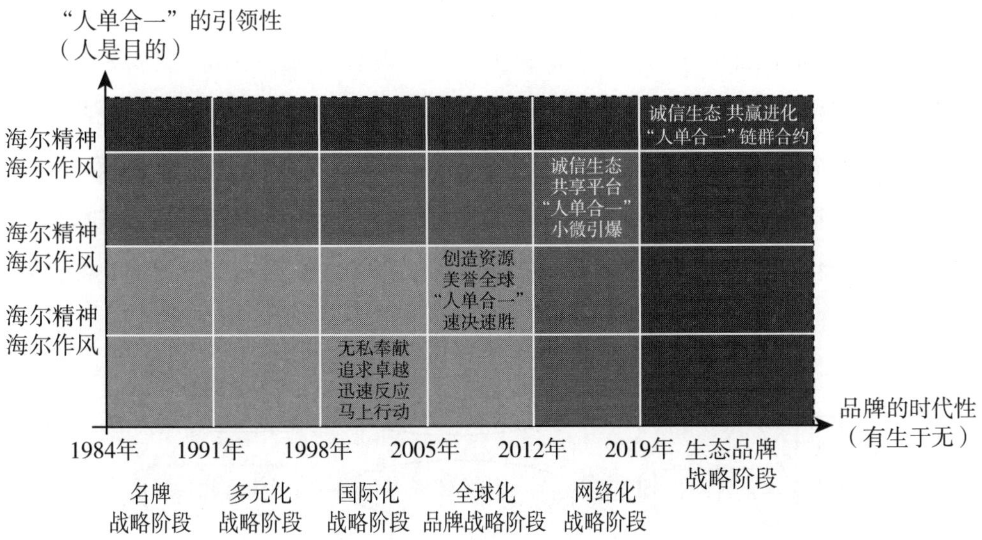

图1　海尔六个战略阶段与文化转型

人”；(3) 国际化战略阶段是“欲创国际品牌先创人的国际化”；(4) 全球化品牌战略阶段是“以海尔人的本土化创全球化本土品牌”；(5) 网络化战略阶段是“以链群创用户体验场景”；(6) 现今的生态品牌战略阶段就是“生态品牌的引爆引领”，第六个战略阶段的主题是生态品牌战略，与之相适应的企业文化是新的海尔精神、海尔作风，即第四代海尔精神：“诚信生态、共赢进化；‘人单合一’、链群合约”。共赢进化，就是和用户一起进化，这体现了区块链的一个很重要的特征——去中心化的用户自信任。去中心化之后，用户可以信任你，是因为他和你共赢进化，某种意义上说，用户也是一个创造者。链群合约，体现了区块链的另一个很重要的特征——去中介化的价值自传递。因为在链群合约里，所有的价值、所有的节点，都是融合在一起的。

互联网时代，互联网零距离颠覆了经典管理理论。张瑞敏在互联网时代开创“人单合一”模式，颠覆传统科层制，将企业变为网络化组织，平台上只有三类人——平台主、小微主、创客，小微变成了“自组织、自创业、自驱动”的“三自”组织，员工变成了拥有“三权”的“自主人”、创客。海尔生态与用户的关系也从传统的顾客到交互用户、再到终身用户，提出了“三生”体系（见图2）。“三生”体系就是契合于物联网时代社群经济、共享经济、体验经济的特点，核心是人与人的互联。具体而言，生态圈对应着社群经济，其以社群用户为主体，通过搭建触点网络创造用户体验迭代，实现创造价值与传递价值合一；生态收入对应共享经济，其让生态圈中的各攸关方共享自创的用户体验增值，以此良性循环，让生态增值代替单一的产品价值；生态品牌则对应体验经济，其目标是感知用户传感的需求，即时创造用户体验升级，直至终身用户。物联网就是社群经济、共享经济和体验经济，海尔在实践中以“生态圈”“生态收入”“生态品牌”的“三生”体系推进物联网生态模式的转型。而这种转型的价值创造，在海尔是通过管理会计工具的创新——共赢增值表来反映，并且根据发展的情况不断进行迭代。

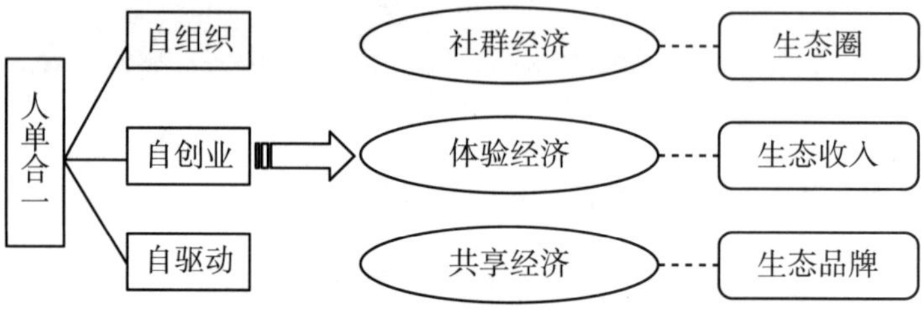

图2　海尔“三生”体系

（二）管理会计报告理论

相对于国外管理会计的发展及管理会计报告的编制使用，我国管理会计报告编制的研究和实践起步相对较晚。近年来，学术界对管理会计实践及管理会计报告体系建设方面的研究取得了较为显著的突破和创新，但至今尚未形成普遍推广应用的管理会计报告体系。

2014 年 1 月，财政部《关于全面推进管理会计体系建设的指导意见》正式出台。2016 年 6 月，《管理会计基本指引》发布，2017 年以后，财政部制定并陆续下发了 34 项具体的管理会计应用指引，从预算管理、投资和融资管理、营运管理、绩效管理、成本管理、战略管理、管理信息系统和管理会计报告等方面予以制度的规范和具体操作的指引。其中《管理会计应用指引第 801 号——企业管理会计报告应用指引》对企业管理会计报告的编制原则、内容、方法和流程方面予以规范。为企业管理会计报告的编制和使用提供了政策指引和制度保障，有利于进一步推动企业管理会计报告实践。

根据《管理会计报告应用指引》，企业管理会计报告的目标是为企业各层级进行规划、决策、控制和评价等管理活动提供有用信息。企业管理会计报告的形式要件包括报告的名称、报告期间或时间、报告对象、报告内容以及报告人等。

企业管理会计报告的对象是对管理会计信息有需求的各个层级、各个环节的管理者。企业管理会计报告的内容应根据管理需要和报告目标而定，易于理解并具有一定灵活性。

企业管理会计报告体系应根据管理活动全过程进行设计，在管理活动各环节形成基于因果关系链的结果报告和原因报告。企业管理会计报告体系可按照多种标准进行分类，包括但不限于：（1）按照企业管理会计报告使用者所处的管理层级可分为战略层管理会计报告、经营层管理会计报告和业务层管理会计报告；（2）按照企业管理会计报告内容可分为综合企业管理会计报告和专项企业管理会计报告；（3）按照管理会计功能可分为管理规划报告、管理决策报告、管理控制报告和管理评价报告；（4）按照责任中心可分为投资中心报告、利润中心报告和成本中心报告；（5）按照报告主体整体性程度可分为整体报告和分部报告。

战略层管理会计报告是为战略层开展战略规划、决策控制和评价以及其他方面的管理活动提供相关信息的对内报告。战略层管理会计报告的报告对象是企业的战略层，包括股东大会、董事会和监事会等。战略层管理会计报告包括但不仅限于战略管理报告、综合业绩报告、价值创造报告、经营分析报告、风险分析报告、重大事项报告、例外事项报告等。

经营层管理会计报告是为经营管理层开展与经营管理目标相关的管理活动提供相关信息的对内报告。经营层管理会计报告主要包括全面预算管理报告、投资分析报告、项目可行性报告、融资分析报告、盈利分析报告、资金管理报告、成本管理报告、绩效评价报告等。

业务层管理会计报告是为企业开展日常业务或作业活动提供相关信息的对内报告。其报告的报告对象是企业的业务部门、职能部门以及车间、班组等。

企业管理会计报告由管理会计信息归集、处理并报送的责任部门编制。企业应根据报告的内容、重要性和报告对象等，确定不同的审批流程。企业应合理设计报告报送路径，确保企业管理会计报告及时、有效地送达报告对象。

企业应当充分利用信息技术，强化管理会计报告及相关信息集成和共享，将管理会计报告的编制、审批、报送和使用等纳入企业统一信息平台。企业应定期根据管理会计报告使用效果以及内外部环境变化对管理会计报告体系、内容以及编制、审批、报送、使用等进行优化。企业管理会计报告属内部报告，应在允许的范围内传递和使用，相关人员应遵守保密规定。

（三）利益相关者视角的和谐共生理论

企业是社会的细胞，也是社会的经济基础，构建社会主义和谐社会离不开构建和谐企业。然而，对于和谐企业的含义以及如何构建和谐企业，目前尚属探索阶段。本文试图从利益相关者理论的视角探讨和谐企业的构建。

利益相关者理论是在契约理论的基础上由于环境推动发展起来的。随着社会经济的不断发展，员工等利益相关者的专用性资产投入对企业竞争力的作用越来越重要，股东不再是企业经营风险的唯一承担者。企业在经营管理过程中产生了一系列外部问题，比如，污染和破坏环境、浪费资源、漠视职工利益、制造假冒伪劣产品、进行不正当竞争破坏社会秩序等，企业对社会的负面影响日益凸显。

在此背景下，人们开始对传统企业理论提出质疑，利益相关者理论应运而生。“利益相关者”概念首次出现于1963年斯坦福大学研究所（Stanford Research Institute，SRI）的内部文稿，其定义是：对企业来说存在这样一些利益群体，如果没有他们的支持，企业就无法生存。随后人们开始认识到，企业存在的目的并非只是为股东服务，在企业的周围还存在许多关系到企业生存的利益群体，包括股东、雇员、顾客、供应商、债权人等。进入20世纪80年代，美国经济学家弗里曼（Freeman）给利益相关者下了广义的定义：能够影响一个组织目标的实现或者能够被组织实现目标过程影响的人。这个定义不仅将影响企业目标的个人和群体视为利益相关者，同时还将企业目标实现过程中受影响的个人和群体也看作利益相关者，正式将社区、政府、环境保护主义者等实体纳入利益相关者管理的研究范畴，大大扩展了利益相关者的内涵。

利益相关者理论的基本思想起源于19世纪，是一种协作或者说是合作的观念。其核心思想是，企业是相互影响的利益相关者相互联系的联结体，它通过显性契约和隐性契约规范利益相关者的责任和义务，为利益相关者和社会创造财富。

到20世纪90年代中期，美国经济学家布莱尔（Blair）把利益相关者界定为：所有那些向企业贡献了专用性资产以及作为既成结果已经处于风险投资状况的人或集团。克拉克森（clarkson）将利益相关者分为主动的利益相关者和被动的利益相关者，首要的利益相关者（primary stakeholders）和次要的利益相关者（secondary stakeholders）；并将主动利益相关者界定为狭义的利益相关者，对企业拥有合法要求权的人或群体与其他利益相关者进行了区分，从而使狭义上的利益相关者有了一个比较确定的范围。

企业是一种智力和管理专业化投资的制度安排，企业的生存和发展依赖于企业对各利益相关者利益要求的回应的质量，而不仅仅取决于股东。这一企业管理思想从理论上阐述了企业绩效评价和管理的中心，为其后的绩效评价理论奠定了基础。

根据 BPP Learning Media 对利益相关者的划分，主要内容如表 1 所示：

表 1　　利益相关者分类

利益相关者集合（stakeholder groups）	
内部利益相关者（Internal）	企业在职员工和退休员工（employees and pensioners）
	管理者（managers）
连接层利益相关者（Connected）	股东（shareholders）
	债权人（debtholders）
	顾客（customers）
	银行等金融机构（bankers）
	供应商（suppliers）
	竞争者（competitors）
外部利益相关者（External）	政府（government）
	媒体等压力集团（Pressure groups）
	国内外社会组织/行业协会等（Local and national communities）
	社会专业服务机构（Professional and regulatory bodies）

利益相关者大致可以分为三个部分：（1）内部利益相关者：在职员工、退休员工和企业管理者。（2）外部利益相关者：政府、媒体（压力集团）、国内外的社区、专业机构和监管机构。（3）连接层利益相关者：股东、债权人、顾客、银行、供应商、竞争者等。这些利益相关者之间存在着不同的目标价值，其行为也就带有不同的目标导向，从而在真实的企业环境中，会存在各种矛盾、冲突和妥协等情形。

一个企业要能够与所处的时代环境相适应，并将与之相关的利益相关者群体关系维护好，需要能够在和谐共生的基础上，让各个利益相关方都能最大限度地为企业的发展贡献正能量。

经过30余年的发展，和谐管理理论已经被我国管理学者应用到深化管理学理论创新以及引领管理实践变革的各个方面。面对充满了不确定性、模糊性、复杂性以及快变性的商业管理环境，和谐管理理论逐渐体现出了其整合东西方管理智慧、与管理情境紧密结合以创造性地解决复杂问题的基本思想，以及在应用该理论过程中体现出了“动态”与“迭代”特征。

和谐管理理论基于其对西方科学、哲学与中国人“整体论”思维优势的结合，逐步体现出了自身“宏观动态视野”和“复杂问题解决学”的应用价值与定位（席西民等，2003）。和谐管理理论认为人类行为及其所组成的社会组织活动具有高度不确定性、多样性和多重意义，须用演化的视角来对这些过程进行理解（席西民、刘鹏，2019）。

和谐管理理论认为，充分融合西方管理思想在组织设计、流程优化方面的可取之处以及东方思想对“人的因素”的引导。而海尔集团的“人单合一”思想也恰好与和谐理论不谋而合。

在持续保持企业竞争力越来越难的今天，和谐管理理论应用过程中的“迭代”特征，有力地指导组织在复杂多变的环境中清晰地辨识和实施不同阶段内的创新主题。2011年《中国的和平发展》白皮书提出，要以“命运共同体”的新视角，寻求人类的共同利益和共同价值的新内涵。和谐管理理论在应用层面的“迭代”特征充分展现了其将西方哲学科学与东方整体性思维进行整合的特点。因此，基于和谐共生的利益相关者理论，企业才能够在当前物联网环境下迅速通过迭代来完成一次又一次的创新升级。

四、利益相关者视角的企业管理会计报告框架构建

本文根据我国财政部颁布的《管理会计应用指引801——企业管理会计报告应用指引》（以下简称《管理会计报告指引》），结合目前企业在管理会计报告方

面的实践，从利益相关者的视角，尝试构建我国的企业管理会计报告框架。

（一）管理会计报告的目标

根据上述相关理论分析，我们认为，企业管理会计报告的目标是，基于利益相关者视角，运用共赢增值表，为企业战略层、经营层和业务层，进行规划、决策、控制和评价等管理活动提供有用信息。

（二）管理会计报告的对象

企业管理会计报告的对象是对管理会计信息有需求的各个层级、各个环节的管理者及其他利益相关者。

（三）管理会计报告的内容

财政部颁布的《管理会计报告指引》根据不同的分类标准，将管理会计报告分为五类，重点介绍了按照报告使用者所处的管理层级，分为了战略层管理会计报告、经营层管理会计报告和业务层管理会计报告，具体内容如表 2 所示。

表 2　　管理会计报告各层次主要内容

战略层管理会计报告		**报告对象：企业的战略层，包括股东大会、董事会和监事会等**	
战略管理报告	综合业绩报告	价值创造报告	
经营分析报告	风险分析报告	重大专项报告	
经营层管理会计报告		**报告对象：经营管理层**	
全面预算管理报告	投资分析报告	项目可行性报告	融资分析报告
盈利分析报告	资金管理报告	成本管理报告	业绩评价报告
业务层管理会计报告		**报告对象：企业的业务部门、职能部门以及车间、班组**	
研究开发报告	采购业务报告	生产业务报告	配送业务报告
销售业务报告	售后服务业务报告	人力资源报告	……

（四）管理会计报告的信息质量特征

管理会计报告是企业内部进行分析、预测的重要管理资料，它与各个企业的业务特点、管理模式和经营目标非常相关，是企业内部的定制化管理资源。鉴于管理会计报告的特点，其信息质量的特征与财务会计有很大的不同，主要包括如下五点。

1. 多元性

利益相关者视角下，企业的管理会计报告要通盘考虑不同利益相关者的关注点，并且有很多非财务信息，对企业的经营管理起到指导作用，因此，最终呈现的会计报告一定是多元性的。

2. 相关性

管理会计报告的信息，一定是与企业经营目标相关，也与各个利益相关者相关，管理会计报告的信息质量要最大限度地让其成为企业价值实现的保障。

3. 动态性

企业面临的环境瞬息万变，经营战略也会不断调整，这正是管理会计报告的优势所在。管理会计报告可以根据外部情境变化和内部管理需求，对企业的迭代升级信息进行动态的调整和资源优化。

4. 及时性

“大智移云物区”时代，信息就是资产，速度就是效率。企业所有信息应及时反映，借助于各类平台让企业能够顺畅地进行信息交流和传递。

5. 前瞻性

物联网时代，企业的发展不能仅关注已经发生的事项，更应该通过信息和资源的整合进行预判，以减少企业的预测成本，为企业的决策提供前瞻性的信息。

（五）利益相关者视角的企业管理会计报告框架

财政部颁布的《管理会计报告指引》，从战略管理、预算管理、成本管理、营运管理、投融资管理、绩效管理、风险管理和管理会计报告八个方面进行梳理，主要的立足点在于企业。在“大智移云物区”背景下，很多企业已经渐渐在不同程度上融入各个不同层次的生态圈，不同的利益相关者对企业的管理会计信息也会有不同的需求，即便管理会计是对内的会计，但在进行相应的分析、判断时，要从不同利益相关者的视角进行考虑，让企业的管理会计信息更好地为企业服务。因此，本文首先从利益相关者的视角构建管理会计生态体系如图 3 所示。

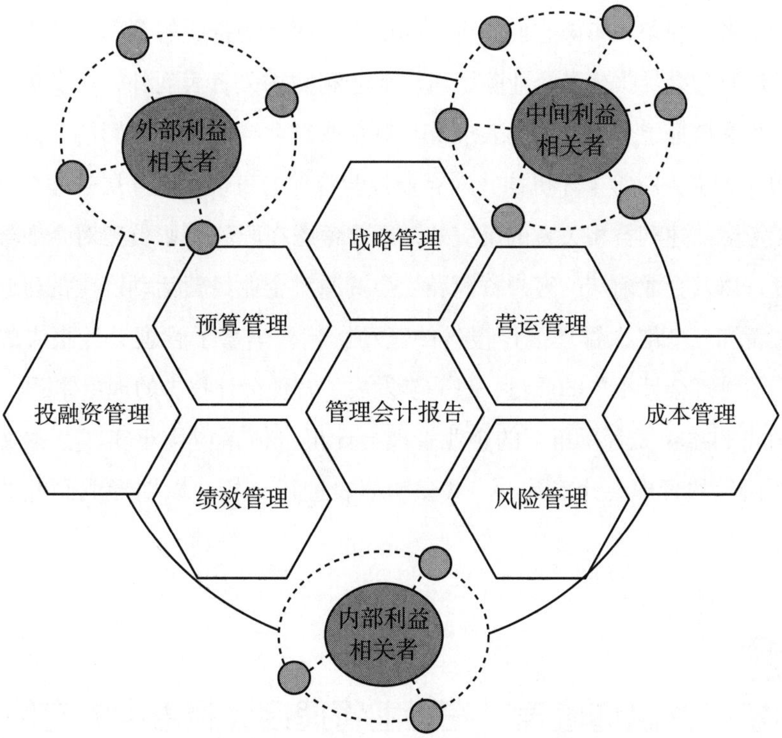

图 3　基于利益相关者的管理会计生态体系

基于上述分析，根据“管理会计报告指引”的基本内容，本文又从利益相关者的视角结合报告使用者所处的管理层级，构建了多层管理会计报告体系如图 4 所示。

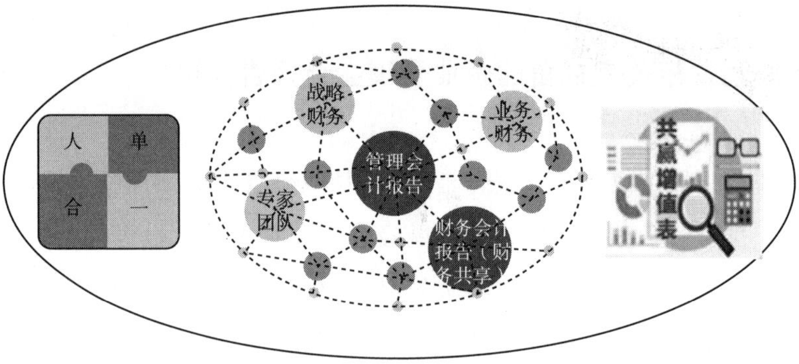

图 4 基于利益相关者的管理会计报告体系

按报告使用者所处的管理层级将管理会计报告分为战略层管理会计报告、经营管理层会计报告和业务层管理会计报告。战略层管理会计报告是企业管理者首先要考虑的综合问题，决定着企业的发展方向，同时还要从股东、政府、社会媒体、供应商、竞争者的视角，考虑它们的行为和市场表现，给企业的管理会计带来何种影响。经营层管理会计报告是企业除了考虑前述利益相关者表现外，还要关注企业的债权人、资本市场上金融机构的表现及其对企业经营绩效产生的影响，以及各专业服务机构（如事务所等中介机构）对企业经营管理的表现；业务层管理会计报告是企业除了考虑前述利益相关者的反应外，还要考虑在职和离职员工对企业经营活动的关注度，以及企业前端的客户资源和社会资源对企业经营活动产生的影响。通过利益相关者和三个层次管理会计报告的互动影响，丰富了管理会计报告的信息含量，提高了管理会计报告的质量，进一步发展了管理会计报告的理论体系。

如何将利益相关者视角下的企业管理会计报告体系应用于实践？本文借助于海尔集团研发的管理会计工具——共赢增值表进行分析，以期形成研究的范式并加以推广。

五、海尔“共赢增值表”在企业管理会计报告中的应用

（一）企业简介[①]

海尔集团创立于 1984 年，是一家全球领先的美好生活解决方案服务商。在持

① 本部分资料来源均出自海尔集团年报。

续创业创新过程中，海尔集团始终坚持“人的价值第一”的发展主线。海尔集团创始人、董事局名誉主席张瑞敏提出“人单合一”模式，以其时代性、普适性和社会性实现了跨行业、跨文化的融合与复制。

2018 年 5 月 10 日——中国品牌日，海尔集团创始人、董事局名誉主席张瑞敏首次提出“生态品牌”这一概念，是继产品品牌、平台品牌之后的又一次品牌内涵的迭代和创新，在全球范围内第一次明确提出了物联网时代的“创牌”方式。2019 年 12 月 26 日，在海尔集团创业 35 周年暨第六个发展阶段战略主题和第四代企业文化发布仪式上，海尔集团创始人、董事局名誉主席张瑞敏与海尔集团前董事局副主席、总裁杨绵绵以及海尔集团前董事局副主席武克松作为联合创始人共同开启了第六个战略阶段——生态品牌战略阶段。

海尔集团始终以用户体验为中心，踏准时代的节拍，从资不抵债、濒临倒闭的集体小厂发展成为引领物联网时代的生态系统，成为 BrandZ 全球百强品牌中第一个且唯一一个物联网生态品牌。2018 年，海尔集团全球营业额达 2661 亿元，同比增长 10%；全球利税总额突破 331 亿元，同比增长 10%；生态收入达 151 亿元，同比增长 75%。海尔已成功孵化上市公司 4 家，独角兽企业 2 家，准独角兽及瞪羚企业 16 家，在全球设立 10 大研发中心、25 个工业园、122 个制造中心，拥有海尔、卡萨帝、统帅、美国 GE Appliances、新西兰 Fisher and Paykel、日本 AQUA、意大利 Candy 等智能家电品牌；日日顺、盈康一生、卡奥斯 COSMOPlat 等服务品牌；海尔兄弟等文化创意品牌。

海尔连续 11 年稳居欧睿国际世界家电第一品牌，子公司海尔智家位列《财富》世界 500 强和《财富》全球最受赞赏公司；旗下新物种卡奥斯 COSMOPlat，在工信部双跨工业互联网平台中排名榜首，被国际标准化组织（ISO）、电气电子工程师协会（IEEE）和国际电工委员会（IEC）三大国际标准组织指定牵头制定大规模定制模式的国际标准……物联网时代，海尔生态品牌正在实现全球引领。

未来，海尔集团将继续携手全球一流生态合作方，建设衣食住行康养医教等物联网生态圈，为全球用户定制个性化的智慧生活。海尔把目光投向更远处，致力于打造出与万物共生的热带雨林，不断萌生新物种，孕育出了多个拥有子生态系统的生态品牌。

（二）“共赢增值表”嵌入管理会计报告的应用

1. 共赢增值表的提出

海尔集团逐步从传统制造模式向用户关系模式（用户关系模式是由自主管理

的员工企业家所经营的“小微企业”组成）转型，为了支持这一转型，2015 年 9 月 20 日张瑞敏在海尔管理创新年会提出了“共赢增值（WWVA）表”。共赢增值表结合了财务数据与非财务数据，能够更好地对企业和用户价值进行评估，即企业在“资产负债表、利润表、现金流量表”这三张表之外，企业还需要第四张表——“共赢增值表”。

过去 5 年，也是海尔在海外市场建立巨大声誉的 5 年。2016 年，海尔并购了通用电气公司（General Electric Company）的家电业务，上演了现实版“龟兔赛跑”，当年通用电气公司曾想收购海尔，如今攻守转换了。2019 年 1 月，海尔完成了对意大利 Candy 公司的并购，后者是欧洲最老牌的家电企业之一，其洗衣机、冰箱、厨房电器以及小家电产品在欧洲市场拥有很高的占有率。对海尔来说，并购不是简单的规模扩张，而是成为网络化组织的必然选择。海尔要将“人单合一”美国化和欧洲化，成为所有美国大企业和欧洲大企业转型的榜样。正因为此，“共赢增值表”在海外引起越来越多企业的重视，认为这是基于现实成就的可操作的一张表。与传统损益表不同，“共赢增值表”包含为用户所创造和共享的价值，也包括常见但非常重要的非财务指标，如交易用户、交互用户和终身用户。“对于那些试图鼓励内部创新并愿意与内部企业家分享价值增值的公司来说，‘共赢增值表’是一个有效的工具。”①

2. 共赢增值表嵌入管理会计报告体系的应用

海尔制定“共赢增值表”的初衷，是希望从传统销售模式（交易即结束）转向用户零售模式（交易即开始）的公司。于是其通过开放式共享平台，其中包括其他供应商所提供的服务，让客户成为公司服务的长期持续用户（即终身用户）。海尔的共赢增值表在实践中一直是不断升级、迭代，在应用中不断改进，经历了多个版本。无论如何改变，海尔始终以企业的长久发展和与客户的共创共赢为宗旨，赋予“人单合一”模式新的内涵，将“共赢增值表”作为企业进行管理的有利抓手，应用于管理会计报告的各个不同层次，从利益相关者的需求出发，开发用户资源，维护以链群为代表的攸关资源方，最终以财务信息和非财务信息共同反映生态平台的价值总量，不仅可以看到利润，更能了解其他利益相关者的增值分享。同时，可以通过对生态收入和生态成本的剖析，一方面实现了对边际收益递减的管理会计理论的颠覆，另一方面找到了第四张表和前三表的勾稽对应关

① IMA 美国管理会计师协会：《海尔共赢增值表》，载于《战略财务》2019 年第 5 期。

系。共赢增值表的应用具体如表3所示。

表3　　共赢增值表 V4.0

项目		定义
1. 用户资源	1.1 交易用户	在平台上进行过交易的用户
	1.2 交互用户	在平台上购买过产品或服务后，持续参与交互的用户
	1.3 终身用户	平台自演进持续迭代丰富社群生态，形成百万级终生用户
2. 资源方	2.1 交互资源方	链接的所有资源方
	2.2 活跃资源方	能参与共创的资源方
3. 生态平台价值总量	**生态平台价值总量**	**聚焦用户体验增值的各方共创共享实现的物联网生态圈的价值总量（∑3.1:3.2）**
	3.1 利润	传统利润 + 生态利润
	3.1.1 传统利润	传统收入 - 传统成本
	3.1.2 生态利润	生态收入 - 生态成本
	3.2 增值分享	∑3.2.1:3.2.3
	3.2.1 链群分享	链群共创获得的价值分享，含创客及生态平台等
	3.2.2 支持平台	帮助链群实现价值创造和传递的支持平台。如：大共享、三自平台……
	3.2.3 共创攸关方	各利益攸关方（包括资源方、用户创客以及外部资本方）在平台上获得的价值分享
	3.2.3.1 资源方分享	各合作资源方（即供应商或品牌合作商等）在平台上获得的价值分享
	3.2.3.2 用户分享	参与平台、产品、服务共创、设计的用户，取得的价值分享
	3.2.3.3 资本分享	社会化资本方价值分享。[可分享利润 +（期末估值 - 期初估值）] × 股权比例
4. 收入	**收入**	**传统收入 + 生态收入**
	4.1 传统收入	聚焦用户交互与体验的持续迭代，通过销售电器或网器、提供服务等经营业务所形成的收入
	4.2 生态收入	聚焦创物联网生态品牌的引领目标，小微与各合作方在社群生态平台上通过价值共创持续迭代所形成的收入
	4.3 单用户收入	4. 收入/1.1 交易用户
5. 成本	**成本**	**传统成本 + 生态成本**
	5.1 传统成本	聚焦用户交互与体验的持续迭代，通过销售电器或网器、提供服务等经营业务所形成的成本
	5.2 生态成本	社群交互平台持续迭代升级过程中的投入资源成本
	5.3 边际成本	5. 成本/1.1 交易用户
6. 边际收益	边际收益	边际收益 = 单用户收入 - 边际成本(4.3 - 5.3)

(1) 用户资源。

用户资源不等于用户流量，而是全流程参与设计，用最佳用户体验、参与迭代升级、形成生态圈的用户，用户资源比用户流量更具体。用户资源的演进即为用户乘数效应，体现了生态圈的吸聚力。

用户资源可以分为三类：交易用户、交互用户和终身用户。交易用户是在平台上有过交易的用户；交互用户是在平台上购买过产品或服务后，持续参与交互的用户；终身用户为在平台自演进持续迭代丰富社群生态过程中，能够持续参与产品或服务的体验交互的用户。

交互用户向终身用户的演进表现为用户黏性，用户黏性体现了物联网时代下社群共创资源的变现效率。物联网经济的目的就是通过社群平台上多样化、个性化的创新应用，来实现能够交互和具有黏性的用户价值。

(2) 资源方。

资源方是指生态圈吸聚的、为满足用户需求而持续迭代产品或服务的所有利益攸关方。

资源方包含交互资源方和活跃资源方。交互资源方是指参与平台共创用户体验的相关利益攸关方；活跃资源方是指能够参与多次服务或场景的体验迭代的资源方，并且能够带来资源方的持续优化。而活跃资源方中，又有部分资源方能够基于用户体验持续迭代服务，获得价值分享。

在整个生态圈中，资源方是确保生态圈良性发展的关键。企业能够掌握多少与平台共创用户体验、同时持续优化的资源方，对链群的发展至关重要。共赢增值表通过资源方的数量，一定程度上反映了平台的吸聚力。

(3) 生态平台价值总量。

生态平台价值总量是指聚焦用户体验增值的各方共创共享实现的物联网生态圈的价值总量，包含利润和增值分享两部分。

利润分为传统利润和生态利润。传统利润等于传统收入减去传统成本，生态利润等于生态收入减去生态成本。

增值分享是指生态圈内的链群，通过创造出颠覆传统行业盈利能力的增值额和盈利模式，吸引利益各方持续抢入，最后生态圈利益各方按创造的价值增值共赢共享。只有通过增值分享，才能实现企业财务价值、链群生态价值、链群共创价值以及单用户价值的不断提升。

增值分享包含三大类，分别为链群分享、支持平台、共创攸关方。链群分享是指链群共创获得的价值分享，价值创造者为创客及生态平台等；支持平台是指帮助链群实现价值创造和传递的支持平台，如大共享平台、三自平台等；共创攸关方则细分为三类，分别为资源方分享、用户分享和资本分享（见表4）。

表4　　　　增值分享

资源方分享	各合作资源方在平台上获得的价值分享
用户分享	参与平台、产品、服务共创、设计的用户，取得的价值分享
资本分享	[可分享利润+(期末估值-期初估值)]×股权比例

增值分享是生态系统三元素“互生、共生、重生”的基础，不断创造更多价值并实现分享就是“互生、共生、重生”的内在含义。增值分享还是开放体系的基础，只有增值分享才可以充分激发人的潜能、吸引一流资源与人才，从而实现真正的开放。所以，增值分享是核心的核心、是物联网引爆的引擎。

只有各利益攸关方实现共赢的目标，才能进一步吸引更多的资源提供者和用户到这个平台上来。共赢增值表增值分享部分为企业管理提供了最直接的依据，报表使用者可以直观地查看和衡量。

（4）收入。

收入包括传统收入和生态收入两部分。

传统收入是指聚焦用户交互与体验的持续迭代，通过销售电器或网器、提供服务等经营业务所形成的收入。

生态收入是指通过聚焦创物联网生态品牌的引领目标，小微与各合作方在社群生态平台上通过价值共创持续迭代所形成的收入。

生态收入分为三类：一是社群平台收入，指聚焦用户体验迭代形成的新场景的服务实现的收入；二是基于体验交互产生的服务或产品收入，指在平台上，基于用户最佳体验交互产生的并持续迭代的商品或服务的共享经济收入；三是基于高用户体验下迭代的产品或服务收入，是指转型做平台，基于高用户体验下的价值交互并持续迭代产生的产品或服务的体验经济收入。

生态收入的增加，体现了从传统的以销售电器或网器为主，向共创共赢生态圈的转型。物联网时代，企业应更注重为用户和资源方搭建一个可以充分交互的平台，进而获取利益。生态收入与传统收入的比例，也反映了企业营造的生态平台在企业经营过程中的价值力。

（5）成本。

成本是为实现用户价值所投入的资源成本，包括传统成本及生态成本。

传统成本是指聚焦用户交互与体验的持续迭代，通过销售电器或网器、提供服务等经营业务所形成的成本。

生态成本是指社群生态平台持续迭代升级过程中投入的资源成本，同时对获客成本及服务现有用户的成本进行列示。获客成本是指获取新用户投入的成本；服务现有用户成本是指平台为服务现有用户投入的平台建设成本、交互投入成本等。

边际成本是指每个交易用户所产生的成本。在成本一定的条件下，越多的用户共享资源，企业花费的边际成本就会越小。这也是共创共赢理念的一种体现。

（6）边际收益。

边际收益是指每一位用户所创造的利润。生态圈越丰富，用户资源越大，边际收益递增（见表5）。

表5　　边际收益

边际收益	单用户收入 - 边际成本
生态边际收益	单用户生态收入 - 生态边际成本

边际收益体现了平台的创造能力。平台的吸引力越大，吸引的优质资源提供者就会越多，从而为平台上的各个利益攸关方提供更大的价值。这样，一个良性的物联网价值链就会产生。用户的需求得到满足，资源提供方的收益得到保证，平台共创共赢的理念也得以实现。

通过企业内部使用和不断迭代调整，目前海尔的共赢增值表已到了4.0版本，主要由六大要素组成：用户、资源方、生态平台价值总量、收入、成本、边际收益。本文将根据具体的填列项目做出解释。共赢增值表是用来衡量物联网环境下，像海尔这样的平台化企业在生态组织管理和发展模式下的价值，根据“人单合一”的管理理念，共赢增值表将企业的管理会计信息分为了两大部分：一部分是用户和资源方的挖掘；另一部分是生态价值的实现过程，最终做到了对传统会计中边际效用递减的颠覆——边际收益递增。在这个价值的实现过程中，共赢增值表始终以用户为源头，在以海尔“三自、三生、三权”为导向的“人单合一”模式下，形成了价值的创造、生态的共赢。共赢增值表主要体现在如下两个平衡关系：

（1）生态价值总量 = 利润 + 增值分享价值。

利润，是指整个物联网环境下的生态组织中，以海尔为主体产生的利润（包括传统利润 + 生态利润）。

增值分享价值，是指由生态组织中其他链群、创客、小微及相应的支持平台和其他共创主体从生态平台中分享到的各自的增值部分。

（2）边际收益总额 = 单用户收入总额 - 边际成本总额

共赢增值表对收入、成本的内涵重新进行了定义，分别在收入项目和成本项目下，计算出单用户收入总额和边际成本总额，进而得到边际收益总额。

3. 共赢增值表在企业管理会计报告中的作用

共赢增值表是基于“人单合一”模式，以用户为中心的物联网生态价值衡量模式，由企业、外部资源方以及用户共同参与的新的开放物联网（IoT）“生态系统”的驱动体系。它是在海尔将传统损益表创新为战略损益表后，进一步做出的适应“人单合一 2.0”时代的重要管理工具创新。

共赢增值表是海尔转型成为物联网企业的驱动工具，驱动海尔从先前自上而下的管理控制体系转变为开放的小微价值创造的生态体系。在组织上颠覆了传统的科层制，形成以用户体验迭代为中心的无边界网络生态链小微群（以下简称“链群”）。海尔的目标是创建一个包含所有用户、利益攸关方和其他公司资源增值前提下的“共赢”平台。海尔的业务模式颠覆了传统企业和电商以交易获取产品收入的模式，代之以与用户交互，共创共赢、共享增值，进而产生生态收入的模式。

共赢增值表结合了财务和非财务数据，来监控和驱动企业、利益攸关方和用户的增值，旨在从六个方面评价和驱动各小微企业：用户资源、资源方、生态平台价值总量（含增值分享）、收入（生态收入）、成本和边际收益。

基于上述分析，物联网时代，海尔集团在人单合一管理理念的引领下，以“三生体系”为进一步的发展目标，打造“人单合一”下的共创共赢生态。借助于海尔的大共享平台，企业研发了新的管理工具——共赢增值表，从利益相关者的角度，将内部利益相关者、连接层利益相关者和外部利益相关者全面、动态、前瞻性地嵌入管理会计报告体系，拓展了管理会计报告体系的内容，使管理会计报告的创新应用提升到了一个新的高度。经典经济学理论中，其他条件不变的前提下，一个正向的动因增加会带来效用的增加，但当动因持续增加时，效用的增加效果会越来越少，趋近于零。但海尔在以体验经济和场景价值为利润增长点的生态模式下，通过不断增加链群和触点，尤其使得交互用户、终身用户的数量以乘数效应倍增，而开发和维护用户资源的成本增加的速度低于用户数量的增加，从而达到边际效用递增的效果。这对传统经济学“边际效用递减规律”是一个颠覆。

共赢增值表有一套自己的逻辑体系，由于是对内应用，所以各个企业可以根据自己的组织结构和管理战略，对这个工具进行有选择地使用或做相应的修订（见图5）。

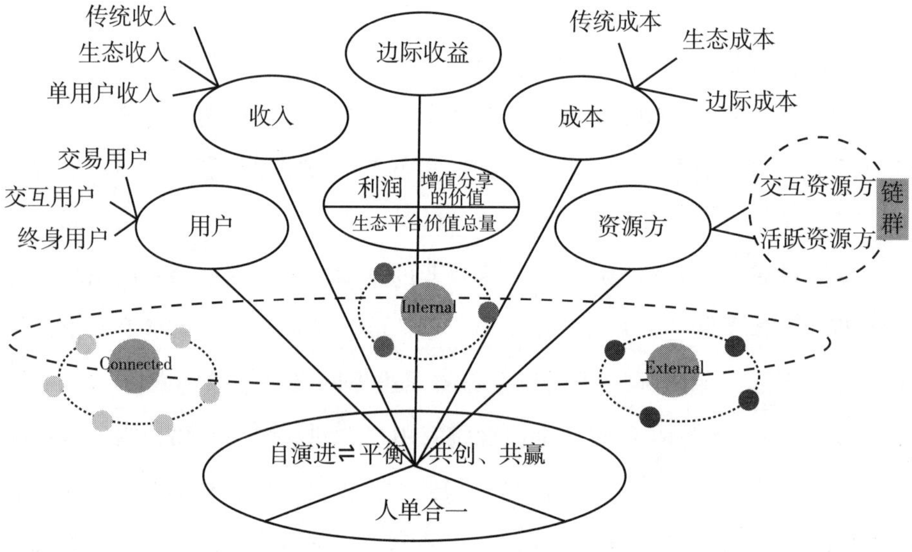

图5 共赢增值表嵌入管理会计报告的应用

六、研究结论与展望

（一）研究结论

本文梳理海尔集团“人单合一”管理思想的发展脉络，结合物联网背景下，海尔进入第六个战略发展阶段，并在“三权”“三自”的基础上，提出了社群经济对应的“生态圈”、共享经济对应的“生态收入”、体验经济对应的“生态品牌”的“三生”发展体系，进一步在去中心化的基础上推动链群引爆和场景价值的生态品牌商业模式。为了能更好地对海尔集团这样的企业进行及时、准确、合理的分析和预测，本文提出了从利益相关者的视角构建以“共赢增值表”为抓手的管理会计报告体系。一方面从理论上丰富了财政部颁布的管理会计报告应用指引的内容，将“共赢增值表”作为一个有力的管理工具，构建了包含“第四张表”在内的管理会计报告体系。共赢增值表与传统的三大报表结合使用，更多地挖掘企业的非财务信息，对企业的经济管理行为进行指导。另一方面，共赢增值表的应用是对海尔“人单合一”管理哲学的升华，从产品、网器，到链群、合伙人、创客、小微以及利益相关者们，都在获取各自利益的同时，也成为了相互支持的平台或触点，从而引爆整个生态系统的“共赢式增长”，“独行快，众行远”的管理哲学也与我国传统的“天人合一”思想不谋而合。

（二）展望

海尔的管理思想和管理实践在世界上都是独树一帜、超前领先的，共赢增值表依托于海尔的商业模式、经营理念应运而生，并且已在企业应用中迭代了多次，还在不断发展中，企业管理会计的实践取得了比较好的效果。海尔在不断丰富“人单合一”理念的基础上，已经为下一次的战略转型做好了准备，随着区块链技术的进一步成熟，海尔在平台价值创造和共赢中会创造出更多的管理会计工具，这也给我们带来了进一步研究的空间，比如，“三生”体系下，海尔的生态品牌价值如何在共赢增值表中体现？海尔的生态资产的转化如何纳入企业的报告体系中？

同时，针对共赢增值表的前瞻性和动态性，不同的企业可以按自己的经营特点、管理需求定制个性化的共赢增值表，达到实现合生共赢的目标，本文提出的基于海尔“共赢增值表”的企业管理会计报告为其他企业管理会计的实践提供了相应的借鉴。

参考文献

[1] 冯伟忠、刘国洁、王琦:《物联网经济下的会计信息使用———以海尔共赢增值表为例》，载于《上海管理科学》2020 年第 4 期，第 102 ~ 109 页。

[2] [美] 基普 · 克鲁姆维德，雷夫 · 劳森，露西 · 罗:《海尔共赢增值表》，载于《美国管理会计师协会》2020 年第 5 期。

[3]《海尔集团管理会计创新与探索：第四张表——共赢增值表》，载于《中国总会计师》2018 年第 7 期，第 26 ~ 27 页。

[4] 胡斌、刘作仪:《物联网环境下企业组织管理特征、问题与方法》，载于《中国管理科学》2018 年第 8 期，第 127 ~ 137 页。

[5] [美] 雷富礼 · A. G. ，拉姆 · 查兰:《游戏颠覆者———如何用创新驱动收入和利润增长》，机械工业出版社 2011 年版。

[6] 邵原、朱振梅、单雨飞、刘玉声:《共赢增值表—物联网时代的财务工具》，载于《美国管理会计师协会》2021 年。

[7] 王俊清、陈艳:《物联网时代第四张报表驱动企业转型的研究——基于海尔共赢增值表的分析》，载于《商业会计》2020 年第 22 期，第 19 ~ 22 页。

[8] 王子阳、魏炜、朱武祥:《组织激活与基于商业模式创新驱动的管理工具构建———海尔集团董事局主席张瑞敏的管理之道》，载于《管理学报》2019 年，第 1739 ~ 1749 页。

[9] 魏炜、朱武祥、林桂平:《基于利益相关者交易结构的商业模式理论》，载于《管理世界》2012 年第 12 期，第 125 ~ 131 页。

[10] 张瑞敏:《黑海生态——物联网时代的新战略思维及管理工具》，载于《清化管理评论》2020 年第 9 期，第 10 ~ 17 页。

[11] 张瑞敏:《论物联网时代的管理模式创新》，载于《企业管理》2020 年第 12 期，第 14 ~ 20 页。

[12] 张瑞敏、姜奇平、胡国栋:《基于海尔“人单合一”模式的用户乘数与价值管理研究》，载于《管理学报》2018 年第 15 卷第 9 期，第 1265 ~ 1274 页。

五、

海尔的预算体系、目标设定与业绩合同

链群合约赋能组织生态共赢

潘 飞 黄继章 宣 扬 姜 楠*

摘要：在物联网的时代背景下，本文探讨了链群合约这一管理工具在组织内部协作中扮演的作用。链群合约将组织内部原本通过行政命令主导的分工协作变成了拟市场化的匹配模式。本文认为，链群合约在海尔的基层治理中基本对应了预算合约在传统科层制组织中所扮演的角色，是介于纯粹的市场化匹配和以行政命令为主导的预算合约之间的一种中间状态。与传统的预算合约相比，链群合约的优势在于对基层小微高度授权，可以通过引入小微之间的竞争解决由于上下级信息不对称引发的租值耗散，通过滚动计划的制定解决预算的僵化，并通过智能系统强化合约的刚性执行。相对于纯粹的市场合作而言，链群合约的优势在于平台的整合赋能功效，可以通过对于正向外部性收益的治理增强小微之间开展生态共创的动机，通过宽幅激励保证小微目标的一致性，并通过共同的企业文化维系共创的凝聚力。

关键词：链群合约，预算，正外部性，生态共创

一、引言

作为推动当今社会发展的基石性技术之一，"物联网"正在急剧改变着商业

* 潘飞、黄继章，上海财经大学。
宣扬，上海对外经贸大学。
姜楠，庞培法布拉大学。

社会的整体图景和运行逻辑。物联网能够将特定空间环境中的所有物体连接起来，并进行拟人化的信息感知和数据交互，实现智能化生产和服务。物联网时代下，电器已经不仅是具有单一智慧功能的产品，而且变成了网器，可以为用户提供个性化、可迭代的场景体验，用户的体验不再仅仅聚焦于某一特定的产品或行业。因此，不同的企业和行业要跨越边界联合起来，从封闭式企业转变为开放式平台，从产品品牌走向生态品牌，进而全面满足用户在场景中的各项需求。

海尔集团积极拥抱物联网带来的商业机遇，于 2019 年 12 月正式宣布进入第六个战略发展阶段——“生态品牌阶段”。海尔的此次战略变革很大程度上得益于其一直以来在管理方式上的革新与探索。早在 2005 年，海尔就提出了“人单合一”的管理思路，强调以人的价值为核心，把员工和用户的价值直接联系在一起。2012 年，海尔进一步在组织结构上打破了传统科层制的束缚，通过组建“平台 + 小微”的模式，将权力真正下放到一线员工手上。每个小微聚焦于一种业务或生产经营过程中的一个环节，通过自由选择的方式与平台内外的其他小微展开协作。小微之间为了生产经营所形成的一个个合作闭环被称为生态链小微群（以下简称“链群”）。由于链群形成以自由选择为前提，此次变革实质将海尔组织内部原本由行政命令主导的分工协作变成了拟市场化的匹配模式。

新型商业战略对企业的管理方式和管理理念提出了全新的要求。海尔也在积极探索新的管理工具，以更好地推动“生态品牌战略”的执行。随着数字化转型的不断深化，海尔基于区块链技术探索出了以“智能合约、技术驱动、全程可视”为主要特征的链群合约，将原来线下的链群合作合同升级到线上应用程序中完成，进一步降低了合约的签约和执行成本。本案例聚焦于链群合约这一平台协作模式，从组织经济学的视角剖析这一合约模式所蕴含的制度逻辑和运行机理。

调研表明，链群合约在基层小微中承担着目标制定、经营规划、部门协调、运营控制与考评激励等一系列职能，基本对应了预算合约在传统科层制组织中所扮演的作用。如果把纯粹的市场化匹配和科层制中以行政命令为主导的预算合约看成是不同商业职能间协作的两种极端形态，那么链群合约恰好是介于这两个极端之间的一种中间形态。在现代信息科技的加持下，合约的签订与执行成本不断降低，链群合约这一模式不仅有效规避了两种极端模式饱受诟病的缺陷，而且灵活吸纳了两种极端模式各自的一些优点。下文将以海尔公司的链群合约为案例对上述观点展开详细论述。

本文的论述主要包含六个部分。第一部分为引言，概括性地介绍案例的聚焦问题与核心观点。第二部分为时代背景，着重从理论的视角论述链群合约的起源以及在新时期战略执行中的重要意义。第三部分则详细介绍链群合约的技术细节和操作步骤。第四部分和第五部分分别解析链群合约相较于传统预算合约和市场化合作的本质区别和优势。第六部分为全文总结。

二、时代背景：生态品牌战略与管理变革

海尔的生态品牌战略具有一定的历史必然性。物联网时代，数以万计的传感器被嵌入社会的各个角落，形成了“万物互联”的新景象。不同于传统的移动互联网，物联网不再以“人”为单一的连接点，无须人的操控即可实现自主连接，一定程度上确保了传递内容的客观性、实时性和全面性。它包络了实体世界的每一缕脉动，打造了一个虚拟和实体相互映射、紧密耦合的系统。因此，物联网时代“连接一切”的属性引发了新时代的“数据核爆”，数据的量级开始迅猛增长。

海量数据的产生赋予了企业全面、立体、动态地了解用户需求的可能。企业可以通过分析这些数据，了解商品使用场景中的用户习惯、行为和需求，进而以场景为核心，为用户提供综合性的“一揽子”解决方案。可以说，物联网时代的企业竞争已经从单一产品的竞争升级到了场景解决方案的竞争。能够为用户提供更为完善的解决方案的厂商最终将在激烈的市场竞争中脱颖而出。由于单一企业的能力往往难以满足用户在某一场景中的所有需求，因此，物联网时代下的企业产品不可孤立，必须要联合起来形成或创建一个场景或者生态，走共创共赢之路。“开放边界、共生成长”将成为企业组织的进化路径，不同企业将在一个平台上协作，提供一个更完备的服务方案，产生更多增值分享，进而创造生态圈、生态收入、生态品牌，展现社群经济、体验经济和共享经济的优势。正如海尔集团创始人、董事局名誉主席张瑞敏所言，“在物联网时代，企业要么转型为生态品牌的引领者，要么成为生态品牌的合作方”。

从经济学的视角来看，生态平台战略的必然性来源于海量数据赋予平台的正向外部性。正向外部性，是指经济主体的经济活动在无须承担额外成本的情况下

对他人或社会造成的有益影响。当平台在某一场景中积累起海量数据时，便可以通过这些数据分析或识别用户在场景中的各种需求，并基于这些需求与各合作方共同开发产品、设计服务，力求为用户提供“一揽子”解决方案。在激烈的市场竞争中，解决方案的完善性直接决定了平台的竞争优势，用户往往愿意为一个更为完整全面的解决方案支付更高的溢价。此时，多样化的合作方所构筑的丰富生态赋予了平台更强的竞争力，即平台小微与各合作方之间可以产生“1 +1 >2”的效果。这其中，“1 +1 >2”的部分就是平台在生态合作中产生的正向外部性，其所带来的价值在海尔集团中被称为“生态价值”。

生态平台战略的外部性特征对企业的管理提出了全新的挑战。在以上的分析中，不难发现，生态平台的竞争优势很大程度上取决于平台对其正向外部性的开发利用是否充分，因此，在平台的管理中，公司所要解决的核心问题有两个：其一，如何计量基于平台合作所产生的正向外部性，即如何计量“生态价值”的水平；其二，在合理计量“生态价值”的基础上，如何在各合作方之间合理分配“生态收益”。

为了计量平台的正向外部性，海尔在传统的三张财务报表之外，基于“人单合一”管理模式创新出了第四张表，即“共赢增值表”。这是海尔为物联网时代管理会计量身定制的财务指标与非财务指标相结合的一张报表，是对海尔现行战略、组织架构和商业模式的一致性呼应。共赢增值表包含六大要素，即用户资源、资源方、生态平台价值总量、收入、成本和边际收益。其目的是以用户为中心，动态监测、评估和驱动价值创造的整个过程，准确地衡量生态平台的价值增值，并展示价值增值如何在用户、链群、资源方和海尔等攸关方所构成的生态平台之间进行分配共享，构建出以用户为中心、生生不息的生态系统。

在“生态收益”的分配方面，海尔则主要依赖链群合约。如前所述，链群主要是指平台上的小微基于自愿原则开展合作所形成的一个个生产经营闭环。链群各节点与企业之间不再是传统意义上的上下级汇报关系，而是平等互利的契约关系。链群合约的设计旨在实现对链群各节点的有效激励、约束和协调，并使得各个链群团队在快速满足用户需求、实现用户体验迭代这一共同目标的指引下互相监督、高效协作。链群合约明确规定了每一节点的阶段性目标，以及达标后的分成比例，通过去中心化、多方对赌契约的签订，约定不同利益主体之间的权责关系，核心体现的是“增值分享”的管理理念。

三、链群合约

随着海尔数字化转型的不断深入，公司基于区块链技术探索出以“智能合约、技术驱动、全程可视”为主要特征的链群合约，保证所有信息实时共享。该技术通过去中心化，有效降低了小微之间的沟通成本，使原来离散程度较高、管理链条过长、涉及环节过多的多方主体更容易达成有效合作，显著提升了小微之间的协同效率。

链群合约的基本设计原理是“事前约定、事中动态调整、事后兑现”。事前约定是指在项目启动之前，系统按照一定规则自动测算链群主所发起项目的预计总目标以及各参与节点的相应收益，并写入链群合约，任何人不得更改；事中动态调整是指在合约执行过程中，系统实时反馈各参与节点的工作进度，链群各节点之间互相监督、及时推进；事后兑现是指链群及各节点完成既定目标时，系统根据提前约定的比例自动分配收益。具体来说，链群合约的操作需要经历以下六个步骤。

第一步，链群发起。链群主根据用户需求发起项目。海尔为此专门开发了线上链群合约系统，可通过移动端或桌面端两种渠道登录操作。整个项目的发起、管理、协调和利益分配完全通过该系统运作。当链群主请求发起新项目时，系统可以根据市场容量、市场竞争力目标、行业增速、GDP 等维度自动测算出具有第一竞争力的项目目标。

第二步，设计链群商业闭环并举单。链群主根据市场及运营需要设计链群上的每一个具体节点。此时，链群可进一步分为两个部分：体验链群和创单链群。体验链群侧重于市场端，通过一些触点网络直接面向用户群体开展销售及服务活动，还通过与用户交互得到新的用户体验升级的需求并将其传递给创单链群；创单链群则侧重生产运营端，通过不断迭代用户解决方案，将来自体验链群的需求进行具体落实。链群主需要根据项目的整体目的明确对于体验链群和创单链群上每一个节点的具体需求，并提出相应目标。考虑到生态平台的正向外部性特征，链群主还需要在事前明确各节点对于生态增值收益的分享空间和分享比例。在完成了对于整个链群节点的规划之后，链群主就可以在系统中开放举单，即将每一节点的需求信息在系统中公开发布，通过公开竞标的方式选择合适的合作方组建链群。

第三步，小微抢单。当平台内外部的各小微主看到链群节点的举单时，便可根据自身具体情况决定是否抢单。抢单时，小微需要提交相应的抢单方案，主要包括该节点相关的具体生产经营目标。对于创单节点来说，小微主还需针对链群主的具体要求，给出相关生产经营环节中的具体解决方案。如果小微认可并抢出高于市场第一竞争力目标，则可进入下一步，反之则链群合约不成立。如果出现多方抢一单，则由链群主根据抢单方案进行评估，择优录取。

第四步，对赌合约签订。链群合约正式达成前，各个节点需要进行对赌，并缴纳对赌金。对赌金与目标、增值分享互为约束。链群合约一旦达成，不可更改，所有人为同一目标负责，任何一个节点如果不能交付符合承诺的成果，就会影响到共同的目标，以及别的节点的收益。因此，链群合约的各节点相互倒逼、主动协同，无须第三方干预管控。

第五步，合约执行。海尔通过全员的日清预算体系来推进链群合约的执行，并进而实现战略的具体落地。日清体系包括上周工作绩效挂定、本周工作预算锁定和未来六周工作预算排定。在日清体系中，信息化系统会自动根据目标进行日清分解解析，将目标内容分解到每天的工作预算，并能够显示出每天工作预算与实际执行的差异，进而动态调整。此时，若某一个节点小微持续表现较差，无法达到相应目标，链群主可以针对该节点解除合约，重新开放抢单。

第六步，考核评价与奖金激励。合约期结束之后，若目标达成，系统自动根据事前约定的增值分享比例核算奖金，自动结算支付到各员工的账户中。此外，各节点小微还需根据星级评价标准互相评价，评价不达标者，可能失去下次签约机会。

从以上的流程描述中不难发现，在海尔的“平台+小微”模式下，链群合约在协调小微之间的行为、促成合作等方面扮演了极为重要的作用。可以说，在生态平台对于基层小微的治理中，链群合约的功能基本上对应了预算在传统的科层制组织中所承担的角色。

汉森、奥特利和范德·斯泰德（Hansen，Otley，Van der Stede，2003）认为，预算是现代科层制组织管理控制活动的基石。从本质上来说，预算是公司对未来的生产经营计划用财务语言进行的表达（王斌，1999）。基于预算的编制，管理层得以细化公司的战略和计划、加强内部交流协作，并实现对资源的有效配置；而通过对预算的执行，管理层能够强化对生产经营过程的控制并开展业绩评价（佟成生等，2011；Zimmerman，2017）。麦钱特和范德·斯泰德（Merchant and Van der Stede，2012）总结得出，预算在公司中主要承担着计划、协调、过程监督和激励考评四大职能（见图1）。

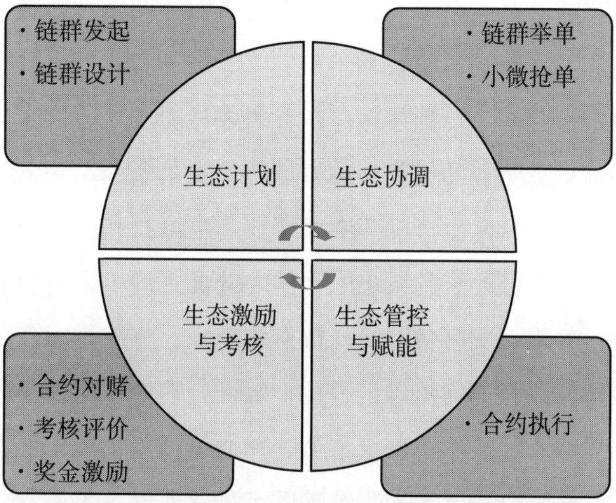

图1　链群合约与预算职能的对应

链群合约的各个步骤与预算各职能之间的对应关系是清晰且明确的。具体来说，第一，链群发起和商业闭环设计环节主要承担着计划的任务。链群主根据市场需求设立链群，并按照未来生产经营需要规划出链群上的每一个节点。在此阶段，链群主也要将链群在未来一个期间的生产经营计划用财务语言进行细化，制定链群整体业绩目标，并将目标细化分解到每一个节点。在目标制定方面，海尔创造性地使用了行业对标的方式制定业绩目标，即根据该行业当前发展水平自动匹配出二区位、四区位直至十区位等不同难度的目标。链群完成的目标不同，则事后各参与方获得的奖励和分享也有差异。第二，链群举单和小微抢单环节承担着协调的职能。链群主将各节点任务在系统中举单，符合条件的小微可以参与抢单。由于各小微均为独立运作的实体，因此，在抢单的过程中，小微需要确认自身的资质和能力以满足抢单的要求，并保证在合约期间拥有充足的人力、物力、财力支撑链群合作顺畅开展。若出现多人抢一单的情况，则链群主可根据抢单方案进行评估，并择优录取。在这一过程中，链群合约自动完成了组织内外部资源的最优配置与协调。第三，在合约执行的过程中，链群合约对预定计划的实施进行了严格的监督和控制。海尔的日清系统是一个极为精细化的管控工具，它能够将计划的执行情况细化到天，督促各节点小微按时按量完成任务，这在很多传统的组织中是难以想象的。此外，重新开放抢单的制度也是约束各节点小微行为的有力保障。第四，链群的最终步骤是事后的考核评价与激励，这对应着传统预算合约的激励考评功能。值得注意的是，海尔链群合约的奖酬激励是由系统按照事前约定自动结算完成的，这在很大程度上强化了预算的刚性执行。图 1 展示了链群合约与预算各职能之间的对应关系。

然而，尽管链群合约与传统预算存在着诸多相通之处，这种新型的内部协作工具在很多方面却有着明显的优势。在海尔的“人单合一”模式下，平台对小微进行了充分授权，即将日常生产经营中人事权、决策权和分配权全部让渡给了小微，不再加以干涉。在链群合约系统中，作为链群主的小微可以自主根据市场需求发起项目链群，并根据实际情况设计链群各节点；相应地，作为节点的小微可以自主决定是否抢单以及如何抢单。因此，链群合约的本质就是将原本保留在组织上层的资源配置权力下放给了基层小微，并通过拟市场化的匹配实现组织内部高效的分工协作。链群合约既不同于纯粹的市场化匹配，也不同于科层制下以行政命令为主导的预算合约，可以将链群合约视为恰好介于纯市场化匹配与纯科层制两个极端间的一种中间状态。值得强调的是，链群合约这一模式不仅有效地规避了两种极端模式饱受诟病的缺陷，而且灵活吸纳了两种极端模式各自的一些优点。在以下两个部分中，我们将详细阐述链群合约相较于两种极端模式的区别和优势。

四、链群合约相较于预算的创新优势：分权的意义

传统预算在组织中引发的诸多问题一直以来都是学术界和实务界关注的重点（邓传洲、刘峻勇和赵春光，2008）。究其根源，大多问题在预算的编制阶段就可见端倪。许多企业时常发现它们编制出的预算与实际情况偏离较大，从而导致了生产经营规划的扭曲。出现这种情况的核心原因在于企业高管与基层人员之间的

信息不对称，企业高层管理人员通常更希望了解与企业经营规划和发展方向有关的战略信息，而与生产、经营、销售等一线经营活动有关的细节信息则更多掌握在相关部门的基层员工手中。在传统的科层制组织中，与预算相关的决策权力通常汇集于企业高层，因此，高层需要将分散于企业内部的细节信息搜罗起来，编制一份合理的预算用以指导生产经营。此时，预算的编制过程是企业上下级交流信息的重要载体。然而，当企业使用预算目标作为业绩评价和奖惩的标准时，掌握着专门知识和信息的基层管理人员在编制预算时就会蓄意歪曲预算以便让自己能够轻易完成从而产生“预算松弛”（程新生等，2008；蔡剑辉，2009；邓德强等，2014；郑石桥和王建军，2008；等等）。詹森（Jensen，2003）甚至认为，预算的过程就是付钱让人说谎，企业基层人员和高级管理者之间相互博弈，互相隐瞒真实信息，并在公司内部导致短期化行为。

预算编制的扭曲进而会导致预算执行的松懈。许多企业发现预算与实际情况背离过于严重，根本无法对预算进行严格执行，更无法将预算目标作为考评经理人业绩的参照标准。在这种情况下，基层员工也不会对预算的执行表现出应有的在意和关注，这样的预算完全失去了管理控制和业绩考评的功能。此外，也不乏实务从业者抱怨预算数字的僵化无法应对公司不断变化的外部环境。这主要是由于大多数公司都以年度为单位作为预算的编制周期，在剧烈变化的外部环境中，年初所制定的预算行至年中时也难免会显得不合时宜。

相比之下，链群合约在小微之间的计划和协调上存在着诸多优势。主要体现在以下三个方面。

1. 通过竞争解决信息租值的耗散

如上所述，传统预算管理出现问题的根源在于企业内部上下级之间天然存在的信息不对称。当企业使用预算目标作为业绩评价和奖惩的标准时，掌握着专门知识和信息的基层管理人员在参与编制预算时就会蓄意歪曲预算以便能够轻易完成。主流经济学文献认为，这种松弛的预算是企业内部信息不对称所必然导致的信息租值耗散。换言之，下级员工凭借其所拥有的信息优势在预算编制的过程中谋取一定的信息租值，而这一行为将会触发更多问题从而引发租值耗散，具体表现为松弛的预算将导致企业无法达到最优生产效率，扭曲企业内部资源配置，甚至最终导致预算的“失灵”。

链群合约中各节点之间的拟市场化关系则可以很大程度上缓解这一问题带来的困扰。在链群构建的过程中，链群主通过举单可将链群战略信息嵌入对各节点的举单要求之中；相关小微在抢单时也需要根据自身的具体情况坦诚地报出最优的目标与方案。之后，链群主再根据各节点方案选择最适合的小微参与共创。这一过程实现了平台内部的信息交流与资源的最优配置。一方面，由于可能存在多个小微共抢一单的情况，激烈的拟市场化竞争一定程度上遏制了各小微通过撒谎攫取信息租值的自利动机；否则，一个松弛的预算方案可能导致他们在与其他小微的竞争中落败。另一方面，对赌协议的存在为高报预算目标却无法完成的小微带来了一定成本，约束了小微高报预算以获取平台资源的动机。

2. 通过滚动解决预算的僵化

在许多传统企业中，预算的编制过程是耗时耗力的。这一方面是由于上下级之间存在着信息不对称，预算中许多细节问题的敲定需要旷日持久的拉锯；另一方面也是由于预算编制的牵涉面甚广，整个系统中不同部分之间存在着复杂的勾稽关系。可见，作为一种合约，预算有着高昂的签约成本。这个问题进而导致了预算在执行过程中的僵化。企业往往难以根据外部情况的变化及时调整预算方案，这主要是由于信息不对称的双方很难就相关数字的重新商定迅速达成一致。所以，在实务操作中，大多数公司都以年度作为预算的编制周期。在剧烈变化的外部环境中，年初制定的预算随着时间的推移难免会显得僵化过时。

相比之下，海尔链群合约的执行则更加灵活。链群合约是海尔“平台 + 小微”模式下的基层组织结构。较之于传统科层制组织的复杂，链群的设计是简约而精巧的。每个链群往往只聚焦于一个场景的创新与开拓，因而其整个预算过程也相对较为简单，一定程度上降低了合约的签订成本。在具体的操作中，海尔通过全员日清系统推进链群合约的执行。海尔的信息化系统会自动将预算目标分解到每天，并能够显示每天的工作预算与执行的差异。此外，每个小微需要对未来六周的工作预算进行滚动排定，如有必要，则可随时对之前的约定进行调整。

3. 通过智能系统强化合约的刚性执行

执行不严是传统预算的又一常见问题。这一方面是由于许多企业高管对于预算的重视不足，导致预算流于形式；另一方面，预算在编制过程中与实际情况背离以及预算的僵化也极大地降低了计划的可执行度。这一问题的出现会严重破坏预算在企业管理中应有功能的发挥。

海尔公司基于区块链技术探索出以“智能合约、技术驱动、全程可视”为主要特征的链群合约，不仅保证所有信息实时共享，而且通过去中心化合约，强化合约的刚性执行。合约期结束之后，若目标达成，系统自动根据事前约定的增值分享比例核算奖金，自动结算支付到各员工的账户中。这种刚性执行的思路奠定了链群合约在基层小微治理中的核心地位（见图2）。

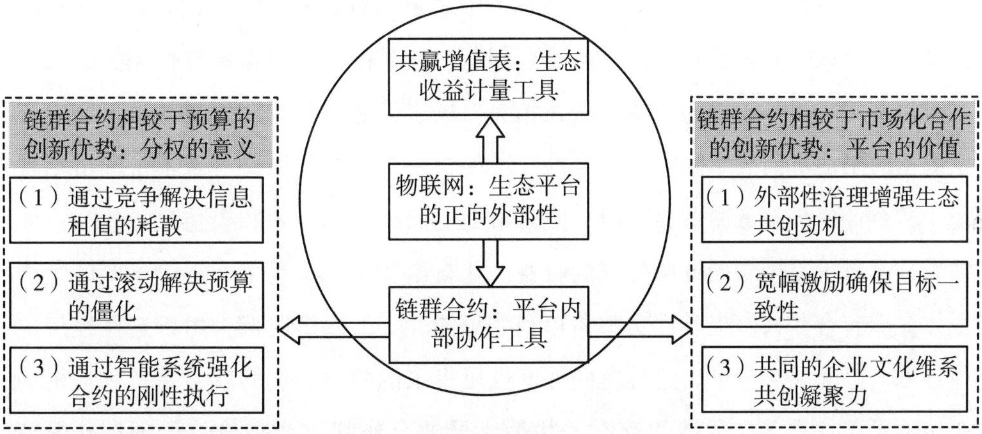

图2　链群合约的相对优势

五、链群合约相较于市场化合作的创新优势：平台的价值

随着信息技术的不断进步，跨组织合作的可能性和合作模式较之过去发生了天翻地覆的变化。如今，ERP 系统已经可以直接连接产业链中的上下游企业，实现供需信息的无缝传递，显著提升了合作效率。越来越多的公司也在不断缩减价值链中的环节数量，将更多与主业无关的环节外包给外部供应商，以求把更多的注意力聚焦于主业竞争力的提升。在这一背景下，海尔中的链群主似乎完全可以通过寻求纯粹的市场化合作来开发商业机会，创造生态收益。那么，它们为何还要通过在海尔平台上建立链群合约来完成这一过程呢？通过分析，我们不难发现，纯粹的市场化合作与海尔的链群合约最大的区别在于链群合约需要围绕着海

尔所搭建的平台展开共创。解析市场化合约与链群合约差异的关键点在于厘清平台在生态共创中的价值所在。本文从以下三个方面具体阐述平台在生态共创中的赋能功效。

（一）外部性治理增强生态共创动机

物联网时代，海量数据赋予了平台型企业正向的外部性。企业只有充分开发拓展这种正外部性才能在激烈的市场竞争中立于不败之地。然而，有关外部性的治理一直以来是经济管理者面临的难点问题。这是由于，与正外部性相关的收益在产权上难以界定，因而也就无法在相关市场主体之间就分配达成一致。产权界定的不清晰会进而导致影响组织生产：正如在一个对专利保护严重不足的市场环境中，企业的创新意愿明显下滑，因为市场上低成本的盗版和模仿会导致企业无法充分享有大量创新投资所带来的收益。在自由竞争的市场上，尽管不同的经济主体存在着合作共赢提升社会整体福利的可能性，但很多时候，由于这些经济主体预见自己无法充分享受这种正向外部性所带来的收益，他们就会在自利动机的驱使下无视这种潜在利益的存在，并最终导致合作的流产和价值的耗散。简言之，纯粹的市场环境无法培育出具有正向外部性特征的跨组织合作。

海尔关于生态平台的各项制度建设是解决这一问题的关键。为了计量生态合作的正向外部性，海尔在传统的三张财务报表之外，基于“人单合一”管理模式创新出了第四张表，即“共赢增值表”。其目的是以用户为中心，动态监测、评估和驱动价值创造的整个过程，准确地衡量生态平台的共创增值。为了分配正向外部性的相关收益，海尔直接将分享比例设计在了链群合约中，通过规定每一节点在达标后的分成比例，确定各参与方在生态收益的分配中所占份额。这些机制打破了平台各相关方参与合作共创的利益藩篱，是不断深化合作，推进生态增值的制度保障。

（二）宽幅激励确保目标一致性

在市场化合作中，各经济主体均以自身利益为出发点制定决策。上游的供应商根据与下游厂商之间的合同方案提供产品并赚取收益，而无须关注这种方案是否为有利于提升终端用户体验的最佳方案。这一问题出现的根源，在于产业链上下游企业之间由于利益目标不一致所导致的信息交流不足。上游厂商更为了解其所负责部件在改进终端用户体验上的各种潜在可能性，然而，他们却没有充分的动机将这些信息与下游厂商共享从而开展合作共创。

对此，海尔在链群合约中设计了宽幅激励制度，主要体现在合约的对赌环节。链群合约正式达成前，各个节点需要进行对赌，并缴纳对赌金。链群合约一旦达成，便不可更改，所有人为同一目标负责。任何一个节点如果不能交付符合承诺的成果，就会影响到共同的目标，以及别的节点的收益。一荣俱荣，一损俱损。这一制度从根本上解决了链群各节点之间利益不一致的问题。一方面，共同目标的存在使得不同环节的小微之间愿意共享信息，小微们以最终目标的实现为行为准绳，突破了市场化合作中各自为政的樊篱。另一方面，宽幅激励的存在使得各个环节小微的利益高度绑定，任何一个节点不能交付符合承诺的成果，就会影响到共同的目标以及别的节点的收益。因此，链群合约的各节点相互倒逼，主动协同，无须第三方干预管控。若某一个节点小微持续表现较差，无法达到相应目标，链群主还可以针对该节点进行优化。综上所述，宽幅激励是保障链群各节点信息共享、通力合作的重要制度基础。

（三）共同的企业文化维系共创凝聚力

海尔在过去近40年的历史中形成了极富生命力的企业文化。集团自1984年成立至今，已先后经历六个不同的战略发展阶段。尽管每个阶段的战略主题都是随着时代变迁而不断变化调整的，但其背后的企业文化在持续创业的过程中都是方向一致、一脉相承的。40年来，海尔的文化始终强调以用户为核心，通过不断发现和拓展用户需求，为用户提供最佳体验。2005年，海尔进一步提出了“人单合一”的管理思路，强调“人的价值第一”，鼓励员工实现自主管理和自我激活，通过不断努力创新实现个人价值最大化，力争达成终端用户价值和员工价值高度融合。

海尔的强大企业文化是培植生态合作的重要土壤。链群合约将所有节点的利益高度绑定，要求各参与方聚焦于场景，深入开发用户需求，通过不断提升用户的场景体验，实现生态增值、共创共赢。海尔长期以来形成的以用户为核心的企业文化是这种合作得以实现的思想保障。在海尔文化的长期浸润下，所有的小微，包括平台外部的参与方，都能够充分意识到用户价值的重要意义。在链群合作中，他们会不由自主地将用户需求放在首位，紧密围绕用户需求展开合作，共创生态收益。

六、总结

海尔集团积极拥抱物联网带来的企业变革机会，于 2019 年 12 月正式宣布进入第六个战略发展阶段——“生态品牌阶段”。在此时代背景下，本文探讨了链群合约这一管理工具在组织内部协作中扮演的作用。链群合约将组织内部原本通过行政命令主导的分工协作变成了拟市场化的匹配模式。本文认为，链群合约在海尔的基层治理中基本对应了预算合约在传统科层制组织中所扮演的作用，是介于纯粹的市场化匹配和以行政命令为主导的预算合约之间的一种中间状态。在现代信息科技的加持下，合约的签订与执行成本不断降低，链群合约这一模式不仅有效规避了两种极端模式饱受诟病的缺陷，而且灵活吸纳了两种极端模式各自的一些优点。

链群合约通过向基层授权缓解传统预算存在的诸多弊端，具体包括：它可以通过引入小微之间的竞争解决由于上下级信息不对称引发的租值耗散，通过滚动计划的制定解决预算的僵化，并通过智能系统强化合约的刚性执行。相对于纯粹的市场合作而言，链群合约的优势包括：通过对于正向外部性收益的治理增强小微之间开展生态共创的动机，通过宽幅激励保证小微目标的一致性，并通过共同的企业文化维系共创的凝聚力。

本案例的理论意义主要体现在两个方面。其一，本文通过对于海尔公司链群合约的案例呈现，介绍了物联网时代的前沿企业在管理会计工具创新上的引领性探索，增加了学术界对于现实世界中前沿管理方式的认知。如何促进企业内部协作一直以来是管理会计面临的核心挑战之一；内部协作效率的高低也是企业生产经营能否取得成功的关键。在传统的管理会计框架中，预算通常被认为是解决这一问题的基本工具。然而，随着现代信息技术的不断进步，企业内部的运营方式发生了天翻地覆的变化。企业得以利用这些新技术促进内部协作效率的提升。本文通过案例分析，详尽展示了海尔在这一问题上的创新性探索，有效扩展了现代管理会计理论的边界和外延。

其二，本文尝试从经济学视角对海尔的管理创新进行了理论剖析，有助于深化学术界对于链群合约这一管理工具的理论认识。在物联网的时代背景下，尽管企业的组织架构、商业模式和运作态势均较之过去发生了极大变化，然而万变不离其宗，企业的运作依然遵循一系列根植于人类社会的底层理论逻辑。本文从外部性视角剖析了生态平台战略下，海尔一系列管理变革产生的原因，并聚焦于链群合约这一管理工具，阐述其具体操作手段以及核心功效。本文的理论分析不仅有助于揭示链群合约这一新型管理工具的本质，而且能够促进新型管理工具与传统管理会计框架的深度融合，为管理会计理论与实务的未来发展奠定坚实的基础。

本文的实践意义在于为生态平台类企业有效应用和创新管理会计工具提供了一定启示。在物联网时代，由于海量数据赋予了平台正向的外部性，生态平台必将成为未来企业的主流组织模式之一。本案例详细呈现了海尔链群合约执行过程中的具体步骤和技术细节，并通过与传统管理会计工具的呼应对比，展示了其每一个环节的具体功能。本案例的呈现为其他生态平台类企业借鉴海尔经验，提升内部协作效率，加强平台的赋能功效提供了操作指引。

参考文献

[1] 蔡剑辉：《预算的职能冲突与协调对策研究》，载于《会计研究》2009年第7期，第55~59页。

[2] 程新生、春荞、朱琳红、罗艳梅：《参与式预算行为实验研究》，载于《会计研究》2008年第5期，第53~60页。

[3] 邓传洲、刘峻勇、赵春光：《基于预算的考核、预算氛围和预算副效应》，载于《会计研究》2008年第4期，第70~77页。

[4] 邓德强、刘昊天、谢华、苗霄玮：《外在控制与自我控制在抑制预算松弛中的作用：基于差异调查和道德认知的实验研究》，载于《会计研究》2014年第4期，第49~57页。

[5] 佟成生、潘飞、吴俊：《企业预算管理的功能：决策，抑或控制?》，载于《会计研究》2011 年第 5 期，第 44 ~49 页。

[6] 王斌：《企业预算管理及其模式》，载于《会计研究》1999 年第 11 期，第 20 ~24 页。

[7] 郑石桥、王建军：《信息不对称和报酬方案对预算松弛的影响研究》，载于《会计研究》2008 年第 5 期，第 61 ~68 页。

[8] Hansen S. , D. Otely and W. Van der Stede. Practice Developments in Budgeting: An Overview and Research Perspective. Journal of Management Accounting Research, 2003 (15): 95 -116.

[9] Jensen M. Professional Forum Paying People to Lie the Turth about the Budgeting Process. European Financial Management, 2003, 9 (3): 379 -406.

[10] Merchant K. A. , and W. A. Van der Stede. Management Control Systems: Performance Measurement, Evaluation, and Incentives. 3rd Edition. Englewood Cliffs, NJ: Prentice Hall, 2012.

[11] Zimmerman J. Accounting for Decision Making and Control. 9th Edition. New York, NY: McGraw-Hill Education, 2017.

六、

海尔的薪酬体系、员工激励与股权激励机制

物联网生态时代的精准激励机制研究
——基于海尔的案例分析

刘运国　郑明晖*

摘要：本文从理论上分析了物联网生态和激励机制的相互推动关系，认为物联网生态有助于企业形成精准激励机制，解决团队生产中的搭便车问题。精准激励机制能够协调员工个人目标和组织目标，调动员工的积极性、主动性和创造性，反过来，推动物联网生态的发展。进一步，本文以海尔的链群合约为例，介绍了链群合约如何利用物联网等新技术设计精准激励机制以推动物联网生态的发展以及链群合约的激励效果。本研究对平台企业如何推动员工执行物联网生态战略具有一定的启示。

关键词：物联网，生态竞争，精准激励，链群合约

一、引言

互联网实现了以人为中心的连接，如“人与人”“人与信息”等的连接，降低了用户的搜寻成本，提高了用户的议价能力（李海舰等，2014）。为了取悦用户，企业不得不重塑价值创造模式，以供给为导向转变为以需求为导向（罗珉和李亮宇，2015），由提供产品向提供服务转型（李永红和王晟，2017）。互联网时代，企业提供的服务价值取决于用户的交互意愿，需要用户有意识的操控。物联

* 刘运国、郑明晖，中山大学管理学院，中山大学成本与管理会计研究中心。

网则实现了不再以“人”为单一连接中心的万物互联，为用户的场景体验[①]提供了技术支持。相比于独立的产品服务体验，场景体验更能为用户创造价值。

在物联网时代，产品是场景的基本组成单元，场景由不同的产品组合而成。用户产品需求的易变性和个性化决定了用户场景需求的独特性、多变性和多样性等特征。为了满足用户需求，提供场景解决方案的企业不仅需要拥有敏锐的洞察力和快速的反应力，还需要与跨行业的合作伙伴协作，共同构建聚焦场景的物联网生态。物联网生态的竞争优势在于企业协同生态合作伙伴动态满足用户所有需求的能力（石丹，2018）。员工的创造性和积极性是物联网生态企业获取生态竞争优势的关键。如何设计有效的激励机制以调动员工的创造性和积极性，促进物联网生态的发展是理论和实务界都非常关注的重要问题。

有效的激励机制能够通过引导员工的行为来提升企业的效率。目前，已经有丰富的文献对科层制下的员工激励问题进行了探讨。科层制下的激励机制以企业为中心，以财务绩效为导向，通过明确职权、划分部门职能、分配标准化任务等实现分工来获取效率（Hamel and Zanini，2018）。然而，科层制的激励机制并不适于物联网生态的场景。一方面，科层制下的员工是上级目标的被动执行者，员工不能发挥自身的创造性和主动性（Hamel and Zanini，2018；曹仰锋，2017）。另一方面，科层制下的员工远离用户和市场，无法准确度量员工的个人产出，依赖于企业整体业绩、分部业绩等指标对员工进行奖惩，难以解决员工的搭便车问题，员工自身的积极性不高。因此，为了推动物联网生态的发展，企业需要变革组织模式和激励机制。物联网、互联网、大数据等新技术的应用降低了企业的信息成本和监督成本，为企业变革组织模式和激励机制提供了技术支持。物联网生态时代，物联网企业由职能部门构成的科层制组织转变为业务小分队联合构成的网状组织[②]。如海尔、华为、阿里巴巴等企业变革为“大平台+小团队”的组织模式（曹仰锋，2019）。网状组织中的员工直面用户和市场，能够及时发现和快速响应用户需求。在此背景下，如何利用物联网等新技术设计匹配网状组织的有

---

① 场景是体验的基本单元，产品是其中的部件。如在阳台洗护场景中，墨盒洗衣机能够在用户授权的前提下，直接下单洗衣剂。

② 凯度集团、牛津大学商学院和海尔集团2020年联合发布的《物联网生态品牌发展报告》指出物联网时代的用户需求瞬息万变，企业需要根据一线情况灵活万变，及时发现市场机会，快速推出新品。科层制组织强调专业分工和层层授权，无法适应物联网时代。企业将会由“职能部门构成的科层制组织”变革成“业务小分队联合构成的网状组织”。

效激励机制是一个值得探索的问题。

聚焦上述问题，本文首先从理论上分析了物联网生态与员工激励机制的相互推动关系。本文认为，一方面，物联网等新技术的应用有助于推动企业形成精准激励机制①。不同于传统激励机制以企业为中心，以财务绩效为导向，以团队激励形式为主，精准激励机制以用户为中心，以战略精准执行为导向，以个人激励形式为主，通过实施精准到每个员工的激励机制来充分调动员工的积极性、主动性和创造性。由于信息成本的存在，传统激励机制不能有效度量员工个人贡献，多以职位酬和能力酬为主。这种激励机制以激励员工执行上级指令为目的，不能充分调动员工自身的主动性和创造性，容易造成搭便车问题。物联网等新技术降低了信息成本，使得企业能够基于员工个人贡献精准激励每个员工，有效地解决了搭便车问题；另一方面，精准激励机制能够调动员工的积极性、主动性和创造性，推动物联网生态的发展。不同于传统业务模式主要依赖员工的执行效率，物联网生态业务模式下尤其依赖于员工自身的主动性和创造性。然后，本文以海尔集团（以下简称“海尔”）为例，介绍了海尔的链群合约如何利用物联网等新技术进行精准激励机制的设计以及海尔实施链群合约的激励效果。最后，本文进行了总结和建议。

二、理论分析与文献回顾

员工是企业价值创造的主体，设计有效的员工激励机制是企业管理的核心。不同于科层制强调员工的执行效率，物联网生态的发展尤其依赖于员工的主动性和创造性。本文从物联网生态、激励理论和契约理论三个方面进行文献回顾。

（一）物联网生态文献

物联网通过射频识别等无线网络技术将嵌入智能芯片的物品与互联网连接起来，达到万物互联的效果（Kortuem et al.，2009），其核心是“物与物”和“物与人”的相连（孙其博等，2010）。物联网时代，用户不再满足于单个产品的服

① 详见本文第三部分物联网生态与精准激励部分中的阐述。

务价值，更偏好“物与物”互联的场景体验。由于工业体系类目众多，物联网应用场景非常碎片化，各应用场景之间的架构、原理、行业形态等差异化极大（马永开等，2020），单个企业难以满足用户体验，迫使企业探索价值共创模式与合作伙伴共同满足用户场景需求。物联网时代，产业组织将由上下游垂直整合架构向网络协同架构转变（何大安，2019），产业平台企业将会崛起（曹仰锋，2020），平台企业通过构建物联网生态与合作伙伴协同提供场景解决方案。

在物联网生态时代，企业要么转型为生态品牌的引领者，要么成为生态品牌的合作方[①]（张瑞敏，2020）。引领者采取物联网生态战略，开放自身资源与能力，动态连接外部协作方，共同创造用户场景价值。生态战略下的商业竞争模式将由企业与企业之间的竞争转变为生态与生态之间的竞争（柳卸林，2016；于晓宇等，2018）。物联网生态的竞争优势在于企业协同生态合作伙伴动态满足用户所有需求的能力（石丹，2018）。曹仰锋（2017）认为物联网生态战略的实现需要变革企业的组织结构，打破职能和层级的划分，以开放、灵活的生态型组织作为支撑。凯度集团、牛津大学赛德商学院和海尔集团 2020 年联合发布的《物联网生态品牌发展报告》认为物联网生态品牌的构建需要企业拥有敏锐的洞察力和敏捷的反应力，物联网生态企业的员工需要能够敏锐的洞察市场机会，并能够敏捷的做出反应。

（二）激励理论

员工的行为是动机驱动的，激励实质上是组织通过满足员工的某种需求预期来指引员工做出组织需要的行为。泰勒（Taylor，2013）认为在最佳的管理模式中，员工能最大限度地发挥积极性，并从雇主那里取得某些“特殊刺激”作为回报。因此，辨别能指引员工行为的“特殊刺激”是激励的关键。然而，泰勒并没有指明“特殊刺激”的具体内容，后续学者们对此进行了丰富探讨。马斯洛（Maslow，2012）提出的需要层次理论表明不同的员工需要的“特殊刺激”可能不同，其将员工需要从低到高分为生理需要、安全需要、交往需要、尊重需要和自我实现需要五个层次，并且认为在同一时期，可以同时存在几种需要，但总有一种需要占据主导地位。生理需要、安全需要和交往需要等前三个层次需要可以通过外部条件满足，

---

① 本文主要关注物联网生态品牌引领者的激励机制。

而尊重需要和自我实现需要的满足则需要内外部因素同时起作用。赫茨伯格（Herzberg，1959）提出的双因素理论将这种“特殊刺激”分为保健因素和激励因素两大类。保健因素主要包括公司政策、管理措施、工资水平、工作环境、工作的安全感等影响员工积极性的外在因素，激励因素则主要包括工作上的成就感、认可程度、发展前景、挑战性和自身兴趣等内在因素。在实际工作中需要同时使用保健因素和激励因素。保健因素只能降低不满，不会带来满足感，在实际使用时需要确保所有员工得到，且要不断提升而不能下降，一旦下降就会导致员工的不满，对工作结果产生负面影响。而激励因素能够带来满足感，在实际使用时要确保少数人获得，且要和业绩挂钩，能升能降。麦克利兰（McClelland，1987）提出的成就需要理论认为在生存需要满足的基本前提下，对员工的积极性产生影响的“特殊刺激”可以划分为成就需要、权力需要和归属需要三大类。成就需要是指争取成功、追求卓越感，希望做得最好的需要。具有高成就动机的员工喜欢通过自己的努力解决问题，偏好于自己设定挑战性目标，并期望立即得到工作的反馈信息。弗鲁姆（Vroom，1964）提出的期望理论认为员工获得的“特殊刺激”的作用大小受员工对自身行为带来的期望绩效（即“期望值”）和绩效对员工吸引力大小（即“效价”）的影响。当个体对某项任务的期望值和效价都较高时，个体受到的激励会非常显著，相反，当期望值或绩效评价较小时，个体受到的激励作用会较小。期望理论中的绩效对员工的吸引力大小与员工个人目标相关联（章凯等，2014），表明组织激励的大小受员工个人目标的影响。亚当（Adams，1963）提出的公平理论认为员工获得的“特殊刺激”的作用大小不仅取决于自己的绝对报酬数量（包括薪酬、奖励、晋升、培训等），也受到报酬相对值的影响。当个人观察到自己的投入所得与别人的投入所得不匹配时，便会产生紧张不安的感觉，并且通过改变自己的投入、改变自己的产出、选择另一个参照对象或者离开工作场所等方法来缓解这种不安。

通过对员工激励理论的上述回顾，我们可以发现，精准激励的思想蕴含在其中，员工积极性的大小受组织满足其自身需要、个人目标与公平感知等因素的影响，考虑员工特质因素的精准激励更能调动员工的积极性。传统经济时代，信息成本较高，企业生产出产品再去销售，企业竞争优势源于分工带来的高效率和低成本，不需要发挥普通员工自身的创造性。科层制组织虽然压抑了员工自身的创造性，但能通过明确职权、划分部门职能、分配标准化任务等实现分工来获取效率（Hamel and Zanini，2018），所以，科层制广泛存在于大型企业中。科层制组织下的员工远离市场与用户，激励方式多以职位薪酬和能力薪酬为主（曹仰锋，2017）。职位薪酬下，员工的目标主要来自上级领导，并接受领导的绩效评价，员工没有动机发挥自身的创造性。能力薪酬下，员工的能力被划分为若干等级，基于等级决定员工的薪酬。能力的划分是主观的，员工的能力和创造的价值未必匹配，可能会造成不公平。因此，科层制组织的激励未考虑员工的个人需要、公平感知等异质因素，不能够充分调动员工自身的积极性、主动性和创造性。然而，互联网和物联网经济时代，信息成本下降，企业转变为生态型组织，竞争优势尤其依赖于员工的敏捷性和创造性，要求员工的激励方式能够考虑员工的个人目标、自身需要和公平感知等异质因素。

（三）契约理论

契约理论认为企业是一系列契约的集合（Coase，1937）。由于委托人和代理人的目标不一致和信息不对称，代理人的努力规避和风险规避等会产生代理成本，降低契约的有效性（Lambert，2001）。从发展脉络上，契约理论可以划分为完全契约理论和不完全契约理论。完全契约理论认为委托人是完全理性的，强调通过薪酬契约的设计来降低代理成本（Holmstrom，1979；Holmstrom，1982；Holmstrom and Milgrom，1987），通过代理人的薪酬契约和业绩指标挂钩来缓解代理人和委托人目标不一致产生的代理问题，其有效性依赖于业绩指标反映代理人努力程度的信息含量（Lambert and Larcker，1987；Bushman and Smith，2001）。由于无法准确度量每个人的投入和产出，在团队生产时容易导致部分代理人坐享其成的搭便车问题（Alchian and Demsetz，1972；Holmstrom，1982）。搭便车问题会弱化团队成员的激励，让额外付出努力的员工得不到应有回报，挫伤团队成员付出超过平均努力水平的积极性，降低整个团队的产出。学者们指出可以让团队生产中的一个代理人变成委托人，获得剩余索取权，监督其他代理人来解决搭便车问题（Alchian and Demsez，1972；Holmstrom，1982）。不完全契约理论放弃了委托人完全理性的假设，认为由于契约双方的有限理性和缔约成本等原因，契约是不完全的。不完全契约理论强调通过产权的设计使得剩余控制权和剩余索取权对应来解决代理问题（Hart，1995），如通过高管持股、授予代理人股票期权等方式来协调委托人和代理人的利益。

完全契约理论指导下的员工激励机制设计以企业为中心，假设代理人偏好薪酬，通过薪酬和业绩挂钩来缓解员工的努力规避问题，但由于传统经济时代中业绩指标难以精确度量，往往以企业整体业绩或者分部业绩作为替代，使得团队生产中容易产生搭便车问题和管理者与员工的合谋问题，如通过过度生产和降低产品质量等来达到业绩目标，导致企业的战略不能够精准实现。虽然企业理论指出可以通过授予剩余索取权的监督者来监督其他代理人缓解搭便车问题，但在互联网知识经济时代，员工的努力程度是难以直接观测和监督的（李海舰和聂慧华，2004），并不能完全解决搭便车问题。不完全契约理论指导下的员工激励机制通过产权的设计来缓解代理问题，但仍然存在员工投入产出不能够准确度量，引起搭便车导致的效率损失问题。此外，考虑到企业控制权的稳定性，产权往往只授予一小部分人，只能起到激励部分员工的作用。精准激励方式通过实施精准到每个员工的激励方式，有效地解决了搭便车问题。

三、物联网生态与员工精准激励

物联网时代是体验经济的时代，单个企业不能够满足用户需求，因此要构建能够提供场景解决方案的物联网生态（张瑞敏，2020）。生态系统意味着共生共赢，企业通过与合作伙伴联合共创，共同为用户创造场景价值。物联网生态中的合作关系以满足用户的个性化需求为导向，按需聚散，动态优化。及时发现用户的个性化需求并能够协同外部企业快速提供解决方案是物联网生态企业获取竞争优势的重要前提。员工是为用户提供解决方案和直接交互的主体，能够了解到用户的真实需求（包括潜在需求），并做出快速响应。因此，员工的敏捷性和创造性是物联网生态发展的重要推动力。然而，科层制下的组织结构层级冗杂，员工传递给高层决策者的信息失真，管理者无法根据用户的真实需求快速决策。而且，员工只是上级目标的执行者，以完成上级主管分配的任务为导向，没有动力发挥自身的主动性和创造性。因此，为了推动物联网生态战略落地，企业既要重塑自身的组织结构，也要重构与组织结构相匹配的激励机制。曹仰锋（2019）认为，在物联网生态时代，企业要建立“大平台 + 小团队”的组织形式，如海尔、华为、阿里巴巴等，对用户的需求做出迅速反应。企业的激励机制也要匹配新的组织结构，调动员工自身的创造性和积极性。

精准激励机制以战略精准执行为导向，通过实施精准到每个员工的激励来调动员工自身的创造性和积极性。从企业的角度来看，精准激励机制下的员工精准执行了企业战略。企业竞争优势的获取，不仅需要高层管理者制定正确的战略，还需要员工切实执行企业的战略。相关研究显示，美国大约70%的企业失败不是由于战略制定失败，而是由于战略没有被有效执行（《财富》，1999）。周长辉和曹仰锋（2006）调查发现，70%的中国企业认为自己的执行力非常弱，战略不能落地。传统激励机制依赖于企业整体业绩或者分部业绩等指标对员工进行奖惩，有可能造成管理者和普通员工的合谋问题，如通过过度生产或者生产低次品降低成本来达到业绩指标，不能促使员工精准执行企业战略。而精准激励机制以企业战略执行为导向，设计精准目标，进行精准核算和精准考核，从而能够精准激励员工执行战略。从员工的角度来看，考虑到了不同员工的个人目标、公平感知和自身需要等异质因素，精准激励了每个员工，最大限度地调动了员工的创造性和积极性。组织目标与员工个人目标的背离，产生了信息不对称条件下的代理问题，降低了企业效率。精准激励机制中的员工个人目标和组织目标精准融合，有效地调动了员工的积极性、主动性和创造性。传统激励机制的核算以企业为主体，基于企业整体或者分部业绩对员工进行奖惩，容易造成团队生产中的搭便车问题，引起员工的不公平感知，降低员工的工作积极性。而精准激励机制以员工个人为主体，对员工的个人业绩进行精准核算，并基于个人目标进行精准考核和奖惩，解决了搭便车问题。相同的目标对不同能力的员工来说，完成的成就感不同，对员工产生的激励也不同。相同的奖励对不同需要的员工来说，吸引力不同，产生的激励也不同。传统激励机制中的员工目标来自上级领导，完成目标能获得的奖励在事后结合企业整体业绩确定，未考虑员工的个人能力和个人需要，不能有效调动员工的内在积极性。然而，由于员工的个人能力和个人需要不能观测，激励机制设计中均不能够据此直接设计激励机制。而精准激励机制在事先确定不同目标下的奖励空间的基础上，选择授权给员工，由员工依据其个人能力和个人需要自主确定目标。员工完成自主承诺的目标所产生的成就感更高，而且当员工事先确定完成目标能够获得的奖励时，他们在完成任务目标过程中的积极性更高。

物联网生态和员工精准激励机制是相互推动的关系（见图1）。首先，物联网生态有助于员工设计精准激励机制。用户是企业的重要战略资源（王永贵，2007），企业的目的是创造用户（德鲁克，1954）。因此，从企业的角度看，用户的特征信息是考核员工的最佳指标。如诺贝尔经济学奖获得者霍姆斯特朗（Holmstrom）在第三届“人单合一”模式国际论坛上发表讲话称海尔以用户考核激励的机制，找到了经济学各方主体的最佳平衡点。物联网时代，企业能够通过产品、平台等实时获取用户的活跃程度、评价等指标用以设计精准激励目标；互联网、物联网、大数据、云计算等技术的应用降低了物联网企业的信息成本、监督成本等交易成本。物联网企业能够将组织目标有效地分解为员工个人目标，并将员工个人目标的完成度和员工个人奖惩挂钩，降低员工个人目标与组织目标的不一致性；物联网企业能够实时采集到每个员工的任务完成情况，对员工的个人业绩进行精准核算，并基于个人承担目标进行精准考核以解决搭便车问题；物联网企业运用大数据等要素能够事先有效的预测完成一定目标后，能够分享给员工的奖励空间。员工能够据此事先确定为获取一定的分享额需要达到的目标。企业在确定考核指标的基础上，能够授权给员工基于自己的能力和需要制定对自己具有挑战性的目标以达到精准激励的目的。其次，员工精准激励机制有助于推动物联网生态的发展。员工的敏捷性和创造性是物联网生态创造用户场景价值的关键。敏捷性的员工能够对用户的需求快速响应。创造性的员工能够发现用户的潜在需求，完成超出用户预期的场景解决方案，提高用户黏性。因此，员工的敏捷性和创造性能够为物联网生态创造终身用户。相比于传统的职位薪酬和能力薪酬，精准激励机制能够设计精准目标，降低员工目标完成的不确定性，提高员工完成目标的成就感；进行精准核算，解决搭便车问题，提高员工的积极性。因此，精准激励机制能够有效地调动员工的敏捷性和创造性，推动物联网生态的发展。

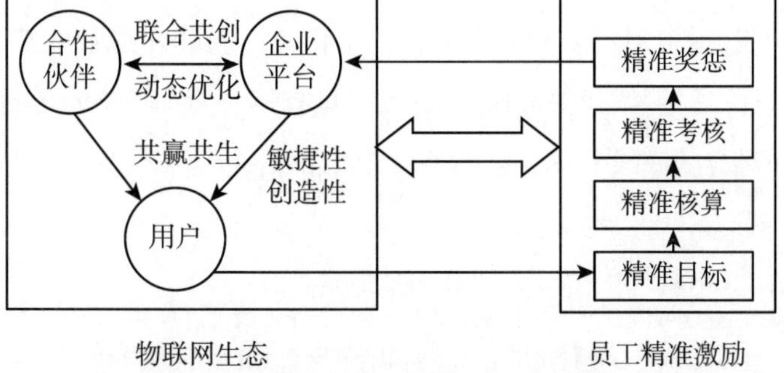

图1 物联网生态与员工精准激励

四、“链群合约”机制简介和案例分析

（一）“链群合约”机制[①]

为了打破科层制对员工创造力和反应力的束缚，海尔建立了“平台＋小微团队”的组织模式。海尔将整个大企业划分为直接面向用户[②]的4000多个小微团队（张瑞敏，2019），并且构建了能够给小微赋能的“三自平台”[③]。物联网时代，海尔确立了生态品牌战略，其最终目的是构建由生态伙伴共同进化的商业生态系统。“链群合约”是海尔实施生态品牌战略的核心机制，由海尔集团创始人、董事局名誉主席张瑞敏先生于2019年1月9日首次提出。链群是由小微节点依靠平等互利的契约自发链接而成的小微群，致力于打破小微间的各自为政，满足用户复杂的场景需求。链群合约则是通过对链群内各节点实施有效激励、约束和协调，使得各个小微节点互相监督、高效协作并快速满足用户需求的契约设计。链群合约是海尔“人单合一”模式在物联网时代的具体化应用，蕴含着前文所述的精准激励机制理念。“人单合一”中的“人”指员工，“单”指用户价值，“合一”指员工的价值实现与所创造的用户价值合一。“人单合一”模式下，每个员工直接面对用户，创造用户价值，并在为用户创造价值中实现自己的价值分享。随着海尔数字化转型的不断深化，海尔利用互联网、物联网等新技术将线下契约升级到线上，基于区块链原理探索出了链群合约应用程序（即“链群合约App”）。

海尔的链群合约机制如图2所示。首先，发现用户场景需求的链群主，在链群合约App上发起链群计划（以下简称“举单”），链群合约系统基于市场容量、市场竞争力目标、行业增速等指标自动生成具有第一竞争力[④]的项目目标，并根据超额利润和对应的底线分享，自动测算出1.5倍底线分享及以上的分享空间所

---

① 相关资料来自海尔员工访谈、海尔官网和海尔内部资料。

② 包括内部用户和外部用户，海尔将市场引入企业，每个小微可以自主选择是否向其他小微购买服务。如果小微认为外部提供者更能满足需求，也可以跟外部服务商合作（Hamel and Zanini，2018）。

③ 三自平台是海尔传统职能部门的转型，是集人力、财务、法务等为一体的大共享平台。

④ 海尔要求在制定目标时，要对标国内外竞争对手，制定出在全球都具有竞争力的目标。

对应的市场目标。链群主以此为指导，在“三自平台”的帮助下，确定计划挑战的目标（如销售额等）和达成目标的预计分享酬（即“事先算赢”）。其次，在链群主发起链群计划后，小微员工基于链群的预计分享酬等要素在链群合约 App 里面决定是否抢单，并提交自己所要达到的目标以及完成目标的预案。链群主在抢单的小微员工列表里面确定需要的人员，同时可以引入外部资源方协同。之后，链群各参与方签订链群合约，并且基于对赌目标（即所要挑战的目标）缴纳一定比例的对赌金。在链群运营过程中，海尔通过共赢增值表精准核算各个链群的运营现状和经营成果。共赢增值表如图 3 所示，由用户资源、资源方、生态平

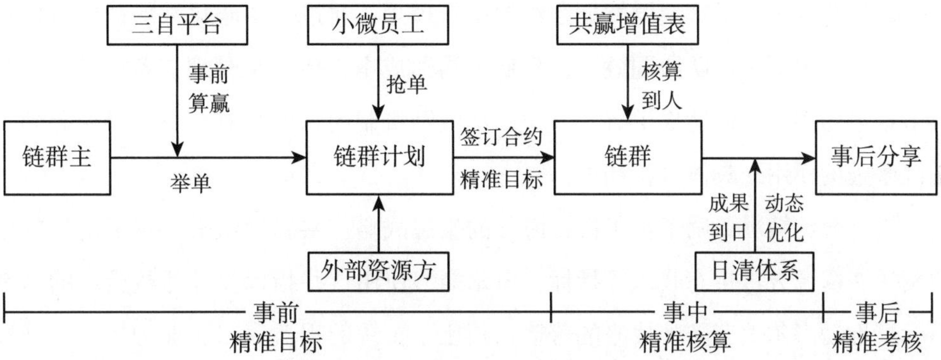

图 2　海尔链群合约机制

图 3　海尔共赢增值表六要素

资料来源：海尔模式研究院（HMI）。

台价值总量、收入、成本、边际收益六项构成。共赢增值表每日更新，链群内人员可以实时看到链群已经实现的收入、价值分享额、所拥有的用户资源等。日清体系则将链群内员工签订的契约目标分解到每天，显示各个员工每天的目标完成情况，获取的增值分享额等。如果员工没有完成目标，日清体系帮助查找没有完成的原因，起到动态优化的作用（即“关差”）。在完成既定目标后，链群合约系统基于事先约定的增值分享比例进行自动核算和自动结算，并支付到各自的账户中。最后，在此次合约完成后，各节点根据星级评价标准互相评价，评价不达标者，将很有可能失去下次签约机会。

链群合约采用了区块链智能合约的运作理念，通过去中心化来保证所有信息实时共享，提高了团队协同效率，降低了沟通成本，使原来管理链条过长、涉及环节过多的多方主体达成了有效合作。从激励机制的角度来看，链群合约起到了精准激励的作用，具体分析如下。

链群合约精准激励了员工执行海尔的生态战略。共赢增值表核算了链群的用户资源、资源方、生态收入等指标，海尔能够使用这些指标设计考核员工的精准目标，推动海尔生态品牌战略的落地。相比于传统的损益表以企业为中心，共赢增值表以用户为中心，核算出了与客户的价值相联系的财务和非财务指标，能够激励链群内小微节点为用户提供最大化的价值（Krumwiede et al.，2019）。具体的，共赢增值表核算的用户资源包括交易用户、交互用户、终身用户等详细分类，其中交易用户是指在平台上有过交易的用户；交互用户是指在平台上购买过产品或服务后，继续参与交互的用户；终身用户是指持续参与产品或服务体验交互的用户。用户类型由交易用户到交互用户到终身用户的演进表现为用户黏性，代表了用户对于品牌或者产品的忠诚度，体现了链群创造用户价值的能力；资源方是指生态圈中，为满足用户场景需求而参与持续迭代产品或服务的所有利益相关方。链群中参与资源方的数量一方面反映了链群的吸引力，另一方面反映了链群满足用户场景需求的能力。生态收入不同于传统的销售电器或提供服务等经营服务所形成的收入，是指聚焦物联网生态品牌的引领目标，小微与各合作方在社群生态平台上通过价值共创持续迭代形成的收入。如销售冰箱是传统收入，通过冰箱向资源方收取的平台费用为生态收入。生态收入的增加，则体现了企业由传统的销售硬件业务向共创共赢生态圈的转型。上述这些指标反映了链群合约为用户创造场景价值的能力，是物联网生态转型的有力印证。

链群合约充分调动了员工的积极性、主动性和创造性，起到了精准激励员工努力工作的作用。第一，链群合约精准融合了员工的个人目标与组织目标，降低了员工的代理成本。代理成本产生的两个前提是代理人和委托人的目标不一致和信息不对称。由于委托人不能直接观测到代理人的努力程度，代理人会追求自己的个人目标而不是完成组织目标，从而产生代理成本。首先，员工自主决定是否抢入链群，当员工抢入时，表明其个人认可链群目标，解决了个人目标和组织目标的潜在冲突。其次，链群合约系统基于链群目标在签订契约时事先算赢了每个员工需要完成的个人目标和预计拿到的分享。为了拿到事先约定的分享，员工需要完成自己的个人目标。当每个员工均完成个人目标时，链群就达到了组织目标，从而精准融合了员工的个人目标和组织目标。然后，链群内的小微员工需要根据对赌的目标缴纳一定比例的对赌金，员工更有动力去完成组织目标，如果未完成组织目标，可能会导致缴纳的对赌金的亏损，因此也使得员工的个人目标与组织目标进行了精准融合。

第二，链群合约系统精准核算了链群内每个员工的工作成果，解决了搭便车问题，提高了团队成员的积极性。搭便车的员工未付出努力或能力不足却可拿到分享，会让努力工作的员工感知到不公平，从而降低努力员工的工作积极性。首先，链群合约系统能够精准核算出每位员工的工作完成情况，并基于事先约定的目标对员工给予奖惩，相当于每个员工都有自己的个人契约，从而解决了搭便车问题。其次，链群合约基于精准核算形成的声誉机制，也有助于解决搭便车问题。在链群任务完成后，各小微节点能够基于链群系统精准核算出的各位员工的任务完成情况，根据星级评价标准互相评价，形成员工的个人声誉。链群主具有链群员工的用人权，可以根据员工的个人声誉选择链群成员。如果由于个别小微员工未付出努力或者能力不足导致链群合约未完成目标，可能会影响他以后进入其他链群的机会，因此链群员工有更大的积极性去完成目标。

第三，链群合约精准考虑到员工的个人需要等异质因素，提高了员工的工作成就感，从而促进了员工的积极性、主动性和创造性。首先，链群主和小微员工的目标是根据用户需求和第一竞争力的要求进行自主承诺的，而不是上层领导者决定的。瑞恩和德西（Ryan and Deci，2000）提出的自我决定理论认为个体具有胜任需要、归属需要和自主需要三种基本心理需要。当员工自主设定目标时，他们会感受到自己是行动的主动者，因而可以满足员工的自主需要。自主需要的满足，能够提升员工的工作动机，使得员工制定出高水平的自主承诺目标（章凯等，2014）。完成自主承诺的目标是员工挑战自身能力的过程，因此员工会具有更高的工作积极性，完成目标会具有更高的成就感。其次，共赢增值表和日清体系能够对员工的个人工作情况和获得分享进行及时反馈，增加了员工完成任务目标过程中的成就感。哈克曼和奥德姆（Hackman and Oldham，1975，2005）提出的工作特征模型认为工作岗位产生的三种心理状态即感受到工作的意义，感受到工作的责任和了解到工作的结果会影响员工的内在激励，从而影响员工的工作绩效。及时反馈会影响员工的心理状态，从而能够影响员工的工作积极性。链群中的每个员工都可以通过日清体系获知每天的任务完成情况，离目标达成的差距和已经获得的增值分享额，从而链群合约基于不同员工的任务完成程度，调动了员工的内在积极性，精准激励了员工。最后，链群合约具有“同一目标，同一薪源”的原则，所有小微节点目标达成，才能得到相应的薪酬，目标完不成，链群各节点薪酬均会受影响。这不仅会让每个员工感受到自己对于链群工作成果的责任，提高员工的内在积极性（Hackman and Oldham，1975；Hackman and Oldham，2005），还会形成倒逼机制，促使链群内员工互相监督，相互促进。

（二）链群合约案例

本文进一步通过海尔的链群合约案例来介绍链群的激励机制①。

1. 海尔旗下日日顺物流

日日顺物流是海尔旗下的物联网场景物流生态品牌，是中国领先的供应链管理解决方案和场景物流服务提供商。小微主 A 在与用户交互的过程中，发现用户线上购买电动车的运送模式主要是由厂家发货，在运输过程中，将电动车和电池拆开，采用木架运输，用户收到货后，自行组装电动车和电池。这种运送模式面临着运送时间慢，运输过程中毁损率高、木架不可重复利用、用户安装麻烦等问

① 资料来源：海尔内部资料，数据为模拟数据，基于日日顺物流和衣联网的真实案例进行改编。

题。考虑到电动车的线上销售比例越来越高等外部有利环境，小微主A希望聚焦运送电动车这一场景，为用户解决上述物流痛点。具体的，以企业的数字化能力为基础，采用基于整车到干线到省仓的线上线下的统仓统配库存共享模式来解决运送时间慢的问题，采用“送转一体”的模式来解决用户安装麻烦的问题，采用能回收利用的模块化的智能配送箱来解决毁损率高和木架不可重复利用的问题，并通过物联网实时显示货物的运送过程。

小微主A在链群合约应用系统上举单。链群合约系统根据电动车运输的市场容量、市场竞争力目标等指标，自动生成了底线目标（即第一竞争力的项目目标）。基于底线目标和对应的底线分享，小微主A则需要以1.5倍的底线分享为指导，给出高目标。链群主A确定的链群月度目标，收入1800万元，其中生态收入450万元，利润率达到6%，即利润108万元，相对应的月度分享是1.5倍的底线分享，金额为15万元。事前，链群合约系统基于链群主的目标预案和行业需求等生成需要抢入链群的节点。之后，仓储、配送、送装、社群运营、营销节点等各个相关节点在链群合约系统上抢单，并且给出符合该节点目标的预案。然后，链群主A可以在链群合约系统上结合各节点预案和相关人员的评级等选择进入链群的节点，签订链群合约，约定各个节点的增值分享比例，并基于对赌目标缴纳一定金额的对赌金。链群主A对整个链群负责，对收入、生态收入、利润等指标负责。送装小微B对用户零延误、用户口碑等指标负责。社群运营C对场景体验店活跃用户和终身用户等指标负责。

事中，共赢增值表核算链群的收入、生态收入、利润、用户资源、增值分享等项目，按日更新。日清体系将链群内各节点员工对赌的目标分解到每天，链群合约系统则自动核算出每个人每天的工作状况。链群内员工可以通过日清体系查看每个员工的目标完成度和每天的分享情况。如果每日目标没有完成，日清体系能够帮助员工查找原因，并提醒员工完成目标。

事后，该链群成功完成对赌目标，获得15万元的增值分享。基于事前约定的对赌目标和分享比例，链群合约系统将月度增值分享发放到每一个员工的账户中。并且，链群内员工基于链群任务完成情况相互评价。在该链群确定下一个月的挑战目标时，链群主重新确定了2倍底线分享的高目标，对应的增值分享为20万元。此外，在与用户交互的过程中，链群内员工还发现用户具有换装电池、电动车上牌等需求，链群决定扩展场景，进一步开展帮助用户换装电池和一站上牌，满足用户场景中的其他需求。

上述案例表明链群合约的设计充分调动了员工的积极性、主动性和创造性。从结果来看，链群员工完成了1.5倍的行业引领目标，获得了15万元的增值分享，表明链群合约提高了团队协同效率和员工的工作积极性。而且，在与用户交互的过程中，链群员工又发现了用户的换装电池和上牌等需求，并进一步通过建立提供电池的社区服务站和一站上牌等方式满足用户的场景需求，这一方式表明链群合约激励机制提高了员工的主动性和创造性，基层一线员工通过用心观察和思考，又发现了用户新的需求，为自己创造了新的商机。从机制来看，首先，链群合约促使员工精准执行了企业战略。物联网等新技术的采用使得海尔能够采用共赢增值表核算企业的生态收入、用户资源等反映生态构建状况和用户活跃情况的指标，基于这些指标设计的激励契约促使链群内员工不断发现用户场景需求，为用户创造场景价值，有利于推动企业生态战略的实现。其次，链群合约设计了精准目标。链群合约"事前引领目标抢单到人"的特点能够协调员工个人目标和组织目标，降低由于信息不对称造成的代理成本。员工自主抢单和自主承诺目标的特点激发了员工的内在动机，提高了员工完成目标的成就感。最后，链群合约精准核算了每个员工的工作状况。链群合约系统精准核算每个员工每天的工作状况以及链群内员工相互评价的特点，能够减少搭便车造成的员工积极性不足问题。此外，日清体系将精准核算结果及时反馈给员工的特点也激发了员工完成目标的内在动机。

2. 海尔衣联网

海尔衣联网是基于物联网、5G通信、区块链等技术打造的衣物全生命周期管理平台，致力于为用户提供衣物"洗、护、存、搭、购"全生命周期的智慧解决方案。本部分主要介绍聚焦提供洗涤解决方案的链群（即墨盒洗链群）。

小微主甲在与用户交互过程中发现用户在洗涤衣物过程中存在洗衣液难挑选、添加难控制和购买不及时等痛点。小微主甲希望通过物联网等新技术为用户解决上述痛点，具体的，基于"传感技术+物联网+云计算+人工智能技术"为用户提供洗衣剂识别与精准投放、洗涤剂剩余量实时监测和物联采购等服务。基于上述模式研发出的洗衣机配备了专属的"墨盒"（即墨盒洗衣机）能够识别特殊材质衣物，基于衣物材质自动配比和添加洗涤剂，在识别到洗涤剂余量不足时能够提醒用户下单购买或者在授权的前提下通过物联网直接下单购买。

小微主甲在链群合约系统中举单，建立墨盒洗链群。链群合约系统自动生成底线目标和对应的增值分享。链群主甲则需要以1.5倍增值分享为指导，给出高目标。链群合约系统基于链群主的预案生成需要抢入的节点，包括触点建设（类似于销售和市场开拓）、生态自诊断（类似于运营）、供应链、研发设计等节点。三自平台和链群主在集团战略的指引下，设计每个节点的考核指标。触点建设节点对销售收入负责，生态自诊断节点对用户绑定率和净收入负责；供应链节点对按单准时到货率负责；研发设计节点对用户满意度、一流技术创新方案个数等指标负责。各个相关节点的人员在链群合约系统中抢单，并且给出符合节点的预案。链群主基于预案等因素决定进入链群的人员，签订链群合约，约定各个节点的增值分享比例，并基于对赌目标缴纳一定金额的对赌金。

此外，日清体系基于员工的日度目标完成情况帮助员工查找原因，关闭与目标的差距。链群主基于每个员工的目标和任务完成情况进行精准考核，并基于目标完成情况按照事先约定的增值分享比例进行分享，并且链群内员工相互评价。

墨盒洗链群的设计起到了精准激励的作用。事前，链群合约设计了精准目标，表现在链群合约能够获取用户绑定率、按单准时到货率和用户满意度等以客户为中心的非财务指标，这些指标有利于企业创造用户，提高用户黏性，实现以用户为中心的生态战略；事中，链群合约精准核算每个员工的工作完成情况，日清体系将其及时反映给员工，解决了员工的搭便车问题，激发了员工努力工作的内在动机；事后，链群合约精准考核，并按照约定比例分享和相互评价的特点也提高了员工在事中的积极性。

五、激励效果

本部分从劳动生产率角度分析海尔链群合约激励机制的效果。激励机制设计的目的是提高员工的劳动生产率，员工的劳动生产率能够侧面反映企业激励机制设计的有效性。

劳动生产率衡量的是企业单位员工劳动的产出。借鉴已有研究（邹薇和袁飞兰，2018），本文采用总产出除以员工人数来测量企业的劳动生产率。具体的，分别采用净利润和收入度量企业员工的劳动产出，采用在职员工数量衡量企业的劳动投入。在上文案例分析中，本文介绍了海尔旗下日日顺物流的一个聚焦电动车送装场景的链群合约案例和衣联网的墨盒洗链群的案例。进一步的，本文分别以海尔日日顺物流和海尔智家的劳动生产率和其所属行业劳动生产率中值最近3年来（2018～2020年）的变化来观测海尔链群合约激励机制的效果①。日日顺物流的对比结果如图4所示。图4左侧表示的是以人均利润衡量劳动生产率的结果，图4右侧表示的是以人均收入衡量劳动生产率的结果。由图4可知，日日顺物流的劳动生产率远高于所属行业的中值的劳动生产率，而且在受新冠肺炎疫情影响的2020年，日日顺物流的劳动生产率相比于行业中值有了进一步的提升，这表明海尔集团2019年所推行的链群合约等机制极大程度上调动了员工的积极性。海尔智家的劳动生产率结果如图5所示。海尔智家的劳动生产率也远高于同行业企业的中值②。

上述结果从侧面证明海尔集团的链群合约机制的有效性，表明相比于传统的科层制激励机制，利用物联网等新技术构建的“链群合约”这套精准激励机制更能够充分调动员工的积极性、主动性和创造性。

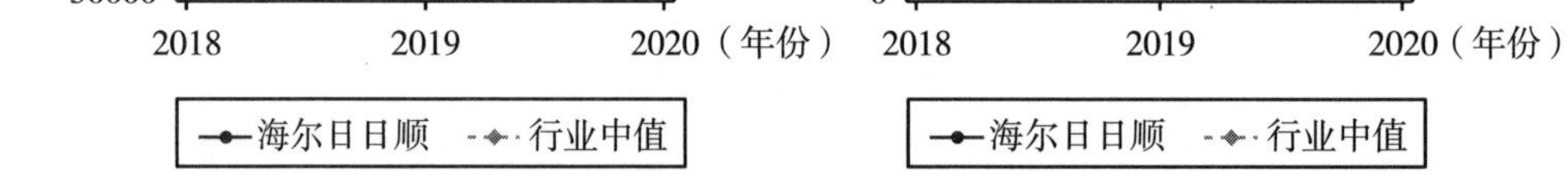

图4　海尔旗下日日顺物流和所属行业中值劳动生产率

① 日日顺计划在创业板上市，产出数据和员工数据来源于日日顺披露的招股说明书。根据日日顺的招股说明书，按照《国民经济行业分类》的规定，日日顺属于商务服务业（L72）。本文所采用的行业对比数据来源于CSMAR数据库，行业采用证监会2012年的行业分类标准，行业代码也为L72，即商业服务业。衣联网属于海尔智家（600690）的业务，海尔智家所属行业为电气机械及器材制造业（C38）。

② 以人均利润衡量的劳动生产率在2020年略微下降，可能是由于海外疫情造成的。海尔智家2020年年报显示，海外收入占总收入的48.5%，相比于2019年，下降8.61%。

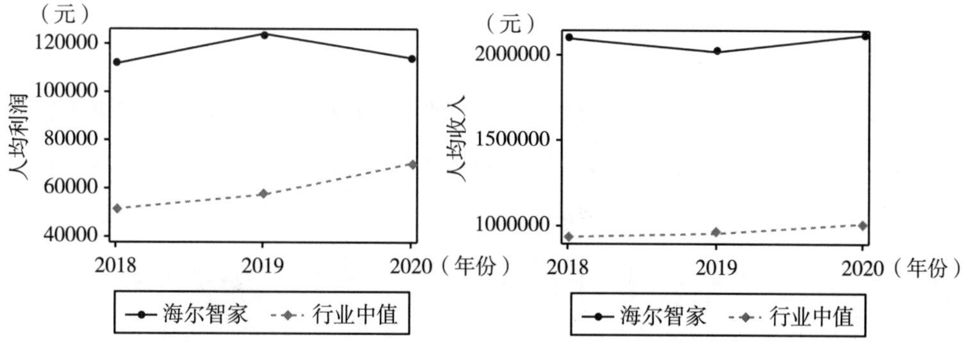

图5 海尔智家和所属行业中值劳动生产率

六、研究结论与建议

(一)结论

(1)物联网生态情境有利于形成对员工的精准激励机制。同时,精准激励机制反过来也推进了物联网生态的发展。物联网时代,数字技术的广泛应用增强了用户在市场中的地位和作用。企业的生存发展不再取决于企业自身,而是取决于用户(章凯等,2014)。企业要由生产导向转变为用户导向,主动发现用户需求,为用户创造价值。相比于单一的产品体验,场景体验更能为用户创造价值。场景的复杂性要求物联网企业构建生态系统,协同外部合作伙伴提供场景解决方案。物联网生态的构建尤其依赖于员工的积极性、主动性和创造性,同时,物联网生态也为员工激励机制的有效设计奠定了数据技术基础。本文分析认为物联网生态情境有利于形成对员工的精准激励机制,如海尔基于物联网生态场景的“链群合约”机制设计就是例证。同时,精准激励机制也能反过来推进物联网生态的发展。

(2)以链群合约为工具的精准激励机制,有效地解决了员工激励中的搭便车问题。在链群合约机制中,共赢增值表核算的用户资源、生态收入等独特指标有助于为链群员工设计精准目标促进战略执行。链群合约将组织目标分解为个人目标,对个人工作情况进行精准核算,与个人分享挂钩以及形成链群声誉机制等协调了员工的个人目标和组织目标，解决了员工激励中的搭便车问题。链群合约让员工自主承诺目标，及时反馈工作成果等考虑了员工的个人需要等异质因素，提高了员工工作过程中的成就感，调动了员工的内在积极性。本文以海尔旗下日日顺物流的一个聚焦“电动车送装场景”的链群和衣联网的墨盒洗链群为例阐述了链群合约的具体应用。最后，本文通过海尔旗下日日顺物流和海尔智家最近三年来的劳动生产率与行业中值的对比佐证了链群合约激励机制的良好效果。

（二）实践启示

（1）物联网等技术不仅能够赋能企业的生产制造，还能够催生企业的精准激励机制设计，提高管理效率。企业需要大力推进物联网数字化转型，为企业员工的精准激励机制设计和实施创造条件。

（2）精准激励的目的是要充分调动所有员工的积极性、主动性和创造性。企业在利用物联网等新技术将精准激励具体模式（如海尔的链群合约 App）落地时，员工用户端设计要更加简便，方便基层一线员工（企业所有员工）迅速快捷使用。把复杂的数据处理技术放到后台。即要持续改善，尽量做到后台复杂化、前台简便化。

参考文献

［1］［美］彼得·德鲁克：《管理的实践》，齐诺兰译，机械工业出版社 2006 年版。

［2］曹仰锋：《海尔转型：人人都是 CEO》（第二版），中信出版社 2017 年版。

［3］曹仰锋：《黑海战略：海尔如何构建平台生态系统》，中信出版社 2021 年版。

［4］何大安：《大数据、物联网与产业组织变动》，载于《学习与探索》2019 年第 7 期。

［5］凯度集团、牛津大学赛德商学院、海尔集团：《物联网生态品牌发展报告》，新华出版社 2020 年版。

［6］李海舰、聂辉华：《论企业与市场的相互融合》，载于《中国工业经济》2004 年第 8 期。

［7］李海舰、田跃新、李文杰：《互联网思维与传统企业再造》，载于《中国工业经济》2014 年第 10 期。

［8］李永红、王晟：《互联网驱动智能制造的机理与路径研究——对中国制造 2025 的思考》，载于《科技进步与对策》2017 年第 16 期。

［9］柳卸林、马雪梅、高雨辰、陈健：《企业创新生态战略与创新绩效关系的研究》，载于《科学学与科学技术管理》2016 年第 8 期。

［10］罗珉、李亮宇：《互联网时代的商业模式创新：价值创造视角》，载于《中国工业经济》2015 年第 1 期。

［11］马斯洛：《动机与人格》第三版，许金生等译，中国人民大学出版社 2012 年版。

［12］马永开、李仕明、潘景铭：《工业互联网之价值共创模式》，载于《管理世界》2020 年第 8 期。

［13］石丹：《张瑞敏：颠覆传统管理，海尔用“三生”引爆物联网时代》，载于《商学院》2018 年第 11 期。

［14］孙其博、刘杰、黎羴、范春晓、孙娟娟：《物联网：概念、架构与关键技术研究综述》，载于《北京邮电大学学报》2010 年第 3 期。

［15］泰勒：《科学管理原理》，马风才译，机械工业出版社 2013 年版。

［16］王永贵：《现代经济与管理类规划教材：客户关系管理》，北京交通大学出版社 2007 年版。

［17］于晓宇、王洋凯、李雅洁：《VUCA 时代下的企业生态战略》，载于《清华管理评论》2018 年第 12 期。

［18］张瑞敏：《黑海生态——物联网时代的新战略思维及管理工具》，载于《清华管理评论》2020 年第 9 期。

［19］张瑞敏：《论物联网时代的管理模式创新》，载于《企业管理》2020 年第 12 期。

［20］张瑞敏：《物联网生态品牌发展报告卷首语》，新华出版社 2020 年版。

［21］张瑞敏：《张瑞敏 链群共赢，千条江河归大海》，载于《中外管理》2019 年第 10 期。

［22］章凯、李朋波、罗文豪、张庆红、曹仰锋：《组织—员工目标融合的策略——基于海尔自主经营体管理的案例研究》，载于《管理世界》2014 年第 4 期。

［23］周长辉、曹仰锋：《绩效管理——执行力：源于领导力与目标管理》，载于《北大商业评论》2006 年第 1 期。

［24］邹薇、袁飞兰：《劳动收入份额、总需求与劳动生产率》，载于《中国工业经济》2018 年第 2 期。

［25］Adams J. S. Towards an understanding of inequity, The Journal of Abnormal and Social Psychology, 1963, 67 (5): 422.

［26］Bushman R. M. and Smith A. J. Financial accounting information and corporate governance, Journal of accounting and Economics, 2001, 32 (1-3): 237-333.

［27］Coase R. H. The nature of the firm, Economica, 1937, 4 (16): 386-405.

［28］Hackman J. R. and Oldham G. R. Development of job diagnostic survey, Journal of Applied Psychology, 1975, 60 (2): 159-170.

［29］Hackman J. R. and Oldham G. R. How job characteristics theory happened, The Oxford handbook of management theory: The process of theory development, 2005: 151-170.

［30］Hamel G. and Zanini M. The end of bureaucracy, Harvard Business Review, 2018, 96 (6): 50-59.

［31］Hart O. Firms, contracts, and financial structure, Clarendon press, 1995.

［32］Herzberg F. The Motivation to Work, Transaction Publishers, 1959.

［33］Holmstrom B. and Milgrom P. Aggregation and linearity in the provision of intertemporal incentives, Econometrica: Journal of the Econometric Society, 1987: 303-328.

［34］Holmstrom B. Moral hazard and observability, The Bell Journal of Economics, 1979: 74-91.

［35］Holmstrom B. Moral hazard in teams, The Bell Journal of Economics, 1982: 324-340.

［36］Kortuem G., Kawsar F., Sundramoorthy V. and Fitton D. Smart objects as building blocks for the internet of things, IEEE Internet Computing, 2009, 14 (1): 44-51.

［37］Krumwiede K., Lawson R. and Luo L. Haier's win-win value added approach, Strategic Finance, 2019, 100 (8): 24 - 31.

[38] Lambert R. A. and Larcker D. F. An analysis of the use of accounting and market measures of performance in executive compensation contracts, Journal of Accounting research, 1987: 85 - 125.

[39] Lambert R. A. Contracting theory and accounting, Journal of accounting and economics, 2001, 32 (1 - 3): 3 - 87.

[40] McClelland D. C. Human motivation, CUP Archive, 1987.

[41] Ryan R. M. and Deci E. L. Self-determination theory and the facilitation of intrinsic motivation, social development, and well-being, American psychologist, 2000, 55 (1): 68.

[42] Vroom V. H. Work and Motivation. New York: Wiley, 1964.

企业激励机制与员工内驱动力*

——为什么海尔的小微企业充满活力

夏怡斐　曲馨怡　汤谷良**

摘要： 本文以海尔小微企业的实践为例，讨论如何通过组织管控机制激发员工内驱力从而提升企业绩效和创新。研究发现海尔集团“人单合一”模式下的抢单机制允许小微企业成员自设业绩目标，增加了员工在业绩考核过程中的自主性和对个人工作目标的掌控度。海尔三自平台的支持允许小微企业在人力、财务、战略上实现分权自治，提高了小微企业成员在业务活动中的自主性和影响力。此外，海尔集团设置了体现海尔精神文化的各项荣誉奖项，促进了员工积极进取的精神，激发了员工的创造力和工作热情。小微企业通过业绩目标设定、三自平台分权自治以及强势的企业文化背景提升了员工努力工作、参与组织事务的内驱动机，从而最终实现管理效率和组织绩效的整体提升。本文一方面通过关注内驱动机完善了激励机制和激励效果的相关研究，另一方面为如何改进或提升组织管控机制的效率提供了新的思路。大型企业由于组织庞大，容易引起组织结构僵化、管理效率低下的问题，这也一直是组织管理理论和实践中需要解决的难题。海尔小微企业通过正式或非正式的管控机制激发员工内驱动机，重构基层活力和发展动力，使海尔能够更好地应对环境变化和创新要求，实现企业生态优化和长期业绩提升。海尔的小微企业实践为激发员工内驱力、改善大企业组织效率提供了宝贵的经验依据，具有重要的参考和借鉴意义。

关键词： 小微企业，内驱动机，业绩目标，分权自治，企业文化

---

* 如无特殊说明，本文引用受访者言论均出自 2020 年 11 月海尔实地调研访谈实录。

** 夏怡斐，温州肯恩大学。
曲馨怡、汤谷良，对外经济贸易大学。

一、引言

组织结构僵化、官僚化是大中型企业进一步发展需要克服的难题。大型组织机构中由于信息传递层级多、链条长，容易引起多部门间协调、管理、决策成本的增加。且多层级组织中员工个人利益与责任权力的直接关联性较低，可能导致组织内部无法形成有效的激励和竞争环境，阻碍企业效益的进一步提升（王公义，1994）。因此，如何有效破除僵化，激发组织内部活力，使企业能够更好地适应复杂多变的市场环境，一直以来都是理论界和实务界讨论关注的重点。针对可能出现的机制僵化和效率低下的问题，海尔集团在大型企业管理的改革实践中不懈探索，取得了重要的发展和突破。首先，海尔的“人单合一”模式要求员工在用户价值创造中实现个人价值分享，驱动员工转型成为创业者，由此衍生出直接面向用户的自主经营体，并与集团的资源平台并联后进一步构建出利益共同体。而随着利益共同体对自主经营权需求的提高，海尔集团又创造性地提出小微企业模式，鼓励利益共同体和创客在集团内部成立小微企业，使集团内部的层级组织转变为网络化、去中心化的自组织，更多地赋予基层决策的权力，呈现出更好的组织灵活性和应变能力。海尔的小微企业模式最大限度地激发了基层员工的自主性和积极性，从真正意义上实现了“把大企做小、做活”，能够有效缓解组织结构僵化的问题，也极大地提升了大企业发展创新的源动力。

海尔小微模式之所以能够成功的一个关键要素是小微企业在激励制度上的创新实践，即通过管控机制的设置提升员工激励的效度。一方面，来自组织内部低层级员工的进取心和创造力是企业保持活力的基源，有助于实现高效灵活的组织管理，提升企业的应变能力，推动企业的持续创新和发展（王公义，1994）。因此，好的激励制度应该能够最大限度地激发每个员工的积极主动性。另一方面，企业在实践中影响员工积极性的方式途径并不唯一，激励效果也会因具体情境变化而不同。传统的薪酬激励制度大多在组织目标与员工个人薪酬之间建立联系实现个人目标与组织目标的统一，从而调动员工工作积极性推动企业整体绩效的提升。但不论是工资、奖金等短期激励机制，还是股票、期权等长期激励机制，都属于建立并激发员工外驱动机（extrinsic motivation）的方式途径，即通过提供物质、财务等形式的报酬来强化鼓励符合组织价值的员工行为。而员工的内驱动机（intrinsic motivation），即员工对工作本身的热情，对个人努力、组织绩效以及创新活动都有着不容忽视的影响，却鲜有研究论证组织管控机制是否以及如何激发员工的内部驱动力，实务界也缺乏与员工内驱激励相关的理论指导和经验证据。海尔小微企业的激励制度，实际上是从员工内驱力的角度出发，借助管控机制激发员工工作热情，提升员工绩效表现。海尔小微企业是组织管理创新实践中重要的探索和尝试，为研究企业的内驱激励机制提供了宝贵的一手资料，也为大型企业如何破除僵化提供了方向性的指引和示范。

具体而言，员工的内驱动机是指员工出于对工作本身的兴趣而自发自愿的付出努力完成工作，与工作所能获得的报酬无关（Lepper，Greene and Nisbett，1973；Ryan and Deci，2000）。与之相对，员工的外驱动机则是以取得财务报酬或职位晋升等外部利益为目的完成组织分配的工作任务（Ryan and Deci，2000）。根据已有的心理学和管理学研究，由内在兴趣引发的驱动力往往比外部报酬的激励效果更为深入和持久（Shin，Yuan and Zhou，2017）。因此与外驱动机相比，内驱动机能够使员工保持更高的工作热情，并增加工作中的主动性和创造性（Amabile，1996；Shalley，Zhou and Oldham 2004）。鉴于内驱动机对个人努力程度和工作绩效的积极影响，且内驱动机属于非货币形式的激励，对企业而言成本更低，企业也在实践中不断尝试能够激发员工内驱动机的方法途径，但尚未发现显著有效的激励制度或体系（Gagné and Deci，2005；Weibel，Rost and Osterloh，2010）。现有的组织管理研究也只是区分了内驱动机和外驱动机的激励效果，提出以外驱动机为基础的绩效薪酬会弱化员工的内驱动机，但并未说明如何能够促进或提升员工的内驱动机（Ryan and Deci，2000）。所以，建立有效的内驱激励机制，降低外部激励的负面影响，更好地实现员工激励，推动管理效率和组织绩效提升，仍然是企业管理理论和实践共同关注的问题（Osterloh and Frey，2000）。

本文采用案例研究的方法，以海尔小微企业模式为例，探索如何通过组织管控机制的设计激发员工内驱力从而提升企业创新和绩效。通过观察讨论海尔小微企业中绩效目标的形成及考核过程，小微企业战略、人事、财务等各项权力的分配落实方法，以及企业文化氛围对员工精神层面的影响，我们分析了正式和非正式的组织管控机制是否以及如何激发调动员工的内驱动机。研究发现，海尔集团“人单合一”模式下的抢单机制允许小微企业成员自设业绩目标，增加了员工在业绩考核过程中的自主性和对个人工作目标的掌控度。同时，海尔三自平台的支持允许小微企业在人力、财务、战略上实现分权自治，使得小微企业成员在业务活动中获得了更高的自主性和影响力。此外，海尔集团设置了体现海尔精神文化的各项荣誉奖项，促进了员工积极进取的精神，激发了员工的创造力和工作热情。小微企业通过业绩目标设定、三自平台分权自治以及强势的企业文化背景提升了员工努力工作、参与组织事务的内驱动机，从而最终实现组织绩效的整体提升。

本文通过海尔小微企业的激励制度和激励效果讨论了管控机制对内驱动机的影响，是对组织激励研究的重要补充，也是对大企业如何破除僵化、激发组织活力的理论探索。以往关于激励机制的研究大多关注员工的外驱动机，探索如何建立有效的外部反馈机制，希望通过设置合理的薪酬奖惩制度引导激发员工的利组织行为，降低代理成本、提升组织绩效。然而，外部激励在企业实践中可能存在各种各样的问题，比如如何选择考核指标、考核方式，以及如何设置业绩目标、考核范围或激励手段等，都会直接影响激励机制的有效性（Kunz and Pfaff, 2002）。更重要的是，心理学和管理学的研究发现，过度依赖外部薪酬考核，会显著弱化员工的内驱动机，即自发的工作热情，反而对整体的激励效果产生负面影响。本文讨论正式或非正式的管控机制是否以及如何提升员工的内驱动机，一方面通过关注内驱动机完善了激励机制和激励效果的相关研究，另一方面为如何改进或提升组织管控机制的效率提供了新的思路。大型企业在发展过程中由于组织庞大，容易面临组织结构僵化、管理效率低的问题。海尔小微企业通过小微主自设业绩目标、三自平台①分权自治以及强势的企业文化背景等组织管控机制激发员工内驱动机，重构组织基层活力和发展动力，使海尔能够更好地应对环境变化和创新要求，实现企业生态优化和长期业绩提升。海尔的小微企业实践为激发员工内驱力、改善大企业组织效率提供了宝贵的经验依据，具有重要的参考价值和借鉴意义。

---

① 三自平台为海尔对战略、财务、人力三大职能部门的统称。

二、文献回顾

（一）内驱动机与外驱动机

内驱动机是指为了工作本身带来的挑战、乐趣或者满足感等与个人和工作特质相关的因素，愿意付出努力完成工作的动力，而与完成工作所能够带来的外部报酬或反馈并不相关（Lepper, Greene and Nisbett, 1973; Ryan and Deci, 2000）。与之相对应的外驱动机通常指以获取或得到一定的结果为目的去从事或完成某一项工作，比如组织向其成员提供财务或非财务形式的报酬来强化鼓励组织成员的某些特定行为以实现组织总体业绩目标，包括薪酬、晋升以及反向的惩处机制等，都属于典型的外驱动机（Ryan and Deci, 2000; Soyer et al. 2010; Dilekmen and Ada 2012）。由于内驱动机和外驱动机都能够对个人努力程度和工作绩效产生积极显著的影响，企业在实践中除了向员工提供基于绩效考核的外部激励，也在不断尝试能够激发员工内驱动机的方法途径，比如增加工作的自主性、提供建设性的反馈意见、突出强调工作任务的重要性、设置有竞争性的工资薪酬等（Gagné and Deci, 2005; Weibel, Rost and Osterloh, 2010）。特别是内驱动机属于非货币形式的激励，对企业而言成本更低，因而企业在实践中也格外关注（Kuvaas et al., 2017）。

虽然内驱动机和外驱动机都能够增加个人努力程度提升工作绩效，但已有研究发现，由内在兴趣引发的驱动力比外部报酬更为深入和持久（Shin, Yuan and Zhou, 2017）。此外，仅就员工创新活动而言，外驱动机的激励效果也弱于内驱动机，而基于组织整体绩效设置的外部激励机制反而还有可能对企业创新产生负面影响（Byron and Khazanchi, 2012）。员工的内驱动机能促使员工保持好奇心和学习导向，具备更高的认知灵活性，更愿意承担风险，在面对挑战、困难和机遇时也更加坚韧，从而有助于培养激发员工的创造力（Amabile, 1997; Oldham and Cummings, 1996; Tierney, Farmer and Graen, 1999; Zhou, 2003; Zhou and Ren, 2012）。因此，相较于外驱动机，员工的内驱动机更能够使员工保持工作热情，增加工作中的创造性（Amabile，1996；Shalley，Zhou and Oldham 2004）。

已有组织管理效率的相关研究对内驱动机和外驱动机的激励效果进行了区分验证，指出内驱动机缺失是导致员工离职的主要原因（Uysal，2019），而外部的绩效激励机制有可能会弱化员工的内驱动机，反而对组织绩效产生负面影响（Ryan and Deci，2000）。因此，在企业激励制度中占主导地位的、以经济学理论为基础的薪酬契约，在考虑个人动机时可能是片面、短视的，会导致薪酬激励方案在企业实践中产生诸多问题（Kunz and Pfaff，2002）。所以，如何将内驱动机纳入激励体系，降低外部激励机制可能带来的负面影响，更好地实现员工激励，是理论和实践都在关注的重点，也是本文研究的出发点（Osterloh and Frey，2000）。

（二）业绩目标设定与内驱动机

业绩目标设置是增加员工努力程度、努力持续程度和工作绩效的重要途径（Locke and Latham，2002，2006；Miner，2003）。有文献指出设置具体的、有难度的业绩目标能够显著提升工作绩效（Welsh and Ordonez，2014）。作为实践中重要的员工激励机制，业绩目标设定也因此成为管理者工作的重要内容（Ambrose and Kulik，1999）。然而，绩效目标理论也指出，设置过高的业绩目标有可能会带来与预期相悖的负面效果，比如员工为实现高难度的业绩目标可能采取不道德的行为手段（Schweitzer et al.，2004），当高难度业绩目标无法实现时会引起员工的压力感、挫败感和低落的士气，从而导致未来更差的绩效表现（Cochran and Tesser，1996；King and Burton，2003；Soman and Cheema，2004）。因此，我们需要探索在实践中如何避免目标设置过程中可能出现的负面影响从而最大化其激励效果。

根据已有研究，当业绩目标有难度但可实现时，员工愿意付出努力的动机更强（Cheng，Luckett and Mahama，2007）。那么在企业内部，员工通过自设业绩目标的形式竞争工作机会有可能同时满足业绩目标的难度和可实现性两方面的要求，从而可以在保持目标设置激励作用的同时降低目标难度过高的负面影响，有助于组织绩效的提升。一方面，员工本人比上级更了解自身的工作能力，自设目标更有可能让员工选择在自己能力范围内的业绩目标。另一方面，通过目标预设竞争上岗要求员工在自己的能力范围内设定尽可能高的业绩目标，才能够增加获得工作机会的可能性。

更重要的是，员工根据个人能力自设业绩目标，通过自设目标竞争工作机会，通过完成自设目标获取相应的报酬，最大化了员工在业绩目标设置和考核过程中的自主性。由于员工在自设目标的过程中提升了工作任务的参与度和代理感，增加了员工对个人业绩目标的掌控程度，能够显著提升员工工作投入的内驱动机，对组织绩效产生积极影响（Morf，Weir and Davidov，2000；Emuwa，2013）。

（三）分权与内驱动机

组织内部权力责任的分配是组织管控机制的重要组成部分。现有研究指出组织内部的分权程度应权衡考虑信息沟通成本和代理控制成本，随沟通成本的增加而上升，随控制成本的增加而下降（Jensen and Meckling，1992；Christie et al.，1993）。当上下级之间无法实现信息沟通且代理人行为可观测时，将决策权分配给信息优势方是更好的组织安排（Demski，Patell and Wolfson，1984；Melumad，Mookherjee and Reichelstein，1992）。同时，决策方掌握与决策相关的信息知识，更有可能实现决策价值最大化的目标（Hayek，1945；Harris et al.，1982；Jensen and Meckling，1992）。以往管理学和经济学研究中关于组织分权安排的讨论多关注上下级之间的沟通成本和代理成本，以期通过合理的权责分配机制降低管理成本提升管理效率，但并未考虑决策权本身对代理人可能产生的激励作用。

阿洪和泰勒尔（Aghion and Tirole，1997）明确提出了分权的激励效果。若就组织权力层级而言，上级有权否决下级的决策，但当下级比上级有更大的信息优势且与上级的决策偏好并无冲突，上级大多情况下都会支持下级的提议，那么下级则拥有了实际的决策权。分权给具有信息优势的下级一方面能够扩大下级对业务活动的影响力度，另一方面增加了下级的决策自由度和责任感，使下级代理人能够在不同的业务活动之间进行权衡以实现决策优化（Prendergast，2002；Jensen，2001）。以往研究表明，员工对组织战略、运营、行政等活动的影响程度能够对员工自身的内驱动机产生直接影响（Emuwa，2013）。因此，除了分权本身带来的信息优势之外，员工在业务活动中更高的自主性和影响力也能够显著提升员工参与组织活动的内驱动机，从而进一步对组织绩效产生积极正面的影响（Emuwa，2013）。

（四）非正式管控机制——企业文化

企业文化是组织成员共享的价值观体系，当这种价值观为员工所接受，就可以影响员工行为，从而也使组织能够通过形成非正式的共享准则弥补政策制度层面的缺漏（O'Reilly，Chatman and Caldwell，1991）。由于企业文化的形成可以提升组织成员对组织活动的参与度，促进企业内部经营管理特质的优化传承，已有文献表明，良好的企业文化能够对组织的经营绩效产生积极正面的影响（Denison，1990；Gordon and Ditomaso，1992）。而企业文化对组织绩效的影响主要是通过企业文化对员工的激励作用来实现的（O'Reilly et al.，1991）。一方面企业精神能够使员工产生努力工作的内在驱动力，另一方面宽松的文化氛围能够激发员工的创造力，从而形成对员工的激励，提升员工的工作热情和业绩表现（吴文盛，2005）。因此，积极进取的企业文化本身就能够对员工的内驱动机产生积极的推动作用。此外，良好的文化氛围也有助于员工在各项组织活动中充分发挥自主性，进一步加强正式的管控机制对员工内驱动机的推动作用，如业绩目标设置和分权，从而最终实现组织绩效的提升。

总之，员工的内驱动机是实现有效激励推动组织绩效的重要影响因素，但现有的激励机制大多是基于外驱动机的薪酬激励方案，虽然在企业实践中广泛应用，但过度依赖外驱动机有可能会损害员工的内驱动机从而产生负面影响。本文的研究主要关注业绩目标设置、组织分权安排以及企业文化等正式和非正式的组织管控机制对员工内驱力的影响，从而分析并验证如何将内驱动机纳入管控体系以更好地实现员工激励。

三、案例研究方法与背景

（一）研究方法

本文采用案例研究的方法探索分析管控机制设置对员工内驱动机的影响。通过对海尔小微企业这一组织形式的运营进行实地考察和对比分析，综合使用观察、记录、录音和访谈的方法获取研究资料，为本文的理论框架提供企业实践的经验证据。

案例研究能够对研究对象进行详细深入地描述与分析，特别适合关注“如何（how）”以及“为什么（why）”的研究问题（Yin，2009）。本文重点讨论如何将员工内驱动机纳入管控体系，通过影响内驱动机提升激励效果和组织绩效。现有的企业管理理论和实践都未就这一问题提出明确的建议或结论，因而更适宜采用案例研究方法进行探索性研究。本文选择海尔小微企业进行案例研究，主要是因为海尔集团在员工激励制度的改革实践中不断探索，已取得了卓有成效的发展和突破。海尔小微企业中的各项员工激励制度已实践多年，且适用范围覆盖至每一位小微企业员工。海尔一直是中国企业管理创新实践的代表（戴天婧等，2012），小微企业激励制度实施的广度和深度也有助于我们更好地理解其后果影响，符合研究样本选择的重要性与代表性要求。观察、分析、总结、提炼海尔在组织激励中的成功经验，有可能为企业实践提供具有指导意义的理论支持和补充。

自 2020 年 10 月开始，我们对海尔集团的“人单合一”绩效考核机制，三自平台运行情况以及企业文化建设等各方面进行了初步的了解和相关的资料收集。随后，我们对海尔集团总部及旗下多个小微企业进行实地集中调研，实地访谈 14 人次，访谈对象包括财务部、人力资源部、战略部的管理人员，以及雷神科技、海尔生物医疗、日日顺物流等多家小微企业负责人（小微主），所有访谈对象均熟知或参与了小微企业的激励考核方案及相关的组织管理事务。在确认被访者同意并保障被访者隐私的前提下，所有访谈全程录音并整理成文字资料。访谈结束后，我们还通过电话或邮件回访对部分访谈内容进行了核实确认。

（二）研究背景

1. 海尔小微企业设立背景

（1）“人单合一”模式。

传统组织形态的激励模式采用的是宽带薪酬制度（闫泓等，2009），各级员工按职位级别分配薪酬，薪酬考核以企业为中心，无法准确反映员工个人创造的有效价值，缺乏自主创新经营激励。2005 年，海尔集团提出了“人单合一”商业模式，其中“人”不再是被动执行的员工，而是具有自主精神的创客，“单”不是狭义的订单，而是参与价值共创、增值共享的终身用户；“合一”是每个创客与用户的合约、创客价值与其创造的终身用户价值的大小合一。“人单合一”的基本思想是，员工应该直接面对用户，创造用户价值，从而在用户价值创造中实现个人的价值分享。这一模式不仅颠覆了战略和组织架构，从企业、员工和用户三个维度创新互联网时代的企业管理模式；而且颠覆了传统企业的委托代理激励契约，建立全员契约，通过“竞单上岗、按单聚散”的方式，驱动员工转型成为真正的创业者，实现了员工与用户的真正合一。

海尔集团的“人单合一”模式衍生出直接面向用户的自主经营体，改变了传统的正三角组织架构（戴天婧等，2012），但是资源平台仍与用户脱节，在为自主经营体提供资源的过程中存在效率低下、反应不及时等问题。集团将自主经营体与资源平台进行并联，构建利益共同体，在利益共同体对自主经营权需求不断提高的情况下，海尔在 2013 年创造性地提出了小微企业模式，利益共同体和创客可以成立小微企业，集团内部既没有主体与客体之分，也没有层级之分，只有网络化、去中心化的自组织（见图 1）。

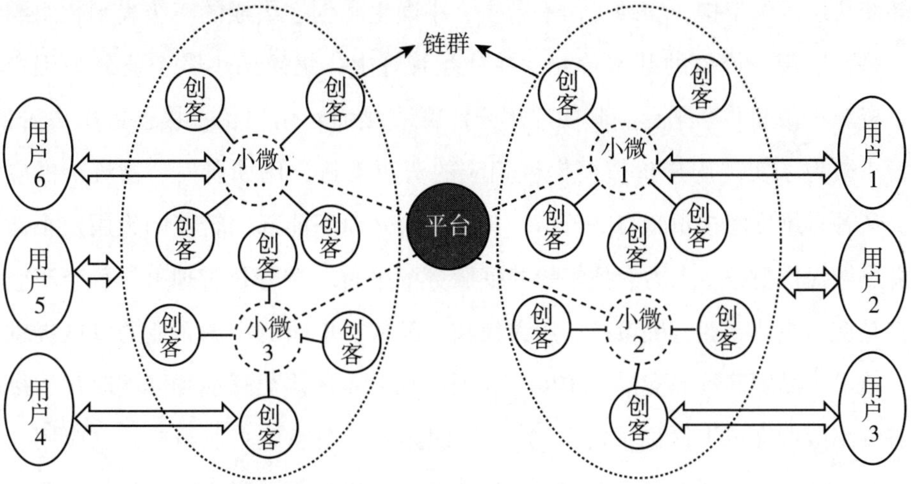

图 1　海尔“人单合一”模式组织结构

资料来源：海尔“人单合一”模式研究院。

（2）第四张表：共赢增值表。

在物联网时代下，随着企业商业模式和经营业态的变化，传统的三张财务报表以货币计量的方式，记录传递了企业价值创造的过程，但无法核算和展现小微创业转型的关键表外指标，如用户数、资源方数量、员工及各攸关方的价值创造与分享等。因此，海尔基于“人单合一”管理模式创新出第四张表，即“共赢增值表”，这是在传统三张报表的基础上，为物联网时代管理会计量身定制的财务指标与非财务指标相结合的一张报表，是对海尔现行战略、组织架构和商业模式的一致性呼应。共赢增值表包含六大要素，即用户资源、资源方、生态平台价值总量、收入、成本和边际收益，以用户为中心，动态监测、评估和驱动价值创造的全过程，准确地衡量了生态平台的价值增值，并展示了价值增值如何在用户、链群、资源方和海尔等攸关方所构成的生态平台之间进行分配共享。共赢增值表成为海尔“平台＋小微＋创客”生态圈转型中的重要驱动工具，是二维点阵创新的重要制度基础，为小微企业的管理变革提供有效支撑。

2. 小微企业实践介绍

海尔集团的小微企业是“人单合一”模式下的管理与组织创新，颠覆了集团的传统科层组织架构，实现了由平台主、小微主和创客组成的三级扁平化组织结构，是创造用户价值的基本单元。在分类管理上，集团的小微企业分为用户小微、资源小微和共享平台。其中，用户小微直接面对用户，直接创造用户价值；资源小微为了实现用户价值而提供相应的资源支持，比如研发、物流、供应链等，从各自维度间接贡献自身价值；共享平台是原职能部门转变的为用户小微和资源小微提供财务、人力、技术等共享服务的平台。在分权管理上，每个小微企业都是交易主体，拥有决策权、用人权和分配权，集团对小微企业的发展提供资金、技术、品牌等资源支持。2019 年 1 月，海尔集团提出适应物联网时代引爆的生态链小微群（以下简称“链群”）的组织体系，由小微企业组成，以应用场景为驱动，将小微企业之间、小微企业与外部节点进行了并联。链群包括创单链群和体验链群，其中，体验链群通过触点网络直接面向真实用户，精准获取用户体验和产品升级需求；创单链群具体落实解决方案，全流程、全场景满足用户的个性化需求，实现用户体验的迭代升级（见图 2）。

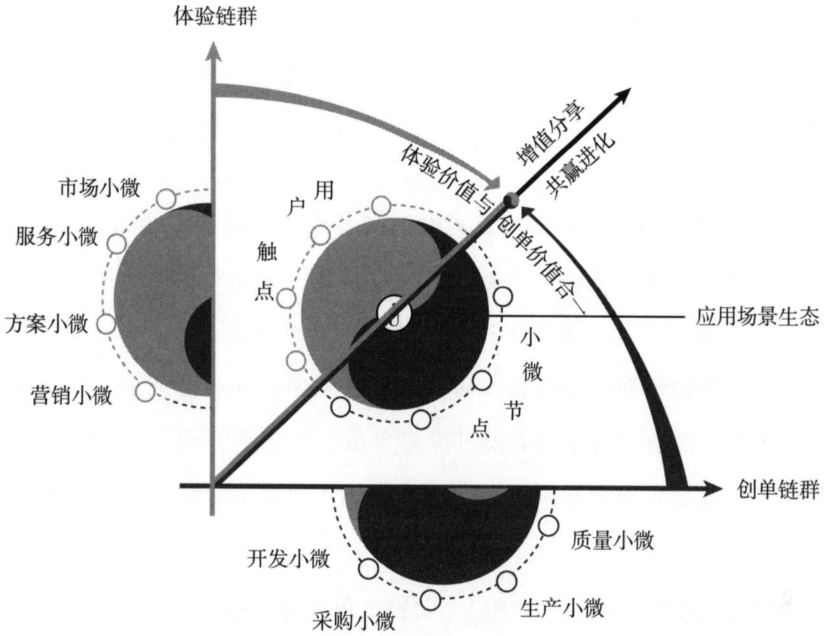

图 2　链群合约生态

资料来源：海尔“人单合一”模式研究院。

截至 2021 年 2 月，海尔集团孵化平台已承接 4000 多家小微企业，成功孵化 5 家独角兽企业和 37 家瞪羚企业，其中，青岛海尔生物医疗股份有限公司（以下简称“海尔生物”）已于 2019 年 10 月成功在科创板上市，青岛雷神科技股份有限公司（以下简称“雷神科技”）、日日顺供应链科技股份有限公司（以下简称“日日顺”）和青岛有屋智能家居科技股份有限公司（以下简称“有屋智能”）正在接受或已完成上市辅导。

四、案例分析

（一）小微企业的激励制度：抢单与业绩目标设置

在“人单合一”模式下，海尔集团小微企业采用的激励制度是用户付薪人单酬机制，即员工为用户创造价值，薪酬来自为用户创造价值的超利分享。具体来说，海尔用户付薪以激励员工创业为导向，以共创共赢、价值共享、风险自担为原则，按照缴足利润、挣够费用、盈亏归己、增值分享的方式，实行“0－0－30”机制，具体内容包括：

“0固定薪酬，如果达不成对赌目标只能得到最低的生活保障；0费用，只有形成业务流水，才会批准相应预算；30%是风险金池，员工要把30%的薪酬放入风险金池进行对赌。薪酬的计算方式是小微企业的收入减去对赌回报即为小微企业的自主经营空间，扣除费用、人工成本和风险成本后的余额是小微企业可分享价值，其中30%作为风险金，其余70%可以进行当期分享。”（根据海尔集团人力经理在访谈中的介绍）

用户付薪人单酬的核心是“单”，实行按单预算、按单预酬、按单兑现的激励机制。海尔集团构建纵横匹配表作为“单”的模型，其中纵轴表示战略价值，具体表现为从高端品牌到品牌差异化的路径，探讨海尔集团和小微企业的可持续发展问题。横轴代表市场竞争力，主要包括收入、利润（率）、生态收入等财务指标，体现战略运营的结果；纵横匹配表形成的二维点阵对目标区位进行了明确划分，从二区位到十区位，每个区位目标对应要达到的竞争力水平，例如六区位对应的是行业领先水平、八区位对应的是对赌目标、十区位对应的是全球引领水平（见图3）。

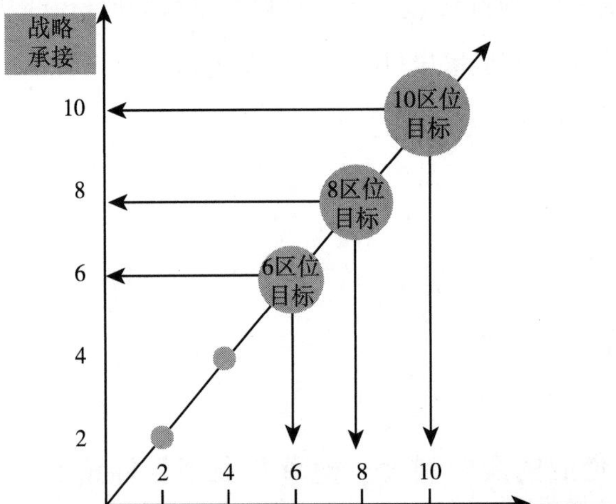

图3　海尔二维点阵

资料来源：海尔集团。

用户付薪人单酬的关键环节是抢“单”，员工需要阐述自己的竞争优势是否与竞选的岗位职责和目标要求相匹配，实行竞单上岗。小微企业和员工个人都要根据纵横匹配表按照自下而上的模式通过抢“单”来自主设定业绩目标。小微企业与集团签订对赌契约合同，员工个人则绑定“人单合一”双赢承诺卡，小微企业与个人均要承诺预期达成的目标，抢“单”的过程即为自主设定目标的过程。在访谈中，海尔集团的人力经理在被问及抢“单”的内容时谈道：

“纵横匹配表能驱动小微不仅是去抢一个与同期相比的目标，而是将小微置身于行业，明确在行业上的水平，再去定目标。以冰箱产业为例，本身已经蝉联第一，就要考虑基于持续保持行业第一的水平上的增速应该是什么水平，从纵横轴上指引小微制定目标。小微企业在抢单的时候有底线目标、正常目标和挑战目标，抢到什么目标，就存在相应的增值分享，抢的目标越高，增值分享就越高；不管是人或组织都有一个承诺要达成的目标。小微先承接大的目标，每个人从自己的维度为了小微实现这个目标应该怎么去做，都会有一张自己的‘人单合一’双赢承诺卡”。

纵横匹配的目标与个人薪酬直接挂钩，纵横匹配价值越大，激励水平越高，增值分享结构越丰富。匹配价值是指横轴实现的目标要和纵轴的战略路径相匹配，以净收入为例，如果1000万元的净收入指标对应100个终身用户价值，而实际上50个用户价值即可达到净收入要求，此时的匹配价值较低，需要重新论证目标本身的竞争力是否存在问题，同时降低对小微企业和个人绩效的区位评价，通过抢“单”将目标设定和绩效管理进行有机结合（见图4）。

纵横轴匹配表		2021年的单		2020年实际	2021年目标			
		单	指标定义		引爆目标		底线目标	
					值	增幅	值	增幅
横轴	生态成果	收入						
		利润						
		生态收入						
		…						
纵横轴匹配表		单	高分享高增值目标	现状	升级点		驱动机制	
纵轴	战略路径							
纵横轴匹配表		单	对赌目标	现状	升级点		驱动机制	
纵轴	战略路径							
纵横轴匹配表		单	引领目标	现状	升级点		驱动机制	
纵轴	战略路径							

图4　纵横匹配表

资料来源：海尔集团。

用户小微抢单以后，其他的资源小微就要为了用户小微实现的价值确定贡献的内容。比如热水器小微为了更快的满足用户的交付期需求，进行了很大的转变，将各部门变成共同的利益关系绑定，实现了从原来的15天交付产品变成3天交付，交付期缩短了80%，极大地提高了工作效率和质量。海尔集团的人力经理在谈及传统激励方式与小微企业激励的区别时提道：

“两者在设置的目标和实现的结果方面存在差异，转型小微采用的是传统的激励方式，以现金激励为主，以当期目标的实现为对赌内容；而内部孵化的创业小微的对赌目标与估值和上市有关，最终转化为股票激励。”

传统的目标设定通常采取自上而下的方式，在内容上单纯追求财务指标，过度关注短期目标，不利于企业的长期发展；在激励效果上属于外部驱动，激励与“单”未完全挂钩，员工自主创新和持续学习的积极性不高。而海尔集团的用户付薪和抢“单”机制颠覆了传统的“固定薪酬+绩效薪酬”模式，打破了级别薪酬和框架薪酬的概念，将所有薪酬均与创造的用户价值进行挂钩，将自下而上的抢“单”目标承接自上而下的企业战略目标，同时将集团、小微企业的战略目标深度融入个人目标与价值中，真正实现了集团、小微企业与个人之间共赢共享、共担风险的激励理念。

在原有的企业付薪机制下，员工是工作任务的执行者、个人薪酬的接受者，而海尔的用户付薪机制将员工由执行者变成创业者，每个小微企业的薪酬取决于其创造用户价值的大小。这一创新机制颠覆了传统的激励制度，形成各利益相关方共创共享、共担风险的组织模式，对小微企业来讲，用户付薪不仅重新定义小微企业与平台的市场化资源对赌关系，还驱动小微企业为用户创造价值增值，从而实现按价值自挣自花、自主分配；而且驱动小微企业之间形成同一目标、同一薪源，激励用户小微与资源小微从各自的维度直接或间接贡献价值；对创客而言，用户付薪人单酬体现为按单预酬、高单高酬，按价值共赢共享，内在地激发员工努力提升小微价值的积极性，进而实现自我价值最大化。同时，纵横匹配表和抢“单”机制驱动小微企业改变传统的基期目标设定方式，要求小微企业站在集团战略发展的角度，对标行业内一流企业水平，以实现用户价值为引导选择战略价值与市场竞争力的定位，自主制定业绩目标。因此，用户付薪制度实现了小微企业预期目标与战略路径的相互匹配，也实现了公司与个人的目标设定与绩效评价之间的有机结合，既驱动了小微企业实现可持续发展，也激发了个体创造价值的积极性。根据分析，本文提出以下命题。

命题1：抢单机制允许小微企业成员自设业绩目标，增加了员工在业绩考核过程中的自主性和对个人工作目标的掌控度，从而显著提升了员工努力工作创造价值的内驱动机。

（二）小微企业的权责分配：三自机制与权责安排

海尔集团的三自平台管控机制是实现小微企业决策价值最大化的基础制度保障。三自平台指的是财务、人力、战略部门形成的自驱动、自运转、自组织管控平台。“人单合一”模式改变了传统的人员组织架构，形成了由链群主、小微主和小微成员组成的新型组织层级。小微企业是基础创业单元，在三自机制下具有决策和经营的自主性；链群是创造用户价值的基本单元，构建小微企业之间的价值生态圈，推动实现利益相关方之间的增值共享。链群合约（EMC Contract）以小微主为主，签订纵横匹配表，驱动全员自下而上找到各自的价值，同时围绕用户的需求去创造价值。链群合约解决了目标设定过程的信息不对称，动态地完成了抢“单”过程中的对赌契约和增值分享方案的制定。设置链群合约的过程即为自主设定目标的过程，根据战略方向、市场份额、用户群体、行业壁垒等因素来确定目标实现时间、整体目标与细分目标，在这个过程中，三自（财务、人力、战略）平台不仅给予链群资源支撑、信息支持和制度支持，而且各领域的三自平台承接集团的整体战略方向，共同制定市场竞争力目标，同时也会协助制定细分目标的具体内容。因此，三自平台在链群目标设定和实现过程发挥了重要作用。海尔集团的人力经理在谈及小微企业分权自治时提到对人工成本资源的分配方面：

“小微企业自主运营实现三权独立，主要包括自主决策权、自主用人权和自主分配权。在人工成本方面，三权体现得非常充分。以前是由集团核算个人的成本，而‘人单合一’将该权限下放到小微企业，如果人工成本资源存在结余，人力部门会和小微主关于结余进行沟通，确定结余部分的具体用途，小微主具有自主分配或留存的权限。在战略方面，抢‘单’过程会形成链群和链群主，链群主有权限在事先明确分配方案，事后按照方案执行并进行差异调整。”

雷神科技是海尔集团投资孵化的互联网科技小微企业，主营业务为游戏笔记本、游戏台式机和游戏外设等产品的设计、研发和销售，同时为电竞硬件产品配套相关服务。集团对管理团队成员的任免机制完全下放至小微企业，成员通过抢“单”形成并不断更新管理团队，自主设置员工的进出管理制度，在小微内部建立自己的发展体系，创造小微独有的员工职位等级，如白银、黄金、钻石等，体现了小微企业在人事制度方面具有充分的自主性。雷神科技的小微主在被问及三自平台对小微企业员工发展体系的问题时谈道：

“三自平台对小微企业实行的机制是三权让步，比如小微的用人权，在海尔集团内部没有钻石、黄金、白银这样的员工等级段位，是小微自己发明出的这种段位，段位从白银开始升。小微在发展过程中实际上是认单不认人，员工可以跨越段位抢单，也可以连升段位；比如财务管理负责事前全流程预算，过程中动态管理，事后观察变化，对小微具体的运营做到完全放权。”

海尔生物是基于物联网场景转型孵化出的生物安全科技小微企业，以生物样本、血液、疫苗、药品试剂、生物实验室为五大主要板块。集团对小微的薪酬奖金分配实行充分放权，小微对链群的超利分享的具体额度具有自主决策权和自主分配权，海尔生物的首席财务官在回答薪酬分配的问题时谈道：

“奖金由财务和人力按照对赌目标和计量的标准计算每个季度的超利分享总额，总额由HR给到链群主，链群主有自主分配权，充分放权。链群主设定总的收入目标，人力、财务、战略团队会跟他设定一个激励机制，激励机制主要是针对整个链群的，到了达成的时候，我们就会把这个金额通过很公开透明的计算方式告诉他们，将总额给到链群主，他会进行人员的分配，链群主有权设定具体分配方案。”

日日顺物流是科技化、数字化、场景化物联网场景物流生态小微企业，在薪酬分配方面，三自平台对小微企业的指导原则是按单兑现，具体表现为高单高酬、低单低酬、无单无酬。具体做法是，三自平台在事前制定超利分享和按单分配的规则，事中动态显示小微目标的达成情况和效率标准，事后按照规则与调整内容进行利润兑现，不干涉小微企业的具体运营过程，实现充分放权。

小微企业打破了原有的“他组织”和自上而下的业绩考核模式，各链群和各个小微都以用户价值为目标、以增值分享为驱动，建立自驱动、自运转、自组织的分权自治，真正实现了“决策权、用人权、分配权”的下放。分权增强了小微企业的自增值和自进化能力，同时也激活员工的创业潜能和工作活力。据此，我们提出本文的研究命题2。

命题2：三自平台保障了小微主对小微企业的战略、人事、财务权力，小微企业分权自治使其成员在业务活动中获得了更高的自主性和影响力，促进了员工参与组织事务提升组织绩效的内驱动机，也增强了小微企业自增值和自进化的能力。

（三）企业文化：精神激励

海尔集团的精神激励机制是内驱动力的重要体现。在荣誉奖励层面，集团设立了“人单合一”勋章奖、三金奖以及其他月度和年度奖。其中“人单合一”勋章奖以创造价值的大小为评选标准，是集团最高奖项，海尔生物的首席财务官在谈及该奖项时提道：

> “‘人单合一’勋章奖在大家心中是至高无上的荣誉，是集团对自己工作的认可，对员工有更大的信心和驱动，对整个团队信心的影响非常显著；同时集团平台在背后给予支持、肯定和帮助，也会给大家带来很强的归属感。”

另外，三金奖包括金网奖、金锤奖和金榕树奖，表彰在战略创新、组织创新、产品和服务创新、管理创新、机制创新等方面具有突出贡献的管理者、个人和团队，提供奖励及升迁、外出培训等机会，并在集团范围内进行推广。一方面通过集团的新闻报刊等自媒体的形式展示获奖团队和优秀案例，表达对员工的肯定与表扬，有利于充分激发员工的内在创造力和积极性；另一方面通过领导行为和风格营造宽松的企业文化氛围，调动员工的主动性与工作热情。

在能力培训层面，集团提出了 ZBB 人才链①奖励机制，针对集团和不同层级的平台主、链群主和小微主都设置相应的人才后备梯队平台，覆盖范围广，奖项数量多，集团和各领域的人才链奖励数量达到 800 多人，获奖人才可以享受优先发展、培训机会、学历再教育等权利，有助于实现平台赋能小微企业和个人效果的未来价值转化。在榜样典型层面，集团组织了定期的各领域样板会，正向激励具有典型代表的小微企业进行经验分享，并有机会得到集团领导的亲自指导。样板会既增加了员工的参与机会，又能有效激发员工的专业潜能，不断迭代升级运营和管理思想，驱动小微企业创业者的持续学习。

海尔集团从 1984 年创立以来，先后经历了名牌、多元化、国际化、全球化品牌、网络化和生态品牌六大战略阶段，从一开始就确立了用户导向的企业战略和企业文化，始终以人的价值为核心。在物联网时代，海尔的“人单合一”模式造就了新时期的创业文化，“人人创客、链群自驱”已经成为海尔生态可持续发展的价值理念，这样的企业精神极大地鼓励员工成为创客，始终以用户体验为核心驱动力，在工作中保持挑战自我和持续创新的动力。另外，集团的精神激励使员工充满创业和奋斗的激情。所有的访谈人员在提及“人单合一”勋章奖和三金奖时都表示对员工的激励意义特别大。雷神科技的副总谈道：

> “对创业者来说，海尔除了物质激励之外，我们在这个平台上学到了很多管理方面的东西，因为管理思想不断迭代升级，小微创业者也需要不断学习；集团和小微的文化相通提升了流程效率，对接更加便捷。”

因此，海尔的创业文化和精神激励影响和改变了员工对工作和团队的认知，成为员工主动提高工作效率和积极创新的内在驱动力。据此，本文提出以下命题。

命题 3：积极进取的企业精神能够产生驱动力，宽松的企业文化氛围能够激

① ZBB 为海尔动态的人才预算体系，源于零基预算（zero - based budgeting）概念，体现海尔的非线性人才发展理念和开放机制。“零基”强调创客发展不取决于年龄、资历，而是完全基于创造的价值。

发员工的创造力，从而对员工的内驱动机产生积极影响，提升员工的工作热情和业绩表现。

（四）内驱动机与组织绩效

用户付薪、创业机制、按价值自挣自花、共赢共享的理念将激励对象拓展至创客平台。海尔集团实行“同一目标，同一薪源”，只有小微的所有成员都达成对赌目标时，才能分享相应的薪酬；若价值链上某一个小微成员达不到既定目标，整个价值链的薪酬都会受到影响。这一模式既激发了所有员工的内驱动机，根据集团和小微发展战略合理设定目标、主动提高“单”的效率、质量和用户价值，也从根源上解决了各个节点小微之间责任不清、推诿扯皮的问题。

以雷神科技为例，内部员工从白银到黄金再到钻石的段位升级与时间无关，完全取决于个人抢的“单”的大小和完成情况。小微和三自平台解放了晋升和考核机制，以前员工是打工者，现在变成自主加盟和对赌跟投，很多员工两年就晋升到产品总监，这是对传统组织结构和职能权力集中制度的创造性颠覆；同时，海尔集团内部取消了按级别定薪酬的制度，不存在薪酬级别和框架薪酬现象，所有员工的薪酬完全取决于创造的价值，甚至有些员工的薪酬高于高管人员，这也是小微创业效率的内在动力源泉。

海尔在集团内部实行全覆盖的抢“单”模式，三自平台从小微设定目标、方案实施、过程优化到超利分享的全过程都发挥了重要的支撑作用，并提供充分的放权机制。小微企业的分权自治大大提高了运营的效率和对市场的响应速度，真正实现了权责一致，有助于小微实现快速的价值增值。

日日顺物流在构建链群合约和实施二维点阵过程主要经历了以下步骤：第一，战略定位，引领目标自生成。小微在前期需要进行大量的用户交互和行业对标，设计解决行业痛点的最佳方案和小微的商业模式。第二，引领目标设定。根据解决方案设定具体的横纵轴目标，其中横轴目标要充分考虑小微自身战略落地的实施与行业现状，设定自身竞争力发展速度和行业目标地位；围绕用户的最佳体验，从成本、时效、用户体验三个节点切入来构建纵轴的目标，对横轴进行校验，最终形成小微整体纵横匹配的对赌契约。第三，每位员工都从不同维度承接二维点阵的纵横轴目标，在抢单的过程中提出自己的方案，明确方案达成阶段性的成果形式和实现时间节点，抢单成功的员工可以承接相应的“单”。第四，预实零差，推进战略目标落地。将战略落地转化为全员的预算体系和运营流程，根据事前预算进行日清分解，将预算内容分解到每天的工作预算，并显示每天的工作预算、实际与目标的差异，进而动态调整。第五，闭环优化，正负价值到人。根据小微对赌的“拐点目标”，以实现的不同阶段的小微企业成果，予以匹配不同的薪酬；年度对赌目标达成后，所有员工均可以按超利分享原则得到相应的绩效薪酬激励，并有机会获得集团中设置的“人单合一”勋章奖和三金奖等精神激励。日日顺物流的人力经理提道：

“日日顺物流是在链群合约实施过程中受益很大的部门，2019 年上半年我们的业绩基本上是打平或者个位数的增长，从 2019 年第四季度开始，包括在新冠肺炎疫情期间，月度业绩实现了 20% 的增长，这是链群合约落地过程中把员工积极性激发起来的结果。”

海尔的物质和文化激励在物联网转型过程中发挥了重要的促进作用，小微企业打造了创客团队，营造了海尔独特的创业文化和创业氛围，构建了主动创造用户价值的生态闭环，实现了价值增值。海尔生物的首席财务官提道：

“海尔不满足于目前的增长速度，在突破中进行了物联网转型，‘人单合一’机制会形成目标和团队，小微的激励方式是基于目标有一个高倍奖励，包括物质和精神奖励……公司的激励文化是，只要抢了‘单’，只要做出了超值，就会有高分享，就会有更多的收益激励大家去抢更多的‘单’。”

小微企业是海尔集团管理模式变革的核心内容，是对集团战略和组织模式的根本性颠覆，本质是打造共创共赢的商业生态网络。集团通过先进的创业文化和激励机制打造富有团队凝聚力和创业创新精神的海尔团队，激发了小微和员工的发展活力，通过内部驱动提升了企业的全球竞争力。根据上述分析，本文提出研究命题 4，即通过管控机制激发员工内驱力，能够显著提高组织创新和绩效（见图 5）。

命题 4：小微企业通过小微主自设业绩目标、三自平台分权自治以及强势的企业文化背景等组织管控机制激发了员工的内驱动机，促进了企业创业创新，从而实现组织绩效的提升。

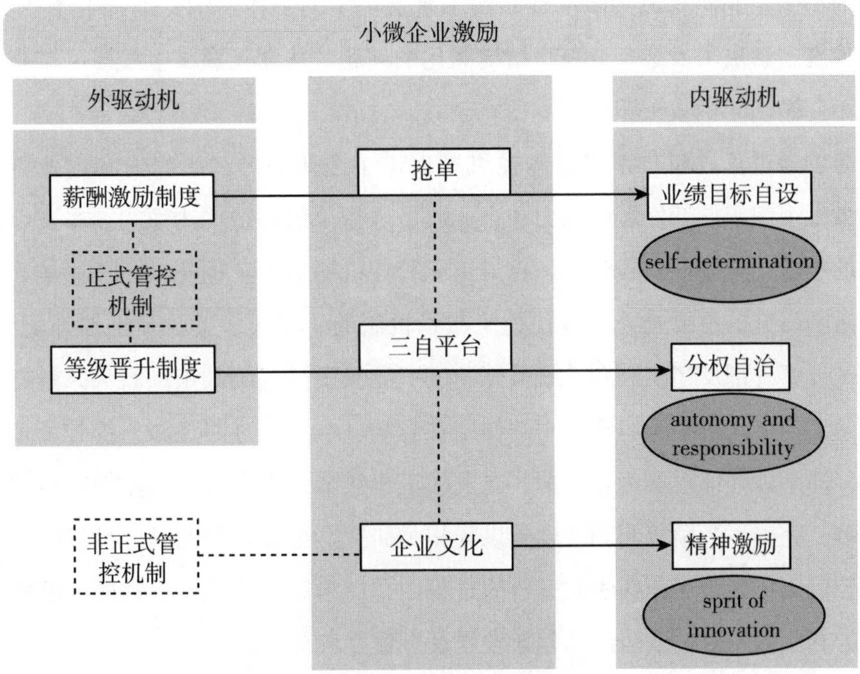

图 5　海尔小微企业激励机制

五、总结

本文通过对海尔小微企业的案例研究，探索如何借助正式和非正式的组织管控机制激发员工内驱力，重构企业基层活力，从而改善大型企业组织管理效率，提升组织绩效和创新。研究发现：（1）小微企业的抢单机制允许小微企业成员自设业绩目标，增加了员工在业绩考核过程中的自主性和对个人工作目标的掌控度，从而显著提升了员工努力工作的内驱动机；（2）海尔集团的三自平台保障了小微主对小微企业的战略、人事、财务权力，小微企业分权自治使其成员在业务活动中获得了更高的自主性和影响力，促进了员工参与组织事务提升组织绩效的内驱动机；（3）海尔集团通过设置体现海尔精神文化的各项荣誉奖项，创造出积极进取的企业精神和宽松的文化氛围，激发了员工的创造力，提升了员工的工作热情和业绩表现；（4）小微企业通过自设业绩目标、三自平台分权自治以及强势的企业文化背景等管控机制激发了员工的内驱动机，从而实现组织绩效的提升。海尔的小微企业模式最大限度地激发了基层员工的工作热情，提升了企业活力，一定程度上解决了大型企业组织结构僵化的问题，从真正意义上实现了“把大企业做小、做活”的发展策略。

海尔通过正式和非正式的管控机制促进了企业的内部凝聚力和创业创新精神，激发了组织创新发展的活力和企业成员进行价值创造的内驱力。本文以海尔集团的小微企业创业实践为例，探讨组织管控机制对员工内驱动机的影响，是对组织激励研究的重要补充。以往关于激励机制的研究大多关注员工的外驱动机，即通过设置外部反馈机制和薪酬奖惩制度引导激发员工的利组织行为，鲜有研究讨论员工内驱动机在组织管控中的作用和影响。本文通过关注如何提升员工的内驱力，即不以外部报酬为目的的、自发的工作热情，重视员工内驱力对组织绩效的影响，完善了激励机制和激励效果的相关研究。更为重要的是，虽然海尔的组织管控机制仍处于不断探索和完善的过程中，尚未完全成熟，但这些管控机制所取得的真实效果对企业组织的创新发展具有重要意义。

海尔的小微企业实践为大型企业组织如何破解机制僵化、提高决策灵活度、改善管理效率提供了极具借鉴意义的方法思路和示范。首先，海尔小微企业的成功说明企业在设置激励机制时应充分重视员工内驱力的影响。相较于传统的薪酬奖惩制度，激发调动员工不以获取报酬为目的的工作热情，激励效果可能更为深入持久，对企业基层活力和组织整体效率的改善效果也更为显著。其次，海尔小微企业的实践活动也为如何调动员工内驱力提供了具体的、可参照的方法路径。第一，提高员工在业绩目标设置过程中的参与度和自主性，能够最大限度地发挥员工的主观能动性。比如，允许员工自设目标，增加目标设定中员工的选择权和谈判空间等。对个人目标的有效规划和掌控感，能够帮助员工尽可能地实现个人绩效优化。第二，给予基层员工一定的自由度和决策权，能够有效地减少决策层级，实现组织结构的扁平化，提高决策效率和效果。比如设立独立的事业部或者项目部，并明确相应的权利责任。基层员工的决策相关信息更为准确，决策权下放减少了信息在传递过程中的损耗偏差。更重要的是使员工在业务活动中获得了更高的自主性和影响力，从而提升员工参与组织活动的主动性和内驱力。第三，重视企业文化建设，通过形成组织成员共享的价值观体系影响员工对组织事务的参与度。比如通过员工培训、团队建设或设立相应的组织奖项，鼓励员工自发自愿的积极性，引导员工行为和努力方向。积极进取的企业文化能够提升员工的工作热情和绩效，促进企业经营管理特质的优化传承，也是对组织正式管控机制的有效补充。因此，海尔小微企业的实践，即自设业绩目标、三自平台分权自治、创新创业文化，为激活企业基层活力、提升大型企业的组织管理效率提供了可供借鉴的经验依据，也为学者们进一步探索高效灵活的组织管控机制，解决大型企业组织结构僵化、官僚化这一难题，提供了新的思路和方向。

参考文献

[1] 戴天婧、汤谷良、彭家钧：《企业动态能力提升，组织结构倒置与新型管理控制系统嵌入——基于海尔集团自主经营体探索型案例研究》，载于《中国工业经济》2012 年第 2 期，第 128 ~ 138 页。

[2] 王公义：《关于企业组织创新的几个问题》，载于《中国工业经济研究》1994 年第 4 期，第 55 ~ 59 页。

[3] 吴文盛：《企业文化激励研究》，载于《湖北社会科学》2005 年第 3 卷第 3 期，第 85 ~ 85 页。

[4] 闫泓、陈建西、何明章：《国内宽带薪酬研究文献综述》，载于《西南民族大学学报（人文社科版）》2009 年第 30 卷第 10 期，第 113 ~ 116 页。

[5] Aghion P. and Tirole J. Real and Formal Authority in Organizations. Journal of Political Economy, 1997, 2 (105): 1 - 29.

[6] Amabile T. M. Creativity and Innovation in Organizations. Harvard Business Review, 1996.

[7] Amabile T. M. Motivating Creativity in Organizations: On Doing What You Love and Loving What You Do. California Management Review, 1997, 40 (1): 39 - 58.

[8] Ambrose M. L. and Kulik C. T. Old Friends, New Faces: Motivation Research in the 1990s. Journal of Management, 1999, 25 (3): 231 - 292.

[9] Byron K. and Khazanchi S. Rewards and creative performance: A meta-analytic test of theoretically derived hypotheses. Psychological Bulletin, 2012, 138 (4): 809 - 830.

[10] Cheng M. M., Luckett P. F. and Mahama H. Effect of perceived conflict

among multiple performance goals and goal difficulty on task performance. Accounting and Finance, 2007, 47 (2): 221 -242.

[11] Cochran W. and Tesser A. The "what the hell" effect: some effects of goal proximity and goal framing on performance. In L. L. Martin & A. Tesser (Eds.), Striving and feeling: Interactions among goals, affect, and self - regulation. Lawrence Erlbaum Associates, Inc., 1996: 99 - 120.

[12] Denison D. R. Corporate Culture and Organizational Effectiveness. John Wiley & Sons, 1990, New York.

[13] Emuwa A. Authentic Leadership: Commitment to Supervisor, Follower Empowerment, and Procedural Justice Climate. Emerging Leadership Journeys, 2013, 6 (1): 45 -65.

[14] Fikret Soyer, Yusuf Can, Hacer Güven, Gülten Hergüner, Mehmet Bayansalduz, Burcu Tetik. Investigation of relation between motivation of success and team unity of sportsmen. International Journal of Human Sciences, 2010, 7 (1): 225 -239.

[15] Gagné M. and Deci E. L. Self-determination theory and work motivation. Journal of Organizational Behavior, 2005, 26 (4): 331 -362.

[16] Gordon G. G. and Ditomaso N. Predicting corporate performance from organizational culture. Journal of Management Studies, 1992, 29 (6): 783 -798.

[17] Harris M., Kriebel C. H. and Raviv A. Asymmetric Information, Incentives and Intrafirm Resource Allocation. Management Science, 1982, 28 (6): 604 -620.

[18] Hayek F. A. The use of knowledge society. The American Economic Review, 1945, 35 (4): 519 -530.

[19] Jensen Michael C., and Meckling William H. Specific and General Knowledge and Organizational Structure. In Contract Economics, edited by L. Werin and H. Wijkander. Oxford, U. K.: Blackwell Publishers, 1992.

[20] Jensen M. Value Maximisation, Stakeholder Theory, and the Corporate Objective Function. European Financial Management, 2001, 7 (3): 297 -317.

[21] Joel S. Demski and James M. Patell and Mark A. Wolfson. Decentralized Choice of Monitoring Systems. The Accounting Review, 1984, 59 (1): 16 -34.

[22] King L. A. and Burton C. M. The hazards of goal pursuit. In E. C. Chang & L. J. Sanna (Eds.), Virtue, vice, and personality: The complexity of behavior.

American Psychological Association, 2003: 53 -69.

[23] Kunz A. H. and Pfaff D. Agency theory, performance evaluation, and the hypothetical construct of intrinsic motivation. Accounting, Organizations and Society, 2002, 27 (3): 275 -295.

[24] Kuvaas B., Buch R., Weibel A., Dysvik A. and Nerstad C. G. L. Do intrinsic and extrinsic motivation relate differently to employee outcomes? Journal of Economic Psychology, 2017 (61): 244 -258.

[25] Latham G. P. and Locke E. A. Enhancing the benefits and overcoming the pitfalls of goal setting. Organizational Dynamics, 2006, 35 (4): 332 -340.

[26] Lepper M. R., Greene D. and Nisbett R. E. Undermining Children's Intrinsic Interest with Extrinsic Reward: A Test of the "Overjustification" Hypothesis. Journal of Personality and Social Psychology, 1973, 28 (1): 129 -137.

[27] Locke E. A. and Latham G. P. Building a practically useful theory of goal setting and task motivation. A 35 -year odyssey, Am Psychol, 2002, 57 (9): 705 -717.

[28] Melumad N., Mookherjee D. and Reichelstein S. A theory of responsibility centers. Journal of Accounting and Economics, 1992, 15 (4): 445 -484.

[29] Morf C. C., Weir C. and Davidov M. Narcissism and intrinsic motivation: the role of goal congruence. Ournal of Experimental Social Psychology, 2000, 36 (4): 424 -438.

[30] Oldham G. R. and Cummings A. Employee Creativity: Personal and Contextual Factors at Work. Academy of Management Journal, 1996, 39 (3): 607 -634.

[31] Osterloh M. and Frey B. S. Motivation, Knowledge Transfer, and Organizational Forms. Organization Science, 2000, 11 (5): 538 -550.

[32] O'Reilly C. A., Chatman J. and Caldwell D. F. Academy of Management People and Organizational Culture: A Profile Comparison Approach to Assessing Person-Organization Fit. Academy of Management Journal, 1991, 34 (3): 487 -516.

[33] Prendergast C. The tenuous trade-off between risk and incentives. Journal of Political Economy, 2002, 110 (5): 1071 -1102.

[34] Ryan R. M. and Deci E. L. Self-determination theory and the facilitation of intrinsic motivation, social development, and well-being. American Psychologist, 2000, 55 (1): 68 -78.

[35] Schweitzer M. E., Ordonez L. and Douma B. Goal setting as a motivator of unethical behavior, Academy of Management Journal, 2004, 47 (3): 422-432.

[36] Shalley C. E., Jing Z. and Oldham G. R. The effects of personal and contextual characteristics on creativity: where should we go from here? Journal of Management, 2004, 30 (6): 933-958.

[37] Shalley C. E., Zhou J. and Oldham G. R. The Effects of Personal and Contextual Characteristics on Creativity: Where Should We Go from Here? Journal of Management, 2004, 30 (6): 933-958.

[38] Shin S. J., Yuan F. and Zhou J. When perceived innovation job requirement increases employee innovative behavior: A sensemaking perspective. Journal of Organizational Behavior, 2017, 38 (1): 68-86.

[39] Soman D. and Cheema A. When Goals Are Counterproductive: The Effects of Violation of a Behavioral Goal on Subsequent Performance. Journal of Consumer Research, 2004, 31 (1): 52-62.

[40] Tezcan UYSAL. The dominance of intrinsic motivation to extrinsic motivation on reduction of employee turnover rate. International Journal of Management and Administration, 2019: 21-40.

[41] Tierney P., Farmer S. M. and Graen G. B. An examination of leadership and employee creativity: The relevance of traits and relationships. Personnel Psychology, 1999 (52): 591-620.

[42] Weibel A., Rost K. and Osterloh M. Pay for Performance in the Public Sector-Benefits and (Hidden) Costs. Journal of Public Administration Research and Theory, 2010, 20 (2): 387-412.

[43] Welsh D. T. and Ordóñez L. D. The dark side of consecutive high performance goals: Linking goal setting, depletion, and unethical behavior. Organizational Behavior and Human Decision Processes, 2014, 123 (2): 79-89.

[44] Yin R. K. Case Study Research: Design and Methods. London: Sage Publications, 2013.

七、

海尔的社会责任CSR与可持续发展能力研究

披露共赢增值信息，提升市场价值

王鹏程 *

摘要：随着社会经济的发展与进步，企业的商业模式、经营业态千变万化，传统的信息披露已无法完全满足企业及投资者日益增长的信息需求，亦无法充分展现创新商业模式的特点及市场价值，新经济时代亟须更科学和全面的信息披露传递企业价值。本文揭示了传统信息披露在适应新经济时代信息需求方面的局限性，通过分析以海尔为代表的领先企业信息披露的实践及探索，介绍海尔共赢增值表的创新理念及与国际会计准则理事会、英国财务报告委员会等相关机构关于信息披露研究项目的共通性及协同性，进而对共赢增值表相关信息披露进行研究和展望，以创新的信息披露彰显企业的市场价值。

关键词：信息披露，市场价值，共赢增值

一、引言

在进入21世纪后，新兴产业不断涌现，特别是互联网发展，深刻影响了人们的生活和行为方式。然而，信息披露作为企业对外沟通交流的重要桥梁，其发展并未完全跟上时代的步伐。

信息披露不仅是企业的行为，亦受制于市场与政府的交叉影响，对资本市场健康良性发展有着深刻影响。信息沟通的及时性、准确性、规范性、全面性备受

---

* 王鹏程，中国会计学会。

关注，学术界、实务界还有监管部门、国际会计准则理事会（以下简称“理事会”）等相关机构，都在不断地对信息披露进行研究与探索。一些领先企业已经在其财务报告中进行尝试，披露财务报表之外的补充信息，包括另类业绩指标、经营数据等。海尔基于生态品牌战略及财务管理积累提出了“共赢增值表”创新工具，共赢增值表囊括了财务和非财务数据，致力于评估企业和用户的价值，并动态监测和驱动价值创造过程，以期达到优化企业价值评估、完善信息披露、识别风险并预警及进行战略指导的目的。本文将就新经济时代传统信息披露面临的局限性、海尔等领先企业的信息披露实践及痛点、理事会和英国财务报告委员会信息披露项目研究动态及海尔共赢增值表相关信息披露的研究与展望进行阐述分析。

二、新经济时代传统信息披露面临的局限性

进入新经济时代，商业模式不断创新，创新企业的收入来源、盈利模式、资产结构各具一格，特色鲜明。此时，仅采用基于传统会计理论和方法核算的数据和指标，将很难衡量这些新兴企业或创新业务模式的价值。传统的财务信息披露采用固定的格式呈报信息，要求纳入财务报表的项目必须符合一定的要素定义和计量原则，由于会计准则的制定和更新往往滞后于经济业态和市场需求的发展，且会计准则的制定需要兼顾各个行业和各类业务，因此基于会计准则呈报的信息未必能够充分体现部分企业创新业务的特点及其产生的经济效益，同行业公司由于存在不同的商业模式而导致披露信息的可比性下降。

（一）传统信息披露无法反映新商业模式下企业经营动态的全貌

从领先企业的动态发展来看，部分高速发展的企业在新经济时代商业模式下不断变革，而传统报表及财务信息披露已经不能完全反映企业经营动态的全貌。

以海尔的发展为例，从1984年创立至今，海尔的变革与转型从未止步，已由传统的制造企业转型为共创共赢的物联网社群生态服务商。海尔物联网生态平台战略转型的核心理念是从用户使用场景中的痛点或需求点切入，通过与用户持续

交互，形成基于用户最佳体验下的物联网场景综合解决方案并持续迭代升级。在这种模式下，生态圈中用户价值得到凸显，用户在平台持续获取体验和服务，反馈形成海量的新的待挖掘数据，企业则通过用户体验溢价获得创新增值。然而，传统报表及披露并未记录和反映用户价值，由此可见，在“物联网”时代下，随着企业商业模式和经营业态的变化，传统信息披露已无法反映新商业模式下企业经营动态的全貌。

（二）传统信息披露未必能够准确反映不同商业模式的同业公司的对标情况

新经济时代同行业不同企业间的商业模式不同，传统报表及财务信息披露的可比性亦受到局限。

以滴滴和优步两大网约车平台为例，滴滴基于其对网约车服务承担最终责任而对国内出行服务采用出行服务费总额确认收入；而优步则仅以网约车平台的身份对出行服务采用收取的代理费净额确认收入。从传统财务信息来看，滴滴 2020 年实现营业收入人民币 1417.36 亿元（216.33 亿美元），比优步的 111.39 亿美元高出近 1 倍[①]，但若将滴滴财务报表中计入营业成本的网约车司机分成剔除，则滴滴的平台代理费收入不及优步的一半。

此外，为了使投资者更好地理解公司的经营业绩，滴滴和优步均披露了 Non-GAAP 指标，分别是调整后 EBITA 和调整后 EBITDA，但因具体调整项不尽相同，这两大网约车平台的业绩孰优孰劣仍难有定论。

可见，根据会计准则编制的财务信息未必能够准确反映新经济时代下不同商业模式的同业公司的对标情况。

简而言之，新经济所处的技术背景和经营环境、所遵循的竞争规则和商业模式，与旧经济迥异，现有的信息披露体系难以反映企业经营动态的全貌，也未必能够准确反映不同商业模式的同业公司的对标情况，尤其是对创新企业来说，并不能充分体现出企业真正的价值和未来增长潜力，亦难以满足用户决策所需的全部信息。

---

① 黄世忠：《滴滴与优步的业绩评价困境》，载于《财会月刊》2021 年第 13 期。

三、领先企业信息披露的实践趋势及痛点

面对传统信息披露的困局，一些领先企业已在实践中探索信息披露的创新，通过自愿披露部分信息以更好地传递财务及经营情况。

（一）海尔上市公司信息披露探索和创新

近年来，海尔集团下属各上市公司在完善信息披露上进行了积极努力的创新，通过在年报的不同章节中披露非财务信息及经营信息，展现其生态中各业务板块平台化转型的成果。

海尔智家股份有限公司于2018 年度在年报的经营情况讨论与分析部分，对集团的 IoT + AI 战略进行介绍，首次对生态收入数据进行披露，在 2020 年年报的业务分析中，从中国区业务和海外业务两个维度，分析了公司在打造生态平台过程中付出的努力。

青岛海尔生物医疗股份有限公司（以下简称“青岛海尔”）2019 年的年报中，提及青岛海尔的核心竞争力之一是模式引领：围绕用户需求的持续迭代，青岛海尔整合相关业务资源，搭建共创共赢的生态体系，致力于打造物联网时代的生态品牌。在青岛海尔从“网器产品”到“场景方案”的升级中，用户从一次性交易转变为可以持续交互的终身用户，为青岛海尔未来提高业务的生态价值、促进更多综合解决方案的落地奠定基础。随后，在经营情况讨论与分析中，分别从网器产品到场景方案、从触点到城市网及从一次性交易到打造终身用户三个方面论述了青岛海尔在物联网解决方案业务的快速发展。2020 年的年报中，再次提及青岛海尔的核心竞争力为模式引领，即开创性的物联网科技生态模式：青岛海尔聚焦物联网科技生态战略，高度重视新一代信息技术与行业的融合，开创性地推出物联网场景综合解决方案。

盈康生命科技股份有限公司（以下简称“盈康生命”）2020 年的年报对主要业务进行说明时，将盈康生命业务定位如下：盈康生命实现向医疗健康领域转型后，通过战略重塑，确定了“物联网肿瘤治疗康复综合生态品牌”的定位，围绕肿瘤治疗康复综合解决方案这一主线，聚焦用户最佳体验，坚持“一体两翼”，从肿瘤治疗设备和肿瘤治疗服务两个维度不断推进肿瘤服务领域全产业链的发展。同时，在

年报中提及盈康生命的核心竞争力为生态平台优势，即共创共享的医联体生态圈和线上线下相融合的医疗生态：公司通过链接医学院校、大型三甲医院、医生集团、基层医疗机构，建立双向转诊服务，资源共享，构建医联体共创共享生态圈。

综上所述，在海尔集团三大上市公司年报中，均对生态信息等物联网业务转型情况进行了披露，但披露的结构及详尽程度不一。披露方式上主要采用文字描述，尚未系统地披露各类用户及其他资源方数量信息，也未将用户价值、员工价值等生态信息量化为非财务的价值指标进行披露，因此目前的年报中尚未充分展示整体的生态资源给公司带来的价值增值。

（二）其他领先企业信息披露的实践趋势

除海尔外，其他领先企业也正在实践中探索信息披露的创新。

部分领先企业在会计准则规定的业绩指标之外披露另类业绩指标。近年来，在会计准则规定的业绩指标之外披露另类业绩指标的公司的数量呈快速增长态势。从中国企业的情况来看，包括拼多多、京东、腾讯、小米、阿里巴巴等互联网企业，都在年报中披露了非通用会计准则（Non - GAAP）计量的经调整净利润，具体而言，其将按照通用会计准则计量的净利润通过调整部分财务报表项目计算出业绩成果，其调节项主要为一些非现金的成本及费用，如股权激励费用、投资及收购活动等。从全球来看，信息披露的创新也比较普遍，2016 年国际会计准则委员会主席胡格沃斯特（Hans Hoogervorst）在对欧洲会计学会发表的一份报告中指出，构成标准普尔 500 的公司中，超过 88% 的公司对非准则的业绩指标进行了披露①。

我们还注意到，亦有领先企业开始将一些关键的运营数据及指标（“非财务指标”）在其年报中进行常规化的系统披露。小米在其近几年的年报中均披露了活跃用户的数量以及已连接的 IoT 设备的数量；阿里巴巴披露了年度活跃消费者以及移动月活跃用户；腾讯披露了微信及 WeChat 合并月活动账户数、QQ 的智能终端月活动账户数和收费增值服务注册账户数；碧桂园在其年报中披露了在建及待建建筑的面积及实际/预计获取预售证日期、预计竣工日期。上述非财务指标的披露旨在使报表使用者更准确地接收和理解管理层通过年报信息披露所表达的

① H. Hoogervorst. Performance Reporting and the Pitfalls of Non - GAAP Metrics. Annual Congress of the European Accounting Association, Maastricht, Netherlands, May 11, 2016.

用意和传达的信息，更好地了解企业的经营情况和增长潜力。

（三）领先企业信息披露的痛点及需求

随着 Non - GAAP 指标和非财务指标的披露日益普遍，投资者和分析师在评估企业价值时也越来越倾向于参考这些指标。虽然部分领先企业已经对信息披露进行了自主创新，但是披露的形式和内容各不相同，尚未形成科学而统一的披露体系。根据理事会的调查研究，现行披露实践在如下方面难以满足信息使用者的需求：未能聚焦影响主体未来前景的重要信息；过多笼统信息，缺乏体现主体特色的数据信息；对于系统性风险、战略挑战等可能影响主体长期发展的事项披露不足；未能充分展示主体的无形资源和关系，未能充分提供影响主体发展的有关环境、社会和治理（ESG）事项的信息；非财务信息披露分散、不明晰，难以与主体财务报表等内容相匹配等。

新经济时代亟须更科学和全面的信息披露体系，但体系的搭建非一日之功，需要分步骤分阶段地逐步完善。首先，随着 Non - GAAP 指标和非财务指标的披露日益普遍，需要对 Non - GAAP 指标的调整项目和非财务指标的披露口径加以规范，加强 Non - GAAP 指标和非财务指标的规范性和可比性，避免公司选择性应用误导信息使用者；其次，因数字经济企业所处的技术背景和经营环境、所遵循的竞争规则和商业模式迥异，需要强化商业模式和关键经营要素的信息披露，比如披露用户价值、员工价值等生态信息，以更好地反映企业经营动态的全貌，增强不同商业模式的同业公司间对标信息的有效性；最后，需要将财务信息和非财务信息以适当的方式进行融合，披露量化指标，形成一套综合财务和非财务信息的更全面的信息披露机制，从而更好地表达和传递企业价值。

四、共赢增值表的创新理念及对于信息披露和彰显市场价值的意义

（一）共赢增值表产生的历史背景

2005 年海尔集团创始人、董事局名誉主席张瑞敏首创了“人单合一”模式，

“人”指员工，“单”指用户价值，“人单合一”即将员工与用户价值融合，从而激发员工的主动性和创新能力，在为企业创造价值、为用户提供服务的同时，实现员工的自我价值，最终达到企业、员工和用户的共创共赢。为了配合这一战略转型，海尔财务不再局限于传统的财务报表，而是创新研究出以“用户为中心”来衡量价值的共赢增值表，以核算和展现小微企业创业、转型的关键表外指标，如用户数量、利益攸关方数量、各攸关方的价值分享等。

（二）共赢增值表内容介绍

共赢增值表呈现的是共赢收益和增值收入，囊括了财务和非财务数据，分别从用户资源、资源方、生态平台价值总量、收入、成本、边际收益六个方面来衡量报表主体与各攸关方共创共赢的成果，能够协助评估企业和用户的价值，并可动态监测和驱动价值创造，其目的是贯穿用户参与的整个过程，不断衡量公司、用户以及服务提供商的新增价值（见图1）。

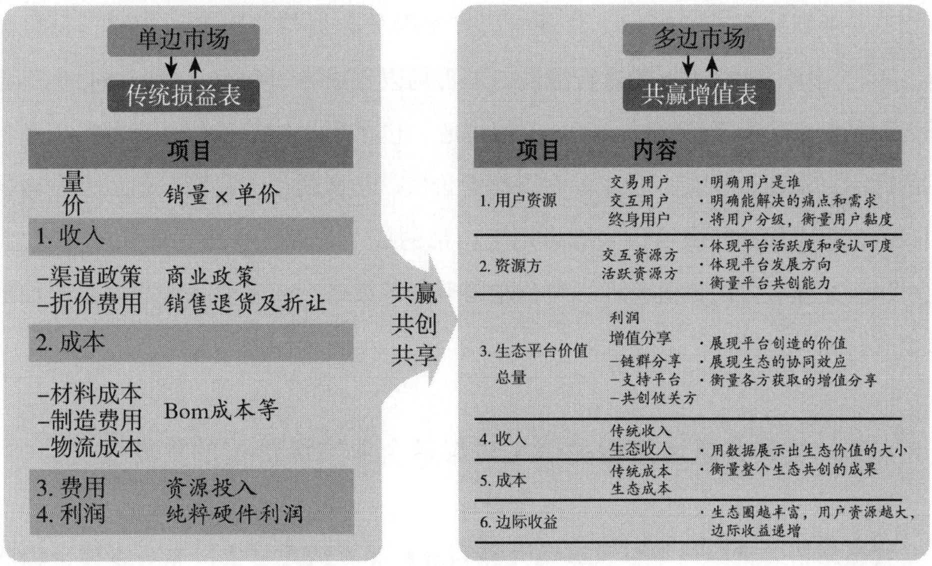

图1　共赢增值表的价值重构

（三）共赢增值表的创新

共赢增值表是为适应海尔业务转型发展而研发的财务工具，它的视角更广阔、内容更丰富、数据更聚焦、用途也更广泛。具体而言：

一是以生态圈为共赢增值表的核算主体。传统财务报表的会计主体被“生态平台”取代，把企业之外，围绕着用户需求凝聚的各个资源方和利益主体纳入共赢增值表中，站在整个生态平台的角度核算所有参与者可以共享的价值。因此共赢增值表中的信息不仅包含传统财务报表的收入、成本和利润等指标，还能核算以员工为主体的小微与各合作方在生态平台中所分享的价值，扩大核算主体的范围，适应了物联网时代的业务和财务需求。

二是充分关注用户资产。传统的报表体系主要呈现企业的实物资产，虽然有“无形资产”项目，但由于会计准则中存在有关资产确认和计量的限制，从而使得很多企业能够利用的无形的资源无法反映在传统的财务报表中。但是共赢增值表将用户摆在了首要位置，视为最重要的核心资产，并区分了不同交互度的用户类别，用详细的数据记录下不同层次的用户数量及其变动情况，例如有多少用户由交易用户升级到持续购买并参与产品体验迭代的交互用户，最终成为终身用户，从而清晰地展示出生态平台所拥有的用户资源及对应的价值。

三是业财结合进行管理。共赢增值表将财务数据与非财务数据进行深度融合，不再用单一的货币形式进行报告，不再局限于成本、利润、投资回报率等指标，而是整个生态系统变成了一个价值中心，包括用户体验价值、资源供应商提供的产品（服务）价值、员工的个人努力价值、小微的生态品牌价值以及资金的回报价值等。因此共赢增值表既可用于内部的成本管理、利润管理和投资管理，也可用于企业整体的价值管理，为企业调整经营策略，部署业务规划提供全面的数据支持。

（四）披露共赢增值相关信息对彰显企业市场价值的重要意义

共赢增值表将用户与资源提供方等利益攸关方纳入其中，充分表现出物联网模式下企业与用户、利益攸关方之间共赢的经营目标，突出了增值的主旨。通过将传统会计不能全面衡量的资源，运用定量的语言予以表述，对用户、资源、生态利润以及场景平台的整体价值予以计量，全面反映企业价值。从价值的维度来看，披露共赢增值相关信息将能够更好地彰显企业的价值和市场地位，将创造价值与传递价值进行结合，让报表使用者更好地了解企业的商业模式和价值。具体而言：

第一，披露财务信息与非财务信息相融合的数据，能够解决现有披露模式下由于信息分散或口径不一致而导致财务与非财务信息无法相互匹配对应的问题，使报表使用者更直观地理解财务与非财务的数据如何协同体现企业价值。

第二，突破法人报表的界限，披露更大范围的生态平台信息，一方面能够更好地体现企业为社会服务、带动周边小微企业发展的责任和贡献，另一方面也更好地反映出其他参与方或利益主体为企业发展所带来的资源和创造的价值。报表使用者可以站在更高层级，以更广阔的视角对企业进行价值评估。

第三，披露共赢增值表相关信息，有助于新经济企业更好地表达其维持核心竞争力和提升价值创造力的关键性驱动因素，如智慧资本、数字资产、客户资源、品牌价值、行业地位和边际成本等，进而使投资者不仅局限于其当下创造的价值，更着眼于企业长远发展所必需的资源和实力，更好地了解相关行业的前景，在充分理解整个“生态圈”的基础上，做出投资决策。

五、相关机构对信息披露的研究

（一）国际会计准则理事会关于信息披露研究项目动态

如何改进新经济时代下的信息披露规则，也是理事会正在努力研究的课题。为应对投资者对财务信息的诉求，使公司财务报表中的信息交流更加有效，提高财务信息的实用性，理事会启动了“在财务报告中更好的沟通”项目，该项目是理事会单独管理的项目，也是理事会 2017 ~ 2021 年工作的中心课题。

“在财务报告中更好地沟通”包含若干子项目，其中 2017 年 11 月，理事会决定修订国际财务报告准则实务公告第 1 号《管理层评论》（以下简称《实务公告第 1 号》）。2020 年 5 月 27 日，理事会发布了《管理层评论（征求意见稿）》，征求意见稿对《实务公告第 1 号》进行了全面修订。旨在制定聚焦于投资者和债权人信息需求的综合性要求，并为管理层明确识别和清晰列示上述信息提供指引。通过修订《实务公告第 1 号》，理事会希望实现：足够的灵活性，即更加关注影响主体创造价值和产生现金流量能力的事项，使主体披露更多有关其长期发展事项的特定信息；足够的规范性，即有利于加强对管理层评论的外部审计或审查，使相关国家或地区立法部门和监管机构加强对管理层评论的实施和监管。

征求意见稿规定管理层评论应包括以下六方面具体内容：

一是主体的商业模式——主体创造价值和产生现金流量的方式。主体的商业模式是主体寻求创造价值以及产生现金流量的完整过程（包括长期过程）；二是管理层为维持和发展商业模式所采取的战略——包括管理层的机遇；三是商业模式和管理层战略所依赖的资源和关系——包括在主体财务报表中未确认为资产的资源；四是可能使主体商业模式、战略、资源或关系陷入困境的风险。投资者和债权人需要了解可能在短期、中期或长期对主体商业模式、战略、资源和关系等情况造成破坏的风险因素；五是外部环境中已影响或可能影响主体商业模式、战略、资源、关系或风险的因素或趋势；六是主体的财务业绩和财务状况——包括这些财务业绩或财务状况如何受到上述五方面因素的影响。主体的财务业绩通过在综合收益表中确认的收入和费用，以及现金流量表中确认的现金流量体现。

针对上述管理层评论的六方面具体内容，征求意见稿还要求管理层评论提供分别满足每一方面内容的披露目标、关键事项以及指标，并对管理层评论的信息选择和列示包括重要性的判断、信息质量的要求及指标质量进行了要求。

（二）英国财务报告委员会发布关于公司报告未来发展的讨论稿

2020 年 10 月 8 日，英国财务报告委员会（FRC）发布了关于《原则导向——公司报告的未来发展》的讨论稿，提出基于原则导向编制公司报告的有关提议。[①]

英国财务报告委员会认为，当下外部环境中的不确定性不断增多，企业面临的压力和挑战显著增加，报告使用者对相关披露也提出更高的要求，希望能够从公司报告中获得更多、更详细的信息，例如企业为应对各种风险挑战所制定的工作计划等。然而，目前企业发布的年报大都格式固化、篇幅冗长，内容繁杂，不利于使用者阅读和获取信息。因此，英国财务报告委员会在讨论稿中提出了一种更灵活的报告模式——基于原则导向编制公司报告，以更有效地满足投资者和其

---

① 英国财务报告委员会发布关于公司报告未来发展的讨论稿。

他利益相关方的信息需求。

讨论稿中的具体提议包括：一是将当前年报中的目标、内容和潜在使用者拆分，并整合到一个新建立的相互关联的报告网络中；二是构建一组新的通用原则，适用于所有类型的公司报告；三是以目标导向为基础编制报告，以满足更广泛的利益相关方对于信息披露的多样化需求；四是充分利用技术手段，提高公司报告的可获得性；五是创建一个模型，提高报告的灵活性，以及时响应不断变化的需求和情况。

理事会的管理层评论征求意见稿在关注相关方信息综合性要求、提倡对商业模式、价值创造及价值传递体系充分披露并关注影响主体价值创造过程、将财务信息与非财务信息互相结合等诸多方面与共赢增值表的创新理念不谋而合。征求意见稿中有关信息披露的质量要求也对共赢增值表的信息披露质量具有指导和借鉴意义。英国财务报告委员会研究的公司报告体系中包含财务报表、业务报告、公众利益报告以及其他附加报告。其中业务报告的目的是提供能够让使用者充分了解企业长期价值的信息，类似于一份融合了财务和非财务信息的战略报告，并有详细数据和资料作为附加报告予以支持，这与共赢增值表的体系也有类似之处。报告网络、不同角度的重要性、披露不同内容等理念，既体现了综合化的信息披露目标，也体现了未来信息披露更加灵活、创新的大趋势。基于这些研究，共赢增值表相关信息的披露将成为可能，甚至必要。

六、共赢增值信息披露的研究与展望

时代发展对会计信息披露原则、披露内容、披露形式和手段都提出了新的需求。海尔等领先企业的信息披露创新实践，理事会对信息披露相关项目的研究，都是为了更好地满足企业与投资者等报表使用者的信息交流。

如本文第四部分所述，共赢增值表将财务和非财务信息整合在一起，构建了一套价值衡量机制，不仅可用作企业内部的管理工具，更可通过披露共赢增值表相关信息彰显企业价值，协助外部信息使用者充分了解企业经营状况的全貌，从而更好地对企业进行价值评估。然而，如何对共赢增值表相关信息进行披露，披露内容、披露信息及呈报方式及成本效益等方面的问题，尚需深入研究。

（一）共赢增值信息披露内容

目前共赢增值表主要有六大构成要素，即用户资源、资源方、生态平台价值总量、收入、成本和边际收益，囊括了整个生态平台核心的财务数据和非财务数据。其中，第一项用户资源、第二项资源方及第三项生态平台价值总量注重传递主体商业模式的驱动创新因素、充分披露企业生存和发展的核心竞争力和价值创造能力；而第四项收入、第五项成本均为财务业绩信息，第六项边际收益需要结合财务信息和非财务信息进行计算，为的是对价值增值进行解释和说明，使得信息的阅读者能更好地理解相关信息。

信息披露内容随着社会的发展及不同企业商业模式的不同，需要进行持续优化和调整以更好地满足各方的信息需求同时对企业核心竞争力及价值进行更好地传递和彰显。因此，在确定共赢增值信息披露的内容时，应从外在的投资者，包括机构投资者的角度，考虑企业需要提供哪些关键性的共赢增值的信息，以辅助他们优化企业价值评估体系。企业可通过征集共赢增值外部使用者的信息诉求，选择共赢增值表中的部分信息进行披露，或是进一步完善共赢增值信息的指标架构；如果市场对于同一类信息的需求有不同看法，则应进一步甄别该需求对于利益相关方的影响，在不同的需求中找到平衡点，优化共赢增值信息的多维度展示。

（二）共赢增值信息披露方式

共赢增值表中的信息，不仅包含了财务数据，还有非财务数据的列示，增值分享的内容亦突破了传统财务报表的界限，其呈现方式也将需要较长时间的探索和研究，以便于信息需求者能够更好的接受和理解。根据目前年度财务报告的结构，可以考虑将共赢增值信息在管理层评论的部分进行披露。而且这种披露方式也与理事会对于丰富管理层评注，传递更多相关信息的研究主旨一致。理事会起草的管理层评论征求意见稿具有实践应用价值，有利于未来更好地推广共赢增值信息的披露。

因共赢增值表所包含的信息量较多，将整张表进行披露可能会面临较大挑战，不可一蹴而就。因此可考虑分步骤分层次地完成共赢增值信息披露，将部分统计难度低及容易验证的信息先行披露，涉及复杂计算或统计困难的信息可并随着信息统计及汇总不断提升后逐步完善补充披露。具体而言，首先，将目前已有的财务和经营数据进行细分展示，将传统业务及生态业务进行定义和区分后，完成传统收入成本与生态收入成本的界定和拆分；其次，在充分梳理商业模式的基础上，对用户资源和资源方进行分类，建立可靠的数据统计系统，将各类用户及其他资源方数量信息进行分层列示，与此同时，可以同步披露边际收益信息以展示业务发展的节奏；最后，在共赢增值表体系得到广泛推广、该体系各项数据在内部管理中普遍应用并深入研究资源分享数据的统计标准及数据获取路径后，完成其他关键指标如生态平台价值构成及总量的披露，最终实现共赢增值信息的全面披露。

（三）共赢增值信息披露的质量要求

管理层评论征求意见稿中有关对信息质量的相关要求对于共赢增值信息披露的研究具有重要的借鉴意义。共赢增值表从新型管理工具到可广泛应用的信息披露工具的发展必定需要遵循市场及监管机构对于信息披露的规范性及合规性的要求，信息披露的质量将是共赢增值信息未来研究和实践的重要考虑因素。参照管理层评论征求意见稿中有关对信息质量的要求，共赢增值信息质量应考虑满足如下基本要求：一是完整性，信息披露过程中应完整描述披露的事项，提供与该事项相关的信息使用者需要的所有重要信息（包括所有必要的说明和解释），而不是管理层可获得的全部信息。二是平衡性，平衡性是指信息未被歪曲、侧重、强调或操纵，从而导致信息使用者被有利或不利引导。三是准确性，信息披露应当准确，准确性的判断取决于信息的性质以及所涉及的事项。四是清晰简明，清晰是指语言通俗易懂，避免使用行话以及不必要的专业术语。简明是指避免“模板化”以及信息重复。五是可比性，可比性要求管理层评论的信息与主体以前期间提供的信息可比，以及与业务相似或同行业内的其他主体提供的信息可比。六是可验证性，如果信息本身或者获取信息的输入参数是可证实的，则信息是可验证的。对信息使用者而言，可验证的信息更有助于使其相信信息是完整、平衡、准确的。七是连贯性，连贯性是指管理层评论中的信息能够与财务报告其他部分中的信息相联系，并能够解释管理层评论中的信息与其他渠道信息明显不一致的原因。

（四）披露共赢增值信息的成本效益

无论是对企业而言还是对投资者而言，共赢增值信息披露都是有成本的，既包括信息收集、处理、加工、传递等直接成本，也包括公开更多信息产生的间接成本。而且共赢增值表不仅涉及企业自身的信息，还涉及生态平台中其他利益相关方的信息，如果企业披露的利益相关方的信息与市场上其他渠道所披露的相应信息存在不一致，还可能会造成信息使用者的误解，甚至造成市场混乱。披露是管理层权衡信息披露收益与成本后的理性选择，在力求更全面披露信息的同时，也需要从成本效益的角度出发，充分考虑利弊，减少信息披露给企业、信息使用者或是资本市场增加的成本。

总而言之，未来信息披露的创新，需要同时兼顾披露内容、呈报方式、信息披露的质量及信息披露的成本效益等多个方面。不同的增值信息内容、不同的披露时机、不同的陈述方式，以及增值信息内容的不同组合方式等都可能对投资者决策产生影响。披露增值信息，提高信息透明度，充分反映公司价值是上市公司在资本市场中长期探索的课题。

七、结语

传统的信息披露方式对于日益发展的新经济企业的价值管理需求而言，适应性正逐渐下降，以海尔集团的共赢增值信息披露为代表的多维度信息披露能够为投资者提供更多有意义的、相关的信息，使得投资者能够更综合、更全面地评估企业的市场价值，然而，实现规范化的多维度信息披露任重而道远。本文结合信息披露现状及信息披露相关项目的研究动态，通过分享海尔等领先企业的优秀创新实践和对信息披露体系的思考与探索，以期为不同企业就改进信息披露有所启示，协助持续优化信息披露。

参考文献

[1] 陈玲、吴泽福：《企业创新信息披露研究进展》，载于《资源开发与市场》2019 年 3 月。

[2]《海尔“第四张表”共赢增值表 体系构建与实践》，工业和信息通信业管理会计案例集，2020 年。

[3] 海尔集团：《海尔集团管理会计创新与探索：第四张表——共赢增值表》，载于《中国总会计师》2018 年 7 月。

[4] 黄世忠：《滴滴与优步的业绩评价困境》，载于《财会月刊》2021 年第 13 期。

[5] 黄世忠：《共享经济的业绩计量和会计问题》，载于《财会月刊》2020 年第 1 期。

[6] 黄世忠：《新经济时代财务分析的可比性问题研究》，载于《财会月刊》2020 年第 13 期。

[7] 林钟高：《非结构化信息的研究回顾与展望——基于会计信息估值与治理功能》，载于《财会月刊》2021 年第 10 期。

[8] 马智勇、徐玉德：《海尔共赢增值表的价值驱动分析》，载于《财务与会计》2019 年 11 月。

[9] 美国管理会计师协会、海尔集团、复旦大学管理学院：《海尔共赢增值表研究：共赢增值表——物联网时代的财务工具》，CMA 官网，2020 年 9 月。

[10] 杨娜、田高：《基于社群营销转型的海尔管理会计实践》，载于《中国管理会计》2018 年 12 月。

[11] 张为国：《影响国际会计准则的关键因素之三：业绩报告》，载于《财会月刊》2021 年第 12 期。

[12] H. Hoogervorst. Performance Reporting and the Pitfalls of Non - GAAP Metrics, Annual Congress of the European Accounting Association, Maastricht, Netherlands, May 11, 2016.

八、

海尔共赢增值表的管理思想与制度创新逻辑

共赢增值表：黑海战略的利器

曹仰锋*

摘要：传统的价值管理（value based management，VBM）将股东价值最大化作为管理的最终目的，忽略了人的价值最大化。海尔（Haier）的共赢增值表以“人的价值最大化”为核心指导思想，在价值创造、价值衡量和价值分配三个价值管理的核心环节进行了创新。在物联网时代，海尔在战略上实施黑海战略，其最终目的是“构建以增值分享为核心机制，由生态伙伴共同进化的商业生态系统”。战略决定机制，机制影响战略。作为价值管理的核心机制，共赢增值表在五个方面对海尔所践行的黑海战略进行了有力支撑，即价值第一（high value）、创业雄心（entrepreneurial aspiration）、创新驱动（innovation driven）、全场景体验（experience）、韧性生态（resilient ecosystem），本文将其称为共赢增值表 Haier 模型。

关键词：人单合一，黑海战略，共赢增值表，商业生态系统

一、黑海战略：从“产品企业”到“生态企业”

2019 年 12 月 26 日，海尔集团创始人、董事局名誉主席张瑞敏在海尔 35 周年创业纪念日活动中，正式对外发布海尔进入第六个战略阶段：生态品牌战略。张瑞敏认为，生态品牌是产品品牌、平台品牌的升级，相应地，企业需要在战略

* 曹仰锋，香港创业创新研究院、北京大学光华管理学院。

上从产品战略、平台战略升级为生态战略，这正是海尔第六次战略变革的核心主题。

从2020年开始，海尔加快了向“生态型企业”转型的步伐，并将未来7年的战略定位聚焦于“创建物联网生态品牌”。3月27日，在海尔集团第13周的周五“日清会”上，张瑞敏将海尔的生态战略凝练为“黑海战略”，并指出海尔“黑海战略”的最终目的是“构建以增值分享为核心机制，由生态伙伴共同进化的商业生态系统”。

张瑞敏认为，社会经济发展到今天，大概可分为三个阶段：第一个阶段是产品经济；第二个阶段是服务经济；第三个阶段是体验经济。产品经济关注的是产品竞争，现在已经是红海了，服务经济有一定的创造、创新的空间，唯有体验经济的潜力巨大。黑海战略是体验经济时代企业的战略选择，其目的是构建一个生生不息的商业生态系统，因为在体验经济时代，要满足用户的全场景需求根本不是一个产品能满足的，也根本不是一个企业能满足的，而是要变成一个生态。

由海尔所提出的黑海战略，很容易让我们联想到红海战略、蓝海战略，三者在本质上有很大的不同。红海战略和蓝海战略，它们的共同点是聚焦于“产品品牌”。当然，这两种战略模式创造“产品品牌”的策略不同，前者在红海中通过打败竞争对手保持产品品牌的竞争优势，后者则另辟蹊径，开辟新的市场空间，通过创造新的市场需求塑造产品品牌。黑海战略则不同，它超越了“产品品牌”的竞争层次，其核心目的是通过价值共生塑造“产品品牌、场景品牌和生态品牌”三位一体的品牌体系，从而构建繁荣的商业生态系统。

因此，从战略本质上来看，红海战略聚焦于“价值竞争”，其战略逻辑是企业需要在成本和差异化价值之间进行取舍。采取红海战略模式的企业认为，企业要么以较高成本为顾客创造更高的差异化价值，要么用较低成本为顾客创造较低的差异化价值，企业不可能同时追求“差异化价值”与“低成本”。与之相反，蓝海战略强调“价值创新”，其战略逻辑是同时追求“差异化价值”与“低成本”，从而为顾客带来更高的“效用价值”。更高的效用价值可以支撑更高的产品价格，进而让企业获得更加丰厚的利润。和蓝海战略不同，黑海战略在本质上聚焦于“价值共生”，这是一种“生态战略”思维，它关注的是企业如何通过生态伙伴共同为用户创造价值。

笔者认为，黑海战略是物联网时代的新战略模式，是蓝海战略的战略升级，它关注的是公司的“整体战略”，目的是构建“高端（产品）品牌、场景品牌和生态品牌三位一体的品牌体系”。尽管海尔在2020年才正式提出“黑海战略”，但其对构建商业生态系统的探索起源于2013年，当时，张瑞敏已经敏锐地感知到物联网对企业传统发展模式带来的冲击，并将“网络化战略”确定为第五次战略变革的主题，2013～2021年，海尔在战略定位上实现了由“产品型企业”向“生态型企业”转型，构建了以智慧家庭为核心的平台生态系统。

二 共赢增值表：Haier 模型

工欲善其事，必先利其器。战略决定机制，机制影响战略。没有战略指引的机制是“无的放矢”的，没有机制支撑的战略是“虚无缥缈”的。

基于黑海战略，海尔开发出了共赢增值表，它是海尔实施黑海战略和衡量生态价值的核心机制。在黑海战略的指引下，海尔的组织形态逐步演变成“平台+小微链群”的生态模式，在这种生态模式中，由小微企业组成的动态小微链群成为价值创造的主体。

价值管理（value based management，VBM）包括价值创造、价值衡量和价值分配三个核心环节。传统的价值管理（VBM）将股东价值最大化作为管理的最终目的，忽略了人的价值最大化。比如，在海尔的用户价值管理中，顾客被转化为可以交互和体验的用户，并成为员工获取薪酬和企业获取生态价值的关键驱动力，这是海尔模式的独特创新。用户价值管理的目的是让定位于产品交易的顾客转化为定位于服务的用户，让用户始终在线，保持实时交互的状态，进而成为其个性化体验被社群圈子锁定的终身用户。

海尔的共赢增值表以“人的价值最大化”为核心指导思想，在价值创造、价值衡量和价值分配三个价值管理的核心环节进行了创新。简言之，共赢增值表就是对小微链群价值创造、价值衡量、价值分配进行管理的核心工具，驱动海尔从传统的自上而下的管理控制体系转变为开放的小微价值创造的生态体系。

和传统的VBM衡量工具不同，共赢增值表不仅有机地融合了财务和非财务数据，而且全面衡量了海尔小微链群、生态伙伴和用户的价值。共赢增值表包括六大维度：用户资源、资源方、生态平台价值总量、收入、成本和边际收益。

共赢增值表作为海尔实施黑海战略的核心机制，从 VBM 的视角，笔者认为其在五个方面对黑海战略形成了强有力的支撑，这五个方面分别是价值第一（high value）、创业雄心（entrepreneurial aspiration）、创新驱动（innovation driven）、全场景体验（experience）、韧性生态（resilient ecosystem），笔者将其称为共赢增值表 Haier 模型（见图 1）。

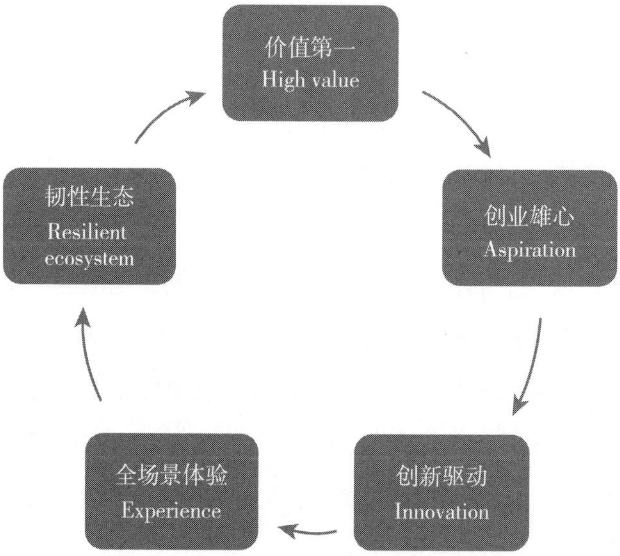

图 1 共赢增值表：Haier 模型

（一）价值第一：共赢增值表的起点

人是目的，而不是工具。张瑞敏常常引用康德的这句话来解释他对管理本质的洞察。在张瑞敏看来，“人”既是管理的出发点，又是管理的终点。基于对 VBM 本质的思考，张瑞敏将“人的价值第一”确认为“人单合一”管理模式的核心原则。在“人单合一”模式中，人就是创客，单就是用户价值。“人单合一”的核心思想是：创客们为用户创造价值的同时实现自身的个人价值。

秉持“人的价值第一”这一核心思想，共赢增值表是对“高价值”（High value）进行全面管理的核心工具。价值管理包括价值创造和价值分配两个循环。在价值创造上，共赢增值表引领小微链群创造高价值；在价值分配上，共赢增值表激励创造高价值的小微链群获得增值分享。

共赢增值表将为用户创造高价值放在第一位，而且突出强调让用户一起共创价值。共赢增值表的第一个维度是用户资源，它衡量的是小微链群拥有用户资源的数量。在黑海战略的指引下，海尔正在逐步转型为物联网生态型企业，在一个商业生态系统之中，用户资源是最为重要的资源，但它不等于用户流量。所谓用户资源是指全流程参与设计、参与迭代升级并获得最佳用户体验的用户数量。显然，用户资源比用户流量质量更好，对生态的黏性更强，用户资源体现了生态系统的吸引力。

用户资源主要包括交易用户、交互用户和终身用户三个二级指标。其中，交易用户是指购买海尔产品或服务，在平台上有过交易行为的用户；交互用户是指是在平台上购买过产品或服务后，能够持续参与交互的用户；终身用户是指持续不断地与平台互动、交易，并持续参与平台自演进和价值共创的用户。

从交易用户到交互用户，再到终身用户，用户与平台的关系是不断演化升级的，其中交互用户向终身用户的演进表现为用户黏性，用户黏性体现了物联网时代下社群共创资源的变现效率。黑海战略的核心目的就是通过社群平台上多样化、个性化的创新应用，来实现用户全生命周期、全场景的价值。

“人的价值第一”具有管理的时代意义，是物联网时代设计新型管理模式的思想原点。1900~2020 年，过去的 120 年，世界管理历史经历了四次管理革命，其中前三次管理革命的主题是源自科学管理的效率革命。从泰勒在生产流水线上掀起的效率革命，到丰田通过流程再造对企业的重塑，前三次管理革命都深深地打上了科学管理的烙印。

当我们进入 21 世纪，管理历史也进入了第四次管理革命。在第四次管理革命中，互联网消除了距离，组织去中心化成为趋势，传统的科层式组织模式将被彻底颠覆，组织将从“流程型组织”向“生态型组织”转型；物联网的兴起让万物互联互通成为可能，连接力成为组织的核心竞争能力，这将重塑企业的生产方式、价值创造模式，“以产品为中心的大规模制造”将向“以用户为中心的大规模定制”转型。

从“效率第一”到“价值第一”，管理学走过了一百多年的历史，不断推动从“经济人”到“自主人”的跨越。“人的价值第一”将提升“自主人”的个体价值视为 VBM 的核心，这将成为设计组织模式、管理模式的基石，共赢增值表所体现的这一核心思想，将指导管理者思考构建以共同创造价值为中心的新型管理体系，从而实现员工、用户以及生态伙伴的共生、共赢。

（二）创业雄心：人人都是 CEO

VBM 的核心是人，即人是创造价值的主体，也是创造价值的源泉。如何激励人去创造价值，尤其是如何激励人持续创造高价值，一直是管理的核心命题。

黑海战略的核心目的是构建平台生态系统，在这个平台上，创业者们可以实现自己的创业梦想。在海尔的生态型组织中，由创客们组成的小微企业（micro-enterprises，MEs）是创造价值的基本单位。海尔生态系统创造价值的新方式是利用由小微企业组成的小微链群创造场景生态价值，若干小微企业围绕用户价值自发组成了不同的小微生态链群，这些小微生态链群本质上是为用户创造价值的动态价值网络。

利用共赢增值表，海尔激发每个人的创业雄心（entrepreneurial aspiration），激励每个人都成为自己的 CEO。共赢增值表的其中一个维度是生态平台价值总量，它是指聚焦用户体验增值的各方共创共享实现的物联网生态圈的价值总量，包含利润和增值分享两部分。其中利润包括传统利润、生态利润两个指标，前者是销售互联网电器（网器）产生的传统利润，后者是生态系统创造的利润；增值分享是指生态圈内的链群通过创造出颠覆传统行业盈利能力的增值额和盈利模式，吸引利益各方持续抢入，最后生态圈利益各方按各自创造的价值增值共赢共享。

“我的用户我创造，我的增值我分享”。只有通过增值分享，才能实现企业财务价值、链群生态价值、链群共创价值以及单用户价值的不断提升。在共赢增值表中，增值分享包含三大类，分别为链群分享、支持平台、共创攸关方。链群分享是指链群共创获得的价值分享，价值创造者为创客及生态平台等；支持平台是指帮助链群实现价值创造和传递的支持平台，如大共享平台、三自平台等；共创攸关方则细分为三类，分别为资源方分享、用户分享和资本分享。资源方分享指的是各合作资源方在平台上获得的价值分享，用户分享指的是参与平台、产品、服务共创、设计的用户取得的价值分享，资本分享则是根据所持有的股权比例来分配可分享的利润。

增值分享是海尔生态系统三元素“互生、共生、重生”的基础，不断创造更多价值并实现分享就是"互生、共生、重生"的内在含义。增值分享还是开放体系的基础，只有增值分享才可以充分激发创业者的雄心、吸引一流资源与人才，从而实现真正的开放。所以，增值分享是核心的核心、是物联网引爆的引擎。只有各利益攸关方实现共赢的目标，才能进一步吸引更多的资源提供者和用户到这个平台上来。共赢增值表增值分享部分为企业管理提供了最直接的依据，报表使用者可以直观地查看和衡量。

（三）创新驱动：克服大企业创新的窘境

对于大企业而言，阻碍其 VBM 的一个障碍是内部创业精神不足，由于流程的固化、权力结构的僵化，常常让大企业变得越来越笨重，难以在快速变化的环境中为用户持续创造价值，进而丧失竞争优势。

在《创新者的窘境》（*The Innovator's Dilemma：When New Technologies Cause Great Firms to Fail*）一书中，克莱顿·克里斯坦森区分了两种创新：持续式创新（sustaining innovation）和颠覆式创新（disruptive innovation）。前者聚焦于围绕企业当前的核心业务进行创新，后者则主要是因为新技术的突然出现而带来的新模式。克里斯坦森发现，如果新兴公司掌握了某种能打破现存发展模式的新发明、新技术，就可以打败几乎任何一家大公司，这就意味着突破性创新往往会给大型企业带来灭顶之灾，因为这些大型公司所拥有的流程、资源和模式一直推动企业做"最应该做的事情"：取悦于当前最有价值的顾客。

企业管理者在投资决策、资源分配上取悦于最有价值的顾客似乎是理所当然的事情，因为如果企业的创新模式、资源配置不能满足顾客需要的话，这个企业就无法生存。这就使得管理者陷入了创新的困境：他们既需要设计一套完善的制度来扼杀不能满足顾客价值的创意，又需要设计一套新机制来培育和投资顾客不感兴趣、盈利机会很小的突破性技术。这其中暗含着管理者的两大任务：一方面是要保证企业短期内的健康成长；另一方面还要调配资源关注和投资那些可能带来未来增长的突破性技术。

现实是，在任何一家大型企业之中，由于业绩的压力，管理者都倾向于将主要的精力、优质的资源配置给核心业务，因为，保证公司能够成长和盈利是管理者的首要目标。对于管理者而言，要想平衡或者兼顾持续性创新和突破性创新这两种创新模式是几乎不可能完成的任务。如何破解这种创新困境？克里斯坦森给出的方案是，管理者在核心业务之外建立一个自组织，即组建一个围绕突破性技术的新的独立事业部门，这种新的独立组织，不受主流业务顾客需求的左右，因此可以有效探索新技术所催生的新业务。

除了克里斯坦森所给出的上述方案之外，笔者发现，海尔正在通过实施黑海战略构建生态系统来克服大企业创新的窘境。比如，相对于许多企业自己成立独立的事业部来投资突破性技术，海尔通过成立海创汇创业孵化器更能够帮助企业在更广的范围内、更深的领域搜寻、发现、投资突破性技术。

在共赢增值表中有两个核心指标收入和成本，和传统财务报表不同的是，共赢增值表不仅衡量传统的收入、成本，而且衡量生态收入、生态成本。比如共赢增值表中的收入包括传统收入与生态收入，传统收入是指聚焦用户交互与体验的持续迭代，通过销售电器或网器、提供服务等经营业务所形成的收入。生态收入是指通过聚焦创物联网生态品牌的引领目标，小微与各合作方在社群生态平台上通过价值共创持续迭代所形成的收入。比如，在衣联网小微链群中，一台智能洗衣机的收入是传统收入，而由智能洗衣机作为入口而实现的后端衣物护理服务收入为生态收入，利用生态收入的多少可以衡量生态系统中生态伙伴的参与度和价值创造能力。

共赢增值表的成本是为实现用户价值所投入的资源成本，包括传统成本及生态成本。传统成本是指聚焦用户交互与体验的持续迭代，通过销售电器或网器、提供服务等经营业务所形成的成本。生态成本是指社群生态平台持续迭代升级过程中投入的资源成本。同时，对获客成本及服务现有用户的成本进行列示。获客成本是指获取新用户投入的成本；服务现有用户成本是指平台为服务现有用户投入的平台建设成本、交互投入成本等。边际成本是指每个交易用户所产生的成本。成本一定的条件下，越多的用户共享资源，企业花费的边际成本就会越小。这也是共创共赢理念的一种体现。

例如，生产一台洗衣机所产生的材料、制造、销售、运营、人工等成本属于传统成本，而利用洗衣机构建衣联网生态系统所产生的成本则属于生态成本。尤其重要的是，在成本维度中，共赢增值表还增加了边际成本这一指标，它包括传统边际成本、生态边际成本，使用各自的总成本除以活跃用户数来计算，这一指标可以反映每一个活跃用户产生的成本，指引小微企业不断增加活跃用户的数量，从而不断降低传统边际成本和生态系统边际成本。

（四）体验：创造全场景价值

价值本身是VBM的核心，海尔模式将为用户提供全场景体验价值作为竞争的核心利器。全场景体验也是物联网生态品牌的核心，海尔黑海战略的一个核心目的就是创建有温度、有情感、以用户体验为中心的生态品牌，并取代那些靠“大生产、大零售、大渠道、大品牌、大物流”取胜的传统品牌，从而实现品牌价值从“物的关系”向“人的关系”进行转变。海尔认为，生态品牌是物联网时代最重要的标志，也是检验物联网是否引爆的必要条件。传统工业时代的重要标志是以产品品牌为出发点，而在互联网时代，以流量变现为中心的交易平台变为主流，到了物联网时代，家电企业应该以生态品牌为目标，构建以价值共创为中心的生态圈。

基于黑海战略，海尔生态品牌建设的目的是“利用智慧家庭解决方案让用户有不断升级的美好体验”。在此基础上，海尔共建共创链群生态，从为用户提供有竞争力的家电产品，迭代到向用户提供成套的智慧家电产品，再迭代到向用户提供成套的智慧家庭解决方案，最终的目的是给用户提供一个可定制的生活方式。这种生活方式被海尔称之为“生活X.0”，即可定制的、可以迭代的生活方式。

为了为用户创造全场景的体验价值，海尔于2020年9月推出了行业首个场景品牌：三翼鸟。“三翼鸟”可以为用户提供阳台、厨房、客厅、浴室、卧室等智慧家庭全场景解决方案，推动定制化智慧美好生活的全面普及，开启智慧家庭升级的新时代，实现物联网时代的全面引领。

从设计一个家、建设一个家到服务一个家，海尔围绕着“智慧家庭”不断升级解决方案，而真正能够让整体解决方案落地的关键之处在于“生态的构建”。比如，海尔体验云平台是一个多边资源整合平台，它不仅连接着用户需求，还连接着设计资源和生态资源，这些资源围绕着“定制的美好生活”进行共创、共享。

共赢增值表的一个维度是资源方，是指生态圈吸聚的、为满足用户需求而持续迭代产品或服务的所有利益攸关方，也即海尔的生态伙伴。资源方包含交互资源方和活跃资源方，前者是指参与平台共创用户体验的相关利益攸关方，活跃资源方是指能够参与多次服务或场景的体验迭代的资源方，并且能够带来资源方的持续优化。

在整个生态圈中，资源方是确保生态圈良性发展的关键。企业能够掌握多少与平台共创用户体验、同时持续优化的资源方，对链群的发展至关重要。共赢增值表通过资源方的数量，一定程度上反映了平台的吸聚力，同时，也反映了为用户创造全场景价值的能力。

（五）韧性生态：黑海战略的核心目的

在数字经济的挑战下，企业该如何寻找第二曲线，如何找到持续增长的动力？如何对 VBM 进行创新？是每一个领导者都关心的核心问题。在万物互联时代，企业也不得不面临一个现实，即企业再大仍有边界，但唯有生态是生生不息的。所以新的战略观认为“战略即生态”，组织网络化是这种战略转型下的必然产物。企业外部通过以用户体验中心，构建一个打破行业/品类壁垒、促成动态多边合作的生态平台，内部激发员工创业创新精神，探索企业自身的可持续发展。战略聚焦于“平台和生态”。在这种战略观下，企业的关注点不是拥有多少资源，而是整合资源为用户提供价值的能力。

在数字时代，张瑞敏认为产品会被场景替代，行业会被生态覆盖。基于以上的战略认知，张瑞敏将黑海战略的使命浓缩为：“构建高端品牌、场景品牌和生态品牌三位一体的品牌体系。”①

在海尔的战略布局中，统帅、海尔、卡萨帝、GEA、Candy、斐雪派克等均是高端家电品牌，三翼鸟是聚焦于智慧家庭的场景品牌，卡奥斯是物联网生态品牌。三位一体的品牌体系构成了海尔的生态网络。在这个生态网络中，通过平台赋能，不断孵化出新的物种，使生态可持续发展，从而提高企业的组织韧性。

在一个韧性生态中，用户是核心。在共赢增值表中，有一个独特的维度是边际收益，它是指每一位用户所创造的利润。边际收益包括传统边际收益和生态边际收益，这个指标反映的是单个活跃用户产生的平均边际收益，指引小微企业不断拓展生态系统，增加活跃用户数量，鼓励用户购买更多的生态服务，从而提高

---

① 张瑞敏：“人是目的，有生于无”，在庆祝海尔集团创业 35 周年上的讲话，2019 年 12 月 26 日。

单个用户的边际收益。生态圈越丰富，用户资源越大，边际收益递增。

综上所述，和传统 VBM 衡量工具相比，共赢增值表不仅更加突出了对用户资源、用户价值的重视，还更加突出强调了生态收入、生态利润的重要性，这与海尔的黑海战略是一脉相承的。共赢增值表可以很好地反映生态资源方创造价值的大小，从而衡量平台和生态的竞争力。共赢增值表的用户增值分享机制，则可以很好地衡量小微生态企业吸引生态资源方参与构建生态系统的能力以及为用户创造价值的能力。美国管理会计师协会在对海尔共赢增值表进行详细研究后，对其给予了很高的评价，并将共赢增值表与企业的损益表、资产负债表、现金流量表对应起来，称之为企业的第四个财务报表。总之，"共赢增值表"是海尔承接和驱动黑海战略的核心工具，可以驱动小微链群（企业）加速向共创共赢的生态品牌转型。

作者简介

曹仰锋，博士，香港创业创新研究院院长、北京大学光华管理学院管理实践教授，聚焦于研究战略转型与组织变革，已出版《黑海战略：海尔如何构建平台生态系统》《组织韧性：如何穿越危机持续增长》《第四次管理革命》《海尔转型：人人都是 CEO》等多部畅销著作。

参考文献

［1］曹仰锋：《黑海战略：海尔如何构建平台生态系统》，中信出版社 2021 年版。

［2］克莱顿·克里斯坦森：《创新者的窘境》，胡建桥译，中信出版社 2016 年版。

［3］张瑞敏、姜奇平、胡国栋：《基于海尔"人单合一"模式的用户乘数与价值管理研究》，载于《管理学报》2018 年 9 月。

共赢增值表驱动的卡奥斯 COSMOPlat 赋能机制研究*

王竹泉　孙文君　史晓洁　王苑琢　宋晓缤**

摘要：工业互联网平台打破了传统企业的边界，改变了企业资源链接与整合的方式，引领了生态商业模式的迭代和升级，也推动了企业价值创造与分享机制和企业本质的创新发展。海尔卡奥斯 COSMOPlat 在独创的共赢增值表指引下，以大规模定制为内核，构建了以模块、行业和区域为支撑的平台架构。本文在对海尔卡奥斯 COSMOPlat 的赋能机理和价值分享机制进行分析基础上，进一步以海模智云为例阐释了共赢增值表驱动卡奥斯 COSMOPlat 赋能的作用机制，总结提炼出“工业互联网的本质是数据资本驱动的无边界、智能化、柔性化的集体选择集合”和“共赢增值表的核心是反映各个集体选择下企业与用户、资源方等共创、共赢、共享的过程和结果”的结论。

关键词：共赢增值表，工业互联网，赋能，企业价值创造与分享，集体选择

一、引言

“工业互联网”是“互联网＋制造业”的一种范式，是将人、数据和机器连接起来的开放、全球化网络。在工业互联网的引领下，企业的边界逐渐被打破，资源在全球范围内实现高效、迅速的链接与整合，生态增值成为物联网生态企业价值创造与分享的核心。2015 年，国务院印发《关于积极推进“互联网＋”行动的指导

* 如无特殊说明，本文提及的调研内容均出自于 2020 年和 2021 年海尔调研访谈实录。

** 王竹泉、孙文君、史晓洁、王苑琢、宋晓缤，中国海洋大学管理学院、中国企业营运资金管理研究中心。

意见》，提出推动互联网与制造业融合，加强产业链协作，促进工业互联网与“中国制造 2025”协同发展。2017 年，我国政策的重点集中至工业互联网平台的建设上，发布了《国务院关于深化“互联网 + 先进制造业”发展工业互联网的指导意见》，部署了包括工业互联网平台建设及推广工程在内的 7 项重点工程，旨在构建与我国经济社会发展相适应的工业互联网生态体系。2019 年，李克强总理在政府工作报告中明确指出要“打造工业互联网平台，拓展‘智能 + ’，为制造业转型升级赋能”①。在工业互联网时代到来之际，海尔顺势建立了全球引领的工业互联网平台——卡奥斯 COSMOPlat。卡奥斯 COSMOPlat 是一个多边交互、增值分享的工业互联网生态赋能平台。通过大规模定制的模式创新、信息技术与制造技术相融合的技术创新，以及跨行业、跨领域的小微创业机制创新赋能企业价值创造与分享。

海尔独创的“人单合一”商业模式和以共赢增值表为基础的管理体系为卡奥斯 COSMOPlat 在新的时代背景下实现价值创造与分享奠定了坚实的基础。共赢增值表是海尔构建工业互联网平台的有力管理工具，驱动海尔从先前自上而下的管理控制体系转变为开放的小微价值创造的生态体系。在共赢增值表的驱动下，海尔卡奥斯 COSMOPlat 聚焦生态价值的创造，实现了企业（创业小微）与用户、资源方等的共创、共赢、共享，带动了平台企业的创新发展和资源配置效率的提升。在工业互联网时代，海尔卡奥斯 COSMOPlat 的赋能机理与价值分享机制如何？共赢增值表在海尔卡奥斯 COSMOPlat 的赋能与价值创造过程中发挥了怎样的作用？其作用机制和核心是什么？本文从“利益相关者集体选择”的理论出发，聚焦海尔卡奥斯 COSMOPlat 的赋能机理以及共赢增值表对卡奥斯 COSMOPlat 价值创造与分享机制的驱动作用进行深入分析和理论提炼，以推动海尔共赢增值表在卡奥斯 COSMOPlat 的应用与推广，并为其他企业的工业互联网转型提供理论指导。

二、文献综述

（一）企业边界的演进

企业应以什么为界一直是经济学家热衷探讨的问题。从传统理论的观点来

① 资料来源：2019 年国务院政府工作报告。

看，关于企业边界的探讨主要聚焦于市场与企业之间边界的确定。科斯（Coase，1937）用交易费用理论阐释企业的边界，认为“企业将倾向于扩张直到在企业内部组织一笔额外交易的成本，等于通过在公开市场上完成同一笔交易的成本或在另一个企业中组织同样交易的成本为止”。这意味着企业的边界取决于由企业代替市场而节约的交易费用与企业存在而引起的内部组织费用在边际上的相等之处。企业的交易费用理论很好地说明了企业与市场的替代关系，但却对现实中企业复杂的扩展行为与成长现象解释乏力（史闻东和李家鸿，2007）。在动态环境中，企业的边界不可避免地随着企业环境的变化而变化，企业间的内部与外部边界明显呈现出模糊化的趋势（蒋峦等，2003）。

信息技术通过协调企业生产成本和市场交易成本影响企业边界的变动（曾楚宏和林丹明，2004；杨蕙馨等，2008）。随着时代进步与信息技术发展，企业与市场的界限逐渐模糊，企业的边界发生了显著的变化（Helper et al.，2000；刘东，2005；曹建海和郭文，2017）。曾楚宏和林丹明（2005）研究指出企业的边界具有两重属性，一是由土地、劳动、资本等有形资源决定的规模边界，二是由知识、技术等无形资源决定的能力边界。随着技术与知识的进步，两种企业边界逐渐分离，边界管理成为提升企业竞争力的重要途径（徐礼伯和沈坤荣，2014）。在互联网信息技术的支持下，不同企业的价值模块和价值链交叉连接、融会贯通形成企业价值网络，企业的边界可趋于无穷（李海舰和原磊，2005；余东华和芮明杰，2005；李海舰和陈小勇，2011）。

随着物联网时代的到来，企业无边界的现象更加凸显，资源实现了更大范围内的链接与整合。在更加开放和动态的产业中，资源兼具分散和快速变化的特点，协同创新已经成为一种必需的创新战略，企业可以充分利用外部环境中的资源来动态响应消费者需求（刘洋等，2013；刘刚和熊立峰，2013）。刘旭等（2015）探讨了海尔无边界组织创新理论与实践，海尔通过构建平台化创客合作成长机制，吸引不同的资源方加入，快速迭代式地服务和满足用户需求。

由此可见，在万物互联的物联网时代，跨越企业的资源链接与整合已成为常态，企业的边界将更加模糊。这种变化对企业的价值创造和分享将产生怎样的影响？需要深入研究。

（二）企业价值创造及驱动因素

在不同的经济背景下，企业价值的内涵发生着不同的变化，企业价值创造的驱动要素也不断演进。在传统理论中，企业价值即股东财富，是指企业所有权的价值（高印朝和于渤，2004）。这意味着企业价值是资本雇佣劳动者所创造的价值，是投资人利益回报的衡量与体现。进入新经济时代，企业价值不仅体现为物质资本的价值，还包含了人力资本的价值（姚益龙和高筠燕，2003）。这意味着智力资本在企业价值创造过程中的驱动作用越来越明显，蒋琰和茅宁（2008）就财务资本与智力资本对企业价值创造的作用进行了比较，提出企业价值创造中需要更加注重智力资本的积累与培育。多数研究表明智力资本对价值创造的驱动效果要高于物质资本，但该作用还未被市场充分认知（刘玉平和赵兴莉，2013；Chen，2005）。

随着企业价值创造的参与主体日渐多元，企业价值逐渐发展为企业利益相关者基于其要求权而能获得满意回报的能力（郑军，2006）。企业价值创造成为多主体、多要素协调的过程。在物联网时代，智力资本等其他异质性要素在企业价值创造中也发挥着越来越重要的作用，企业价值创造逐渐成为以用户需求为中心的异质性资本深度融合的过程，越来越多的要素参与到企业价值创造的过程之中。在物联网经济下，单一企业的资源和创新能力极为有限，现代竞争比拼的是企业群体的创新能力，企业价值创造网络的重要性日渐凸显（程立茹，2013）。新一代信息技术的发展推动着企业组织变革与商业模式变革，使得企业价值创造的核心由制造过程向用户体验转变（金帆，2014；诸波和李余，2017；高长春和孙汉明，2020；张志朋等，2021）。王海杰和宋姗姗（2019）对平台型企业海尔在商业模式创新中的价值生态系统的构建进行了探究，强调了快速、精准响应客户需求，建立平台载体进行交互以及建立合理的利益分配机制在价值创造过程中的重要性。刘嘉慧和高山行（2021）指出数字技术的发展加深了企业对于顾客个性化需求的关注，跨界成为企业满足顾客需求的重要战略，企业价值创造呈现出异质性要素深度融合的特点。

（三）企业的本质

企业的本质是学者们永恒的讨论话题。对于企业本质的研究起源于科斯（1937）的交易费用理论，他提出企业本质上是节约交易费用的产物，这意味着企业要想存在，交易费用必须大于零。企业契约理论深入探讨了企业的本质，该理论认为“企业的本质是所有利益相关者之间一系列多边契约”。威廉姆森（1972）、克莱因（1978）、詹森和麦克林（1976）均认可企业本质上是一组契约的集合，但关于契约类型以及契约关系不同学者分别持有不同的观点。

不管在哪一经济时代，企业一切事物的根本目的都是价值创造和分享。王竹泉（2006）指出，如果运用集体选择理论对企业进行考察，现代企业理论所认为的构成企业的各种契约实质上就是作为缔约主体的企业利益相关者的集体选择。王竹泉和杜媛（2012）指出：企业是利益相关者集体选择的产物，是企业契约选择者的集体选择达到的一种可接受的均衡状态。王竹泉（2020）指出：企业的本质是异质性资本禀赋的利益相关者的集体选择。每家企业都是政府提供的政府社会资本和其他资本提供者提供的其他形态资本混合的产物，其本质是政府作为政府社会资本的投资者与其他形态资本所有者的集体选择，反映的是企业异质性资本混合中的政府与市场的关系。

（四）文献评述

随着新一代信息技术的进步，企业边界逐渐模糊，实现跨越企业的资源链接与整合成为时代发展的必然趋势。与之对应，企业价值创造和驱动因素更加多样化、个性化和动态化，企业价值创造成为异质性要素深入融合的过程。纵观现有文献，虽然关于企业边界与企业价值的研究已比较成熟，但对于工业互联网时代企业的本质及其价值创造与分享机理的探究还不够深入，也还少有研究涉足工业互联网平台对企业价值创造与分享的赋能机理，更鲜有文献就共赢增值理念对企业价值创造与分享的驱动作用进行探讨。海尔作为物联网生态品牌的领军者，其创新性地开拓了卡奥斯 COSMOPlat 工业互联网平台，又以共赢增值表为管理工具，驱动着企业价值创造与分享。基于此，本文主要以海尔卡奥斯 COSMOPlat 为研究对象，探究卡奥斯 COSMOPlat 的赋能机理以及共赢增值表在其中发挥的作用，进而对工业互联网的本质和共赢增值表的核心加以理论提炼和总结。

三、卡奥斯 COSMOPlat 的演进及平台架构

（一）海尔的战略转型与卡奥斯 COSMOPlat 的产生背景

就在 2012 年“工业互联网”的概念被提出之时，我国制造业巨头海尔集团“踩着点”迈进了第五个发展战略阶段——网络化战略，海尔的战略转型过程如

图 1 所示。海尔集团网络化战略的主题为“企业平台化、员工创客化、用户个性化”，旨在将封闭的组织变为开放的平台，让员工从被动的执行者转变为主动的创业者，海尔称之为“创客”，创客直接服务于用户，若认为引入的资源可以满足用户需求，则可以运用海尔平台资源创立小微。其中，部分小微发现，在物联网时代下，用户对单一产品的需求转型升级为对成套智慧生活解决方案的需求，比如，用户需求的不仅是一台冰箱，而且包括新鲜健康的食材，而单个小微所拥有的资源有限，难以满足用户复杂的需求，因此，为用户的特定场景体验服务的小微自发组成了小微的社群——生态链小微群（以下简称“链群”）①。

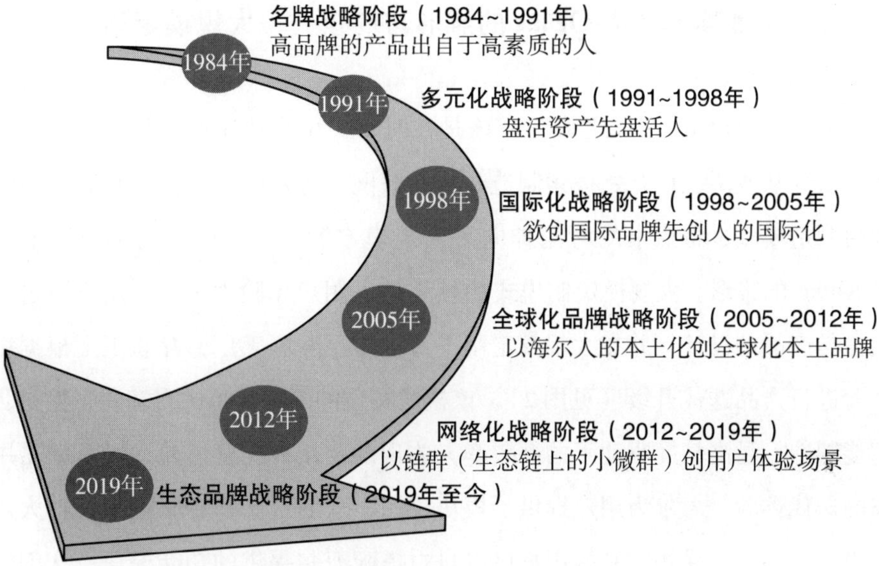

图 1　海尔集团战略发展及管理模式转型图

资料来源：笔者根据海尔集团官网资料整理。

2017 年是吹响工业互联网号角的 GE 计划出售其工业数据资产的一年，亦是海尔卡奥斯 COSMOPlat 工业互联网平台的开局之年。2017 年，中共中央宣传部、国家发展改革委等部委联合主办的“砥砺奋进的五年”大型成就展开幕，海尔作为唯一参展的家电企业，在“工业转型”板块亮相了全球引领的工业互联网平台——卡奥斯 COSMOPlat。对于彼时已稳坐制造业巨头交椅的海尔而言，将资金投入前途未卜的工业互联网领域，实现跨产业链、跨领域地向平台上的企业赋

① 链群衍生于海尔网络化战略阶段（2012 ~ 2019 年），但未被单独命名，截至 2019 年海尔进入生态品牌战略阶段之后，正式将这种以用户场景服务为单位的小微群体命名为“生态链小微群”，简称“链群”。

能，需承担巨大的风险。但是，海尔深刻地认识到，随着物联网的发展，用户的交互作用将日益显著，交易频率将急剧上涨。与此同时，随着供应链上信息和标准的开放，资产专用性将会降低，交易成本将大幅下降。因此，在网络效应下，极易出现垄断企业，企业想要生存，唯有快速进入市场，使所有用户加入其中，形成“赢者通吃”的局面。这正是海尔搭建工业互联网平台进行生态品牌战略转型的根本动因。正如张瑞敏一直强调的，“企业一定不要成为王国、帝国，一定要成为生态系统，因为帝国一定会垮掉”。[①]

（二）卡奥斯 COSMOPlat 的雏形与内核——大规模定制

“如何乘互联网的东风之势”应该是彼时每一位企业家都在思索的问题，海尔张瑞敏先从改革工厂开始摸索制造业与互联网。海尔的互联工厂打破了传统的大规模制造模式，将探索的触角伸向了大规模定制模式，由此勾勒出了卡奥斯COSMOPlat 的雏形。大规模定制模式的核心是以用户体验为中心，用户通过社群交互参与产品的设计，并在大规模定制平台下单至互联工厂，互联工厂根据用户的体验进行产品迭代升级（见图 2）。该模式实现的不是简单的自动化，而是真正的智能制造，是高精度驱动下的高效率，体现的是用户交互体验，以及满足用户动态的迭代体验。海尔为用户提供了模块定制、众创定制和专属定制三种大规模定制模式，其中，模块定制指用户可以自由搭配海尔提供的功能模块；众创定制

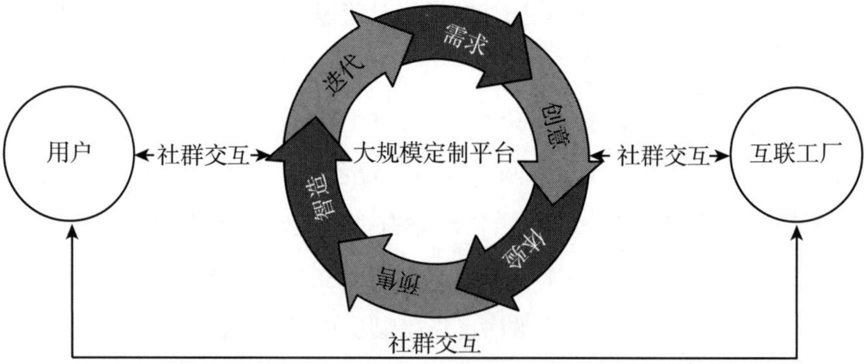

图 2　海尔互联工厂大规模定制模式

资料来源：笔者根据调研内容整理。

① 千帆：《和新华社聊天的时候，张瑞敏说海尔在自杀重生》，环球网，2016 年 11 月 23 日。

指用户提出需求后，其他用户以及海尔产品设计人员与之进行交互，形成众多用户的共同需求并以此进行批量生产；专属定制是满足特定用户需求的完全个性化定制模式。通过上述三种大规模定制模式，海尔互联工厂既克服了大规模制造同质化严重，难以满足用户个性化需求的特点，又避免了小规模个性化定制高成本、低效率的弊端。

海尔将其以用户为中心的大规模定制模式总结为“全流程、全周期、全生态”三大特点。其中，“全流程”指区别于传统大规模制造以企业企划产品为起点、以将产品销售给客户为终点的线性流程，大规模定制通过社群交互抓住用户的精准需求，围绕用户体验进行产品企划的非线性流程，用户可持续视察，甚至参与研发、生产、服务等环节，如图 3 所示。“全周期”指将产品周期延伸至用户全生命周期，区别于传统的一次性交易关系，互联工厂通过将电器产品变为“网器”，与用户进行持续交互。举例而言，海尔智慧厨房互联工厂的冰箱可帮助用户管理食材，提示食品过期情况，且用户可通过冰箱上的智能屏订购油盐酱醋、果蔬蛋奶等一应厨房用品。大规模定制平台是一个多边平台，不仅提升了海尔的企业竞争价值、用户的体验价值，同时，也为资源方创造了价值，形成一个以用户为中心的价值链体系，海尔将其定义为“全生态”。上例中，用户在智慧冰箱下单后，平台上的厨房用品供应企业也获得了盈利，用户越多，平台吸引的厨房用品供应商等资源方越多，提供的用户体验越优质，便能吸引更多的用户定制厨房电器及用品，从而形成生生不息、息息相关的“用户—冰箱—生鲜供应商”生态圈。

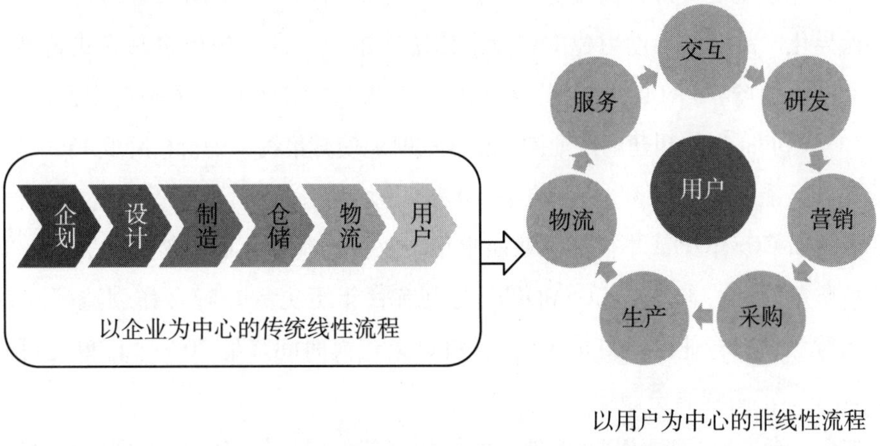

图 3　大规模定制模式的非线性流程图解

资料来源：笔者根据调研内容整理。

海尔互联工厂的大规模定制不仅吸引了稳定的用户资源，而且显著提高了企业运营效率，截至2020年年中，海尔已建成了17个全球领先的互联工厂，产品不入库率达78%，现金周转期为-10天。①

（三）卡奥斯COSMOPlat的繁衍——卡奥斯COSMOPlat赋能企业智能制造

在互联工厂的基础上，海尔探索建设了行业首个智能制造整体解决方案云平台——卡奥斯COSMOPlat。卡奥斯COSMOPlat将互联工厂的大规模定制模式云化、模块化、数字化，赋能中小企业向智能制造转型升级。卡奥斯COSMOPlat为所服务的企业提供了互联工厂建设、大规模定制、大数据增值、供应链金融、网络化协同制造、知识共享、检测与认证、设备智能维护八大生态服务场景，目前，卡奥斯COSMOPlat不仅通过家电产业的大规模定制模式为全产业链内合作企业创造价值，而且实现了跨产业链、跨领域向平台上的企业赋能。

卡奥斯COSMOPlat助力淄川建陶产业转型升级便是跨产业链赋能的典型。传统建陶行业具有低附加值、高库存、高能耗的行业痛点，卡奥斯COSMOPlat建陶链群利用平台的优势资源，从生产制造端开始，对淄川建陶产业园内企业的旧生产线进行数字化升级改造，在与当地建陶企业交互的过程中，卡奥斯COSMOPlat建陶链群发现，建陶企业对精密实验室、数据机房等场景有高规格防静电的需求，于是帮助建陶企业链接到了平台上的防静电研发资源方，打造高规格防静电实验室，这样既使资源方实现防静电技术快速市场化，也推动当地建陶企业实现高端差异化产品升级，助力建陶企业由传统产销模式向大规模定制模式转型。此外，卡奥斯COSMOPlat的大数据分析功能使建陶企业实现了原材料使用标准化。卡奥斯COSMOPlat对淄川建陶产业园内企业的赋能使其集约采购价格降低15%，库存降低20%，能耗节约27%，效率提高20%，平均制造成本下降7.5%②。

卡奥斯COSMOPlat不仅能够赋能中小企业智能制造，而且能够助力行业龙头企业高质量发展。卡奥斯COSMOPlat与具有百年历史的青啤合作创造了“端到端”的啤酒饮料行业的“灯塔工厂”，将订单切换时间降低70%，订单交付时间降低50%，定制啤酒份额增加33%③。

如今，卡奥斯COSMOPlat赋能企业智能制造的应用场景已由点到面，由销售、

①②③ 资料来源：卡奥斯COSMOPlat内部宣传资料。

物流等外部环节向研发、控制等生产制造内部环节延伸，应用范围不断扩大，应用行业不断拓展。卡奥斯 COSMOPlat 不仅获得了 2020 年中国工业大奖，连续两年被评为国家级的双跨平台，而且率先成为国内拥有两个灯塔工厂的中国企业。同时，欧盟将卡奥斯纳入联邦云的建设，卡奥斯成为唯一一个欧盟以外的受邀企业。

（四）卡奥斯 COSMOPlat 的发展——卡奥斯 COSMOPlat 的平台架构

卡奥斯 COSMOPlat 以具有中国自主知识产权的行业首个用户全流程参与体验的工业互联网平台引擎（BaaS 卡奥斯引擎）和“六力”（全要素互联构建实时工业数据的数据力，基于物理世界的数字化表达的仿真力，提供大规模定制工业软件高效集成的定制力，通过拖拉拽等方式快速构建工业 App 的低代码开源力，秒级态势感知的安全力，“与大企业共建，与开发者共创，同小企业共享”的生态力）和“六化”（为用户提供平台化设计、智能化制造、个性化定制、网络化协同、服务化延伸、数字化管理等六化赋能解决方案）的产品及方案，实现了企业从“不想转、不愿转、不会转”，到“用得快、用得好、用得起”再到“卖多点、卖赚点、卖快点”的转型，赋能企业高质量发展，助力全球企业转型。

随着对工业互联网的深入探索，卡奥斯 COSMOPlat 构建了行业、模块与区域全面兼顾的平台架构，实现了跨行业、跨领域、跨区域的赋能，具体如图 4 所示。

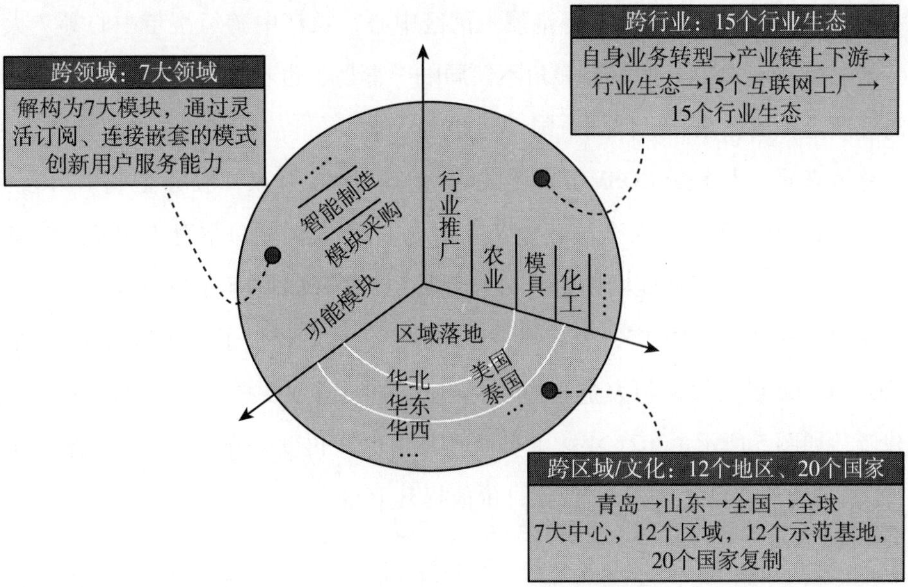

图 4　卡奥斯 COSMOPlat 架构

资料来源：卡奥斯 COSMOPlat 内部宣传资料。

在行业应用场景下，卡奥斯 COSMOPlat 孵化了多个业务板块，目前已渗透至能源、化工、应急物资、模具、智能装备、智能控制等行业，为 15 个有需求的行业提供了智慧化解决方案。卡奥斯模具是卡奥斯 COSMOPlat 行业领域的重要应用场景，卡奥斯模具平台基于自身数字化转型经验，融合 5G、物联网、AI 算法等前沿技术，通过聚合模具制造企业、整机企业、配套加工企业等全域生态资源，为企业提供智能制造、模具资产管理、模具开发等全套解决方案。通过聚合生态资源，打造高效率的产业链和生态链，实现资源利用最大化。

在模块应用场景下，卡奥斯 COSMOPlat 开拓了智能制造、模块采购、协同研发以及交互定制等 7 大领域，通过灵活订阅、链接嵌套的模式创新用户服务能力。其中，智能制造模块致力于构建"智能制造 + 工业互联网新型技术应用创新生态系统"，以标准化的智能制造成熟度评估，帮助企业发现企业数字化转型过程中的问题，并以评估认证、管理咨询诊断、互联工厂建设、数字化系统、物联集成、先进智造、生态增值等产品和服务，构建覆盖全流程、全要素的产品和服务体系，实现企业智能制造的全面升级。

在区域应用场景下，卡奥斯 COSMOPlat 聚焦于政府需求，满足"公务政府"的需要，通过与省、市政府的合作，建立服务平台，为人、财、税等各个领域提供全方位服务。目前，卡奥斯 COSMOPlat 在全国建立山东半岛经济带中心、长三角一体化中心、京津冀中心、粤港澳大湾区中心、长江中游经济带中心等 7 大中心。卡奥斯 COSMOPlat 的服务触角不仅局限于青岛、也不仅局限于中国，而是由青岛逐渐延伸到山东、延伸到全国、延伸到全球。

总体来看，卡奥斯 COSMOPlat 已链接企业近 80 万家，服务企业 7 万余家，连接开发者 10 余万家，在全国建立 7 大中心、12 大区域，孕育出化工、模具等 15 个行业生态。除了赋能国内企业，卡奥斯 COSMOPlat 构建全球开放生态，生态模式在 20 个国家复制推广，为海外企业的数字化转型提供了"中国方案"。卡奥斯 COSMOPlat 已成为"与大企业共建生态，与中小企业共享生态"的无限生态的构建者，如图 5 所示。2021 年，卡奥斯 COSMOPlat 再度荣登《中国 500 最具价值品牌》，品牌价值高达 637.17 亿元，价值提升 15%。

图 5　卡奥斯 COSMOPlat：与大企业共建生态，与中小企业共享生态

资料来源：卡奥斯 COSMOPlat 内部宣传资料。

四、卡奥斯 COSMOPlat 平台的赋能机理与本质

（一）卡奥斯 COSMOPlat 赋能机理的技术阐释

1. 以链群为基本单位的赋能组织模式

如前所述，在“工业互联网”概念提出之时，海尔集团恰好进入了网络化战略阶段。海尔集团网络化战略的主题为“企业平台化、员工创客化、用户个性化”，旨在将封闭的组织变为开放的平台，让员工从被动的执行者转变为主动的创业者，海尔称之为“创客”，创客直接服务于用户，若认为引入的资源可以满足用户需求，则可以运用海尔平台资源创立小微。海尔在这一转型变革中彻底重构组织结构，打破金字塔式的科层制结构，取而代之的是由平台主、小微主、创客构成的网络化结构，这一颠覆式的转型被称为海尔平台化转型。在转型过程中，部分创客小微发现在物联网时代，用户对单一产品的需求已升级为对成套智慧生活解决方案的需求，比如用户需求的可能不再是一台冰箱，而是新鲜健康的食材。由于单个小微所拥有的资源有限，难以满足用户复杂的需求，为用户的特

定场景体验服务的小微自发组成了小微的社群——生态链小微群。链群是海尔作为平台企业链接各方资源满足用户需求的基本单元，它改变了以往海尔小微之间的各自为政，使原本彼此独立的小微因满足用户特定需求的共同目标而联系在一起。“链群”的本质是一种动态合伙人机制，在该机制下海尔员工的角色由传统企业组织中的被动执行者变为自由的创业者、合伙人。

2. 卡奥斯 COSMOPlat 的基本架构及其技术功能

信息物理系统是工业互联网平台赋能智能制造的关键框架和技术（戴亦舒等，2018）。与工业互联网平台的标准架构一致，卡奥斯 COSMOPlat 赋能制造业企业全生命周期数字化转型的系统架构由边缘层、基础设施即服务（IaaS）层、平台即服务（PaaS）层、软件即服务（SaaS）层构成，具体如图 6 所示。

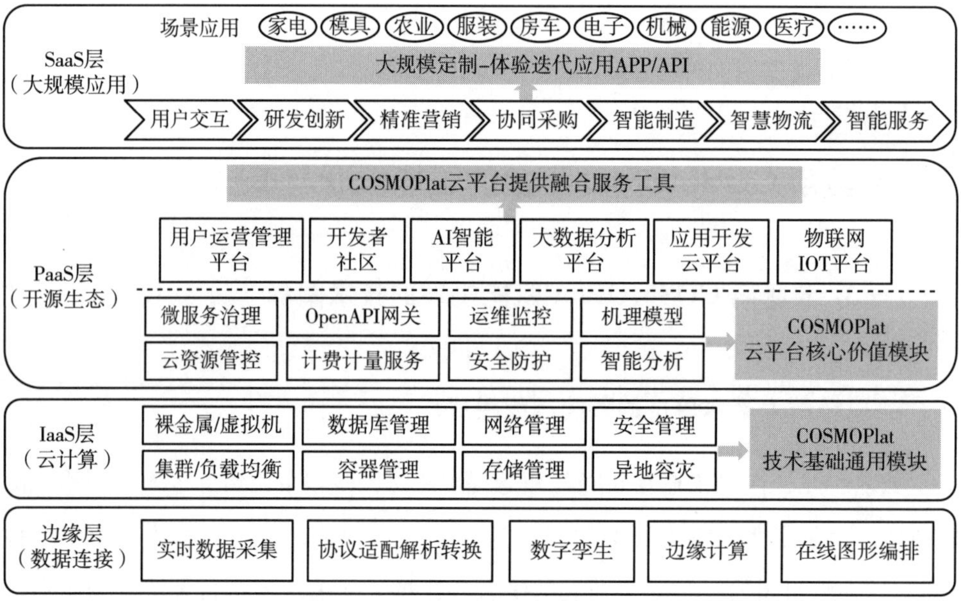

图 6　COSMOPlat 平台架构

资料来源：卡奥斯 COSMOPlat 内部宣传资料。

边缘层：利用传感器或控制器，从海尔工厂或用户企业工厂制造设备及其组件中采集实时准确的数据，并对不同类型的数据采用协议适配和协议解析完成数据格式的统一和信号的转换。COSMOPlat 云平台运用数字孪生技术，借助采集到的数据模拟物理实体在现实环境中的行为，通过虚实交互反馈为物理实体迭代拓展新的功能（陶飞等，2018），在数据源到云计算的路径之间利用边缘计算的智能分析能力提升系统响应速度。

IaaS 层（Infrastructure as a Service）：技术基础通用模块主要通过基础资源的管理支撑云计算，包括裸金属、虚拟机、容器等计算资源，以及存储资源、网络资源等。除此之外，COSMOPlat 云平台利用负载均衡加强网络数据处理能力，利用异地容灾加强数据库的安全性。

PaaS 层（Platform as a Service）：COSMOPlat 云平台核心价值模块采用微服务治理的方式组织松散耦合的系统，通过智能网关及开放接口（Open API）实现异构平台之间数据的对接整合（吴吉义等，2015），为第三方参与迭代开发提供接口，并对云环境下的虚拟资源状态进行监控、计量、分析、防护。COSMOPlat 云平台提供用户运营管理平台、开发者社区、AI 智能平台、大数据分析平台、应用开发云平台、物联网 IOT 平台六种融合服务工具。其中，大数据分析平台通过分布式存储、分析大数据，提供发展趋势预测及数据可视化呈现功能；应用开发云平台为开发者提供界面图元组件、布局工具以及脚本事件等开发工具，用户企业可以基于 COSMOPlat 云平台开发专用 App。COSMOPlat 云平台的开源生态系统满足了开发者把基于不同开发语言编写的程序上传至云平台的需求，达到联合用户企业、开发者共建数据库的效果。

SaaS 层（Software as a Service）：为用户企业提供涵盖设计、研发、营销、采购、生产、物流、售后等全生命周期的软件应用及预置解决方案，并根据不同的业务场景，实现快速编排和重构。

综上所述，COSMOPlat 的信息物理系统演绎了实体空间与网络空间融合交互的功能。首先，边缘层为设备、人员、产品等全元素接入平台提供入口，将实体空间的设备运行情况和操作进程数字化为能够在网络空间流动的数据信息；其次，在网络空间内，IaaS 层在对硬件资源虚拟化的基础上，根据监测的数据动态调整资源，实现对所采集的海量数据的存储、管理，整合为庞大的工业数据库；再次，PaaS 层运用大数据分析等技术，在云端环境中实现 IT 资源分配、应用调度，将数据增值为支持决策信息的知识；最后，SaaS 层通过定制化工业 App 将网络空间的数据分析结果交互至实体空间。

（二）卡奥斯 COSMOPlat 赋能机理的经济阐释

卡奥斯 COSMOPlat 为用户和资源方搭建一个可以充分交互的平台，实现了跨越企业、跨越边界的资源链接与整合。工业互联网平台卡奥斯 COSMOPlat 能够通过拓展生态应用场景和提供智能高效的解决方案，不断实现生态收入的增加和生态成本的降低，实现生态价值增值，并通过两个层次的生态增值的合理分享，实现企业（创业小微）与用户、资源方的共创、共赢与共享。

1. 应用场景生态拓展

应用场景生态拓展为卡奥斯 COSMOPlat 生态收入的增加提供了动力，是实现平台持续价值创造的重要支撑。卡奥斯 COSMOPlat 通过不断地演进，实现了从大规模定制到三个应用场景协同并进的平台架构与发展模式。在这一过程中，卡奥斯 COSMOPlat 实现了对不同行业、不同模块以及不同区域的赋能，也实现了平台自身生态收入的提升，为生态价值创造提供了源源不断的增值来源。

卡奥斯 COSMOPlat 目前已实现了在 15 个行业、7 个领域、12 个区域的生态场景构建，通过用户资源的敏锐捕捉和生态场景的不断拓展能够实现价值创造的持续升级①。一方面，卡奥斯 COSMOPlat 能够迅速抓住用户需求，在每个生态场景下通过不断开发新的用户、深入挖掘潜在的用户，为企业价值创造提供更加广泛的来源。另一方面，卡奥斯 COSMOPlat 能够在现有平台架构的基础上不断开拓新的物联网生态应用场景，通过涉足新的行业、开发新的功能模块以及服务新的区域来实现生态场景的不断延伸，将更多潜在的用户资源纳入平台服务的范围之内，创造源源不断的生态收入。总之，工业互联网能够促进生态圈的不断迭代和拓展，为企业价值创造与分享提供了更多的资源与机会，实现生态收入的不断扩大与生态价值的持续增值。

2. 解决方案智能高效

智能化解决方案为卡奥斯 COSMOPlat 提供了降低生态成本的有效途径，能够通过节约成本为企业价值创造赋能。随着企业的边界被打破，价值创造成为多个企业协同共赢的过程，通过工业互联网平台能够迅速高效地匹配满足用户需求的最优质资源方，形成智能高效的物联网生态解决方案，不仅能够满足用户需求，而且能够降低满足用户需求所需的生态成本，做到最经济地满足用户需求。

① 资料来源：卡奥斯 COSMOPlat 内部宣传资料。

卡奥斯 COSMOPlat 的一大优势是实现了企业之间的无边界链接，随着工业互联网的深入推进，卡奥斯 COSMOPlat 所带来的成本节约效应越来越明显。一方面，通过卡奥斯 COSMOPlat 为资源方提供了零距离、无成本的交互平台，能够降低资源方平台维护成本与订单搜寻成本。通过共创共赢生态圈的搭建，工业互联网平台所吸纳的优质资源方越来越多，提供解决方案时可供选择的资源集合越来越大，资源方所要求的定价越来越低，从而能够实现生态成本的降低与生态价值的增值。另一方面，小微与资源方共同聚焦用户的需求，小微能够以工业互联网平台为支撑迅速匹配最优质、最经济的资源方，能够提供更加高效地解决方案，不仅能够实现用户、资源方与小微各方需求满足的共创共赢，还能够最大限度地降低生态成本，提高价值增值效率，实现生态价值增值。总之，工业互联网平台为高效智能解决方案的提出提供了可靠的支撑，不仅提高了解决方案的质量，加快了提出解决方案的步伐，而且能够不断降低生态成本、提高边际收益，从而实现生态价值的增值。

3. 生态增值合理分享

价值创造是价值分享的源头，通过生态收入增加与生态成本降低实现了生态价值增值，进而通过增值分享实现各方价值增值。生态增值的分享可划分为两个层次，第一层次为小微与资源方、用户之间的增值分享，第二层次为小微内部的增值分享，通过两个层次的生态增值分享实现企业与用户、资源方的共创、共赢、共享。

在生态增值的分享中，第一层次的生态增值分享是根据用户及各资源方付出的资源与能力将生态增值在小微与资源方、用户之间分享。增值分享合约是小微与用户、资源方之间增值分享的主要依据。卡奥斯 COSMOPlat 的链群合约增值分享模型为小微与用户、资源方之间的增值分享提供了工具。根据链群增值分享合约，小微与用户、资源方在事前就签订对赌合约，对于增值分享方式与比例达成一致，合同约定服务报酬按照“对赌酬 + 价值增值分享”的方式进行结算。其中，“对赌酬”是指对完成该服务所必需的相关费用进行的补偿，包含人工对赌酬、组织运营费、平台对赌维护费等。“价值增值分享”是指用户、资源方提供服务为小微所带来的价值增加，由此带来用户、资源方增值分享的增加，从而实现用户、资源方的价值增值。生态增值扣除用户、资源方分享后的剩余价值即企业（创业小微）所创造的价值增值。

第二层次的生态增值分享就是将企业（创业小微）所创造的价值增值在企业（创业小微）的各参与方之间分享。由于企业（创业小微）的形成是集体选择的结果，因此企业（创业小微）内部增值分享的主要依据是集体选择所达成的企业契约，通过企业（创业小微）内部的增值分享能够实现企业（创业小微）的各参与方参与价值创造所带来的价值增值，从而使企业（小微）与用户、资源方的价值共创、增值共享以及企业（小微）内部各参与方的“共赢增值”最终得以实现。卡奥斯 COSMOPlat 赋能机理的经济阐释如图 7 所示。

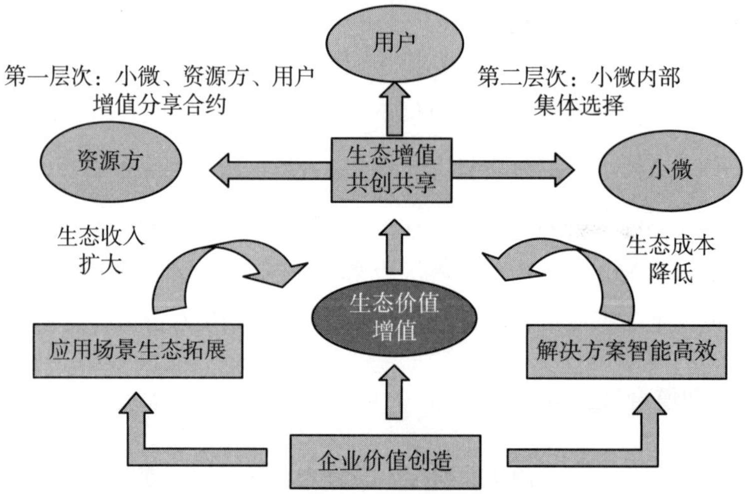

图 7　卡奥斯 COSMOPlat 赋能机理的经济阐释

资料来源：笔者根据调研内容整理。

（三）卡奥斯 COSMOPlat 的本质阐释

在行业、模块以及区域等不同应用场景下，卡奥斯 COSMOPlat 均是通过扩大生态收入、降低生态成本和共享生态增值来赋能企业价值创造与分享。工业互联网平台卡奥斯 COSMOPlat 赋能的本质在于共创、共赢、共享的生态理念。

企业的核心是价值创造与分享，在万物互联的工业互联网时代，共赢增值成为企业价值创造与分享的重要驱动理念。在共创、共赢、共享的生态思维的引领下，企业通过增大生态系统整体的价值空间以实现企业价值的最大化，跳出传统的价值链和企业自身视野，将焦点放在和其他利益相关者一起做大、一起分享整个“蛋糕”上。在此背景下，企业不再局限于与利益相关方争夺产业链上的资源，单纯追求企业自身的收入、利润的增加，而是通过提高用户、资源方的数量和相互之间联系的紧密度扩大生态系统整体的收入与降低生态系统整体的成本，并按照各自贡献的资源和能力合理分配共同创造的生态增值。卡奥斯 COSMOPlat

则是提供了一个包含所有用户、资源方和其他公司在内的资源增值“共赢”平台，围绕生态平台的运行产生生态收入、生态成本与生态价值。一方面能够为用户创造价值、解决用户提出的问题，引进新用户、拉拢潜在用户、巩固老用户、获得终身用户，最终实现企业生态价值的延续；另一方面能够为资源方赋能，对社会化资源进行合理配置，既有助于节约本企业成本、又能使资源方获得收益，实现用户、小微、外部资源方的共赢、共创和共享，实现企业生态效益的最优化，达到海尔生态系统的自扩展。

由此可见，在工业互联网时代，企业的边界与法律形式被打破，利益相关者的集体选择在动态中演进，企业价值创造与分享也成为不断演进的动态过程。在工业互联网平台卡奥斯 COSMOPlat 的赋能下，不同企业之间实现了无边界连接，能够在无限扩大的集合中实现更高频次的集体选择，从而驱动企业价值创造与分享。也就是说，工业互联网搭建了各方利益相关者共创共赢共享的生态圈，在物联网时代，平台的生态圈边界不断延伸，平台积聚的资源方不断扩增，由此能够催生更加动态、高效地集体选择的达成，推动以价值创造为核心的集体选择不断演进，实现生态圈的生生不息，为企业价值创造与分享持续赋能。总之，通过小微与资源方的价值共创、增值共享实现了真正的“共赢增值”，反映了卡奥斯 COSMOPlat 对企业价值创造与分享的驱动作用。图 8 列示了卡奥斯 COSMOPlat 所搭建的企业、用户与资源方的共创共享平台。

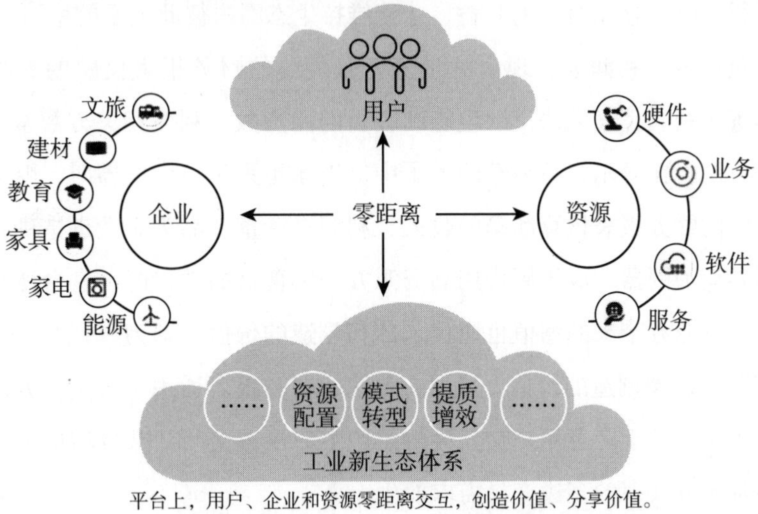

图 8 卡奥斯 COSMOPlat 的本质：企业、用户与资源方的共创共享平台

资料来源：卡奥斯 COSMOPlat 内部宣传资料。

五、共赢增值表对卡奥斯 COSMOPlat 赋能的作用机制——以海模智云为例

（一）共赢增值表原理

共赢增值表是2015年海尔张瑞敏针对生态链小微群引入外部合作资源方的需求，基于“人单合一”双赢模式十年的实践经验所提炼出的管理工具。张瑞敏认为进入物联网时代后，用户的需求不再是单一的产品，而是特定的场景，这要求企业与资源能力互补的外部企业合作，共同满足用户的特定场景需求。因此，企业的竞争状态不应再是“单打独斗”，而应是“团队作战”，企业不再处身于“孤岛”，而是身处与用户、上下游合作伙伴、政府、银行等利益相关者共同打造的“生态圈”。这也就意味着，企业创造价值不再围绕“股东价值最大化”，而是以“利益相关者价值最大化”为中心。那么问题接踵而至，如何评估生态圈创造的整体价值？如何准确划分每个企业在生态圈中的价值贡献？唯有确保生态圈的收益高于相关方投入资源的机会成本，才有生态圈形成与存在的必要性；唯有各相关方获得与其贡献相对应的收益，才能维持生态圈内彼此关系的稳固。

资产负债表、利润表、现金流量表三张传统的财务报表反映的是收入减费用、成本等于利润，而无法反映生态圈吸引的用户数、利益相关方数量、各相关方的价值分享。在海尔智慧冰箱的例子中，当冰箱只是一台电器时，财务人员可以利用传统的财务报表核算冰箱的收入、利润来衡量产品为企业创造的价值，但是当冰箱转变为网器，成为厨房用品资源方提供食材的端口时，这台冰箱链接的用户数、为资源方带来的增值也应计入冰箱创造的价值，即为“用户—冰箱—生鲜供应商”生态圈创造的价值。显然，传统的财务报表适用于买卖双方的一次性交易，而无法服务于随着用户交互会持续产生的多边交易，共赢增值表正是源于用户、各资源方共存的多边交易需求而生。

共赢增值表并非是对传统报表的替代，而是针对传统报表缺失的，同时又对经营管理有重要提示作用的项目进行补充。共赢增值表内含着丰富的价值共创、

共赢、共享的生态思维，为海尔生态的价值创造与分享提供了有力的驱动工具。共赢增值表主要从用户资源、资源方、生态平台价值总量、收入、成本、边际收益六个层面评估整个生态圈，共赢增值表核心要素如表 1 所示。

表 1　共赢增值表核心要素及含义

指标名称	项目			定义
用户资源	交易用户			在平台上有过交易的用户
	交互用户			在平台上购买过产品或服务后，持续参与交互的用户
	终身用户			平台自演进持续迭代丰富社群生态，形成终身用户
	单用户价值贡献			单用户价值贡献 =（生态利润 + 增值分享）/生态交易用户，衡量平台上单用户产生的价值贡献。
资源方	交互资源方			链接的所有资源方
	活跃资源方			能参与共创的资源方
生态平台价值总量	利润	传统利润		传统收入 – 传统成本
		生态利润		生态收入 – 生态成本
	增值分享	链群分享		链群共创获得的价值分享，含创客及生态平台等获得的价值分享
		支持平台		帮助链群实现价值创造和传递的支持平台
		共创相关方	资源方分享	各合作资源方（供应商或品牌合作商等）在平台上获得的价值分享
			用户分享	参与平台、产品、服务开发的用户所取得的价值分享
			资本分享	资本分享 =［可分享利润 +（期末估值 – 期初估值）］× 股权比例，衡量社会化资本方价值分享
收入①	传统收入			聚焦用户交互与体验的持续迭代，通过销售电器或网器、提供服务等经营业务所形成的收入
	生态收入			聚焦创物联网生态品牌的引领目标，小微与各合作方在社群生态平台上通过价值共创持续迭代所形成的收入
	单用户收入			单用户收入 = 收入/交易用户 =（传统收入 + 生态收入）/交易用户
成本②	传统成本			聚焦用户交互与体验的持续迭代，通过销售电器或网器、提供服务等经营业务所形成的成本
	生态成本			持续迭代升级过程中的投入资源成本及生态服务成本
	边际成本			边际成本 =（传统成本 + 生态成本）/交易用户
边际收益				边际收益 = 单用户收入 – 边际成本

注：①收入 = 传统收入 + 生态收入。②成本 = 传统成本 + 生态成本。

资料来源：笔者根据调研内容整理。

具体而言，由于物联网时代，用户是企业价值的创造者，用户是否愿意参与到生态圈的交互之中，直接决定了生态圈的存续，“用户资源”指标根据用户的参与度将用户划分为交易用户、交互用户和终身用户三种类型，其中，交易用户指发生一次买卖交易的用户，终身用户指全生命周期持续交互的用户，“用户资源”指标通过衡量各等级用户的参与数量及单用户产生的价值贡献，反映生态圈的用户黏度。优质的用户资源需吸引到同样高质量的资源方，才能更好地满足用户需求，“资源方”指标将资源方按参与度划分为交互资源方和活跃资源方，前者衡量生态圈中的资源方总数目，后者衡量积极满足用户特定需求的资源方，该指标通过资源方数目和活跃度反映生态圈的共创能力。生态圈核心平台企业创造的“利润”和链群成员、资源方、投资者等各相关方的“增值分享”共同构成了“生态平台价值总量”，该指标用于反映链群、平台及各相关方共创共享实现的生态圈价值总量。其中，“利润”既包括销售硬件获得的传统利润，也包括链群与各相关方合作产生的生态利润；“增值分享”反映了资源方、用户及外部资本方等各利益相关方为生态圈创造的价值，是平台企业与利益相关者进行利益分配的依据。需说明的是，“增值分享”中的“链群分享”指按照链群创建时签订的链群合约①，链群内创客达成约定绩效应分享给创客的薪酬激励。平台企业的“收入”不仅涉及销售硬件产品、提供服务等主营业务获得的“传统收入”，还包含链群在社群生态平台上与外部资源方合作满足用户场景需求实现的“生态收入”。

概括而言，共赢增值表不仅列示了核心平台企业提供商品和服务的相关财务信息，还为其报告了用户资源和资源方等对于生态链运营至关重要的非财务信息，及时显示用户、资源方数量和参与度与既定目标的差距，使平台企业管理者可以精准“关差”②。与此同时，生态平台价值总量的披露使生态圈各相关方可以掌握整个利益共同体的运营现状，增值分享项目则使利益相关者可以清楚了解自己创造的价值，激励其积极参与生态圈共创。对生态收入的单独列示，可以使海尔链群明晰与资源方等外部企业合作取得的收入，激励链群围绕用户场景需求积极引入资源方创建生态圈，驱动生态价值创造与分享。

---

① 链群合约是海尔链群创建时各小微签订的人单合一智能合约，约定该链群的共同目标以及链群中各小微的任务、增值分享机制等。链群合约的本质是基于区块链技术的信息化多方对赌合约。

② 关差指关闭目标值和实际值之间的差距。

（二）卡奥斯 COSMOPlat 赋能的典型案例——海模智云简介

卡奥斯模具平台是卡奥斯 COSMOPlat 的重要赋能场景。2021 年 4 月 25 日，在被称为“模具之乡”的北仑——卡奥斯“海模智云”签约落地，与当地各方生态合作伙伴携手，共建模具产业链工业互联网创新发展示范基地，推动传统模具产业全产业链、全资源要素、全价值链重构升级。

海模智云平台是卡奥斯 COSMOPlat 聚焦于模具行业打造的物联网生态平台，是卡奥斯自主研发的全国首个集定位、数据采集、人机交互为一体的智能终端设备和大数据物联平台。海模智云依托海尔在模具资产管理中的实践，依托大数据平台 + 智能终端，实现对模具资产的全生命周期智能管理，实现对模具资产的精准定位、自动盘点，还通过数据分析为生产决策提供支持。卡奥斯模具平台构建了从边缘计算、通信、平台、应用及云基础设施的平台技术架构，提供物联网 + 模具、智能制造、产业资源协同的 SaaS 服务。卡奥斯模具平台技术架构如图 9 所示。

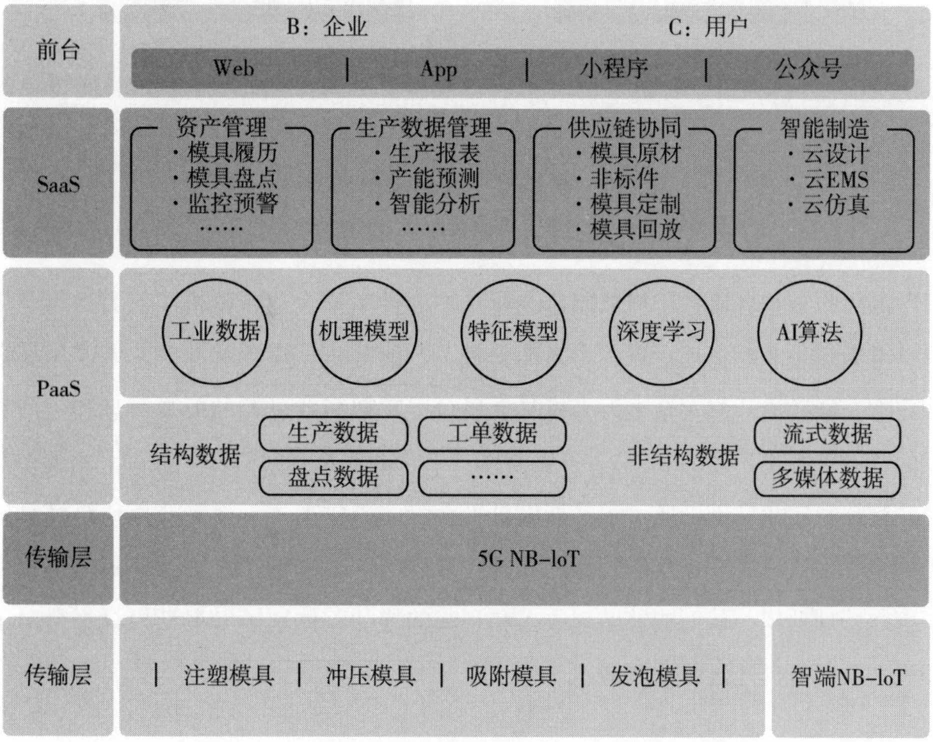

图 9　卡奥斯 COSMOPlat 模具平台技术架构

资料来源：卡奥斯 COSMOPlat 内部宣传资料。

海模智云平台针对模具行业的痛点提供面向全球、全行业的模具全生命周期物联网管理解决方案。传统模具管理依赖人工，导致时效性和准确性降低，无法实时获取到模具的位置，使用数据都需要人工统计，难分析。智慧模具管理场景解决方案实现了模具数据透明，能够实时监控模具位置，避免了模具的违规外放或者调拨，管控真实完整的模具履历、模次以及单日的生产信息，助力大企业精益求精。模具行业业务难点与解决方案如图 10 所示。

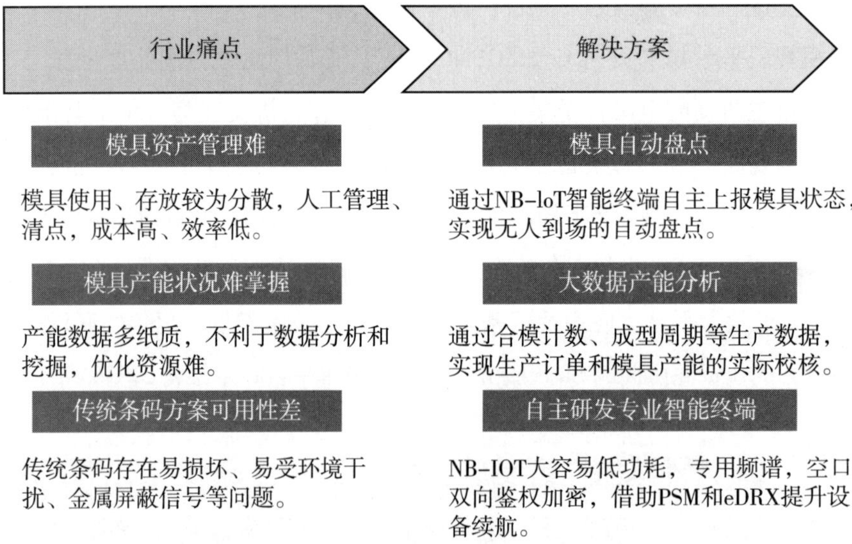

图 10　模具行业痛点及解决方案

资料来源：卡奥斯 COSMOPlat 内部宣传资料。

海模智云平台服务于模具制造企业、零部件生产企业、整机厂三大类企业用户，可满足企业对自动盘点、出入库管理、产能分析、模具溯源等六大应用场景的需求，能助力一汽大众上万套模具上平台，实现高效可控的模具管理和生产数据的全面可视化。图 11 列示了卡奥斯模具平台的典型实践案例：一汽大众的模具资产管理数字化转型。通过卡奥斯模具平台赋能，实现了一汽大众由传统模具管理到物联网模具管理场景的转型。在这一过程中明显降低了企业生产成本，提高了资产管理效率，从而能够实现收入和利润的增加，体现了卡奥斯模具平台对于一汽大众价值创造过程的赋能。

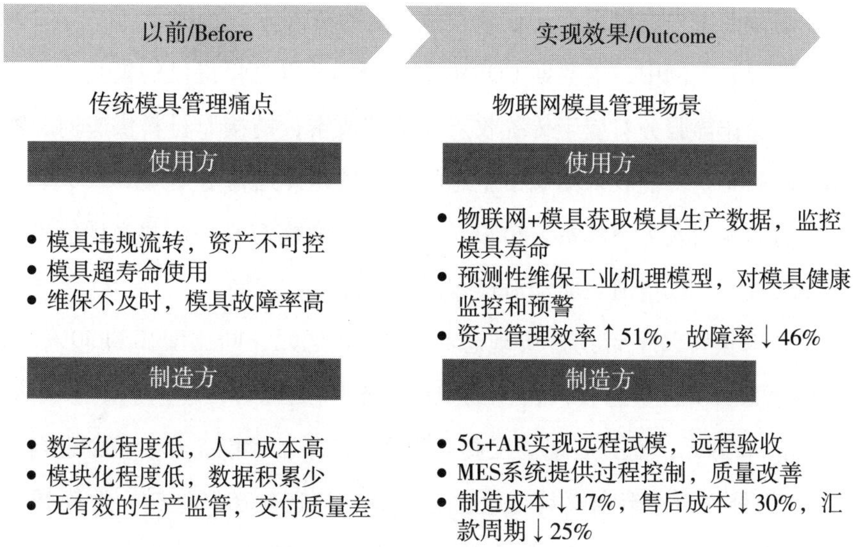

图 11　卡奥斯模具平台实践案例：一汽大众

资料来源：卡奥斯 COSMOPlat 内部宣传资料。

（三）共赢增值表对海模智云赋能的作用机制

共赢增值表是企业价值创造过程与增值分享结果的量化表现与具体化反映。共赢增值表将用户与资源提供方等利益攸关方纳入其中，体现出物联网模式下企业与用户、资源方等利益攸关方之间多赢的经营目标。

1. 事前定则

卡奥斯 COSMOPlat 是海尔为诸多制造业生态圈的创立和成长所搭建的社区交互平台。链群是以卡奥斯 COSMOPlat 等社区为平台发起生态圈的主导者，是海尔进入生态品牌战略阶段后满足用户需求的基本单元，它致力于改变以往海尔小微之间的各自为政，使原本彼此独立的小微因满足用户特定需求的共同目标联系起来形成生态链小微群。无论是新冠肺炎疫情发生后迅速上线的新冠肺炎战疫供需平台，还是之后迭代升级推出的企业复工增产服务平台，均为建陶链群、服装链群等致力于创建生态圈的生态链小微群提供了用户资源和外部资源方。平台上发起物资需求或服务需求的政府、医院及企业是用户，卡奥斯 COSMOPlat 上的链群对用户发布的需求进行抢单，若抢单链群内的小微资源可以满足用户需求，则由抢单链群直接向用户提供解决方案；若用户需求是抢单链群内小微依靠自身难以落实的，则帮助用户链接平台上或者其他链群的资源方。

在海模智云案例中，卡奥斯 COSMOPlat 模具链群直接提供的模具生产线规划及流程工艺操作等服务对应于传统收入和传统成本，链接原材料供应商、物流公司等外部资源而获得的收入则属于生态收入，搭建并运营卡奥斯 COSMOPlat 海模智云平台的成本列入生态成本。2020～2021 年，海模智云平台共赢增值表数据的变化能够反映出共赢增值表驱动海模智云赋能的经济结果。

2021 年海模智云平台预计实现总收入近 10 亿元，同比增长约 30%，其中，2021 年海模智云平台生态收入占比约 20%，较同期翻番，单用户生态收入由 30 万元上升至 50 万元，充分展现了工业互联网生态平台赋能企业价值创造与分享的优越性[①]。另外，通过聚合模具行业生态资源，打造生态产业链，海模智云平台实现了边际收益的递增，2021 年边际收益呈现递增趋势，反映出生态收入的提升、生态成本的降低所带来的价值创造效率提升。

2. 事中调赢

事中调赢主要是通过滚动预测、动态优化、持续创新等应对市场变化，支持目标的实现。卡奥斯 COSMOPlat 各链群结合链群合约签订的目标，依据本生态圈共赢增值表的六个科目，分析对比现状与预期的差异，以对目标完成情况进行评估。奉行“以用户为中心”的海尔认为在物联网时代，用户数据隐藏着待挖掘的宝藏，因此，卡奥斯 COSMOPlat 以用户资源为切入点开展差异分析，逐项完成“关差”。在物联网时代，用户是企业价值的创造者，用户资源的演进即为用户乘数效应，体现了生态圈的吸聚力，通过对用户乘数实际值与目标值的对比能够挖掘企业价值的预期来源与现状的差异，从而有针对性地攻克未达成的企业价值目标。在小微构筑的生态圈内，一方面要维护好用户资源，另一方面要确保有持续不断的优质资源提供方。而资源方的数量与质量决定了企业持续价值创造与良性发展的关键，通过分析资源方数量预期与现状的差异，有针对性地提高平台在不同领域的吸引力，从而更好地吸引优质资源方加入平台之中，保证企业价值创造目标的实现。通过对用户、资源方等共赢增值表核心要素的对比与分析，实现价值创造的事中调赢，更好地赋能企业价值创造与分享。

---

① 资料来源：卡奥斯 COSMOPlat 内部宣传资料。

3. 事后迭代

生态圈发展壮大的过程中，共赢增值表驱动平台企业根据用户体验需求的迭代升级，持续发现生态圈新的价值增长点，并吸纳更多资源方共同为用户提供解决方案。物联网经济的目的就是通过社群平台上多样化、个性化的创新应用，来实现能够交互和具有黏性的用户价值。在海模智云平台的不断演进中，用户资源数量呈现明显的增加趋势，2020 年平台链接的企业用户总量为 8000 个，2021 年预计增长至 26000 个，预计实现约 220% 的增长率，终身企业用户由 170 个上升至 300 个左右，涨幅约 70%[①]。由此反映出在平台上参与交互的用户数量越来越多，且更多用户转化为终身用户，通过提高用户黏性与用户忠诚度提升了物联网时代下社群共创资源的变现效率。海模智云平台搭建了一个共创、共赢、共享的生态圈，能够持续吸引优质资源方参与到平台之中。

总之，在共赢增值表的驱动下，海尔各个链群在卡奥斯 COSMOPlat 上链接外部资源方，共同提供满足用户需求的生态解决方案，打造了龙头企业带动中小企业共创共赢的典例，充分展现了卡奥斯 COSMOPlat 赋能企业价值创造与分享的独特优势。

六、案例总结与展望

（一）研究结论

作为全球引领的工业互联网平台，卡奥斯 COSMOPlat 实现了跨行业、跨领域、跨区域的赋能，并以先进管理工具共赢增值表驱动了企业价值创造与分享。通过对海尔卡奥斯 COSMOPlat 的赋能机理及共赢增值表在其中发挥的作用进行探究，本文主要得到以下研究结论：第一，卡奥斯 COSMOPlat 作为工业互联平台，其赋能机理的本质在于共创、共赢、共享的生态思维。通过不断挖掘新的用户需

① 资料来源：卡奥斯 COSMOPlat 内部宣传资料。

求，拓展新的物联网生态场景解决方案，并以工业互联网平台为依托实现与资源方的合作共赢，降低生态成本，提高价值创造效率，实现各方增值共享。第二，从利益相关者集体选择的视角来看，海尔所倡导的小微实际上是利益相关者集体选择的产物，共赢增值表驱动卡奥斯 COSMOPlat 赋能企业价值创造与分享的本质在于利益相关者的集体选择，在集体选择的引领下追求用户、资源方与小微的共创、共赢、共享。第三，共赢增值表通过事前定则、事中调赢与事后迭代的全过程干预驱动卡奥斯 COSMOPlat 赋能企业价值创造与分享，共赢增值表的核心是反映各个集体选择下企业与用户、资源方等共创、共赢、共享的过程和结果。

（二）理论提升

1. 企业的本质：异质性资本禀赋的利益相关者的集体选择

集体选择理论为界定企业边界及企业的价值创造属性提供了适用的理论基础。王竹泉和杜媛（2012）将企业的形成视为利益相关者集体选择的结果，如果在这种集体选择中个体理性和集体理性均得到了可接受的满足，企业就会形成，由此提出了“利益相关者集体选择的企业观”。利益相关者集体选择理论认为，选择企业契约的利益相关者自然地成为企业所有者，形成的所有权边界确定了一个企业的归属，明确了企业设立的意图或企业目标，赋予了企业初始的自有资本。如果把企业视为利益相关者的集体选择，则企业的形成需要经过两个层次的集体选择：第一层次集体选择的参与者是所有可能的利益相关者，选择的内容是是否参与企业契约的签订，选择的结果将决定企业所有权主体的边界；第二层次集体选择的参与者是企业的所有者，选择的内容是企业控制权和剩余分享权在所有者之间的分配，选择的结果将决定企业所有权的行为边界。两个层次的集体选择共同决定了企业的所有权边界。

企业本质上是异质性资本禀赋的利益相关者的集体选择，参与集体选择的利益相关者成为企业所有者，确定了企业所有权的边界和企业价值创造的模式与价值分享的主体。从利益相关者集体选择的视角来看，企业价值创造与分享过程实际上是两个层次集体选择的结果。第一层次的集体选择是拥有不同资本禀赋的小微以用户需求为中心实现聚合，通过集体选择达成统一的价值创造目标，从而界定了企业的边界与价值创造属性。第二层次的集体选择是内部利益相关者就价值分享所达成的集体选择，从而界定了企业价值分享的主体与价值分享原则。

在物联网时代，能够提供创意的智力资本提供者、能够提供数据资源的社会资本提供者以及能够提供财务资源的物质资本提供者均可能是企业价值创造的参与者，任何一种资本均可能成为企业价值创造与分享的核心和主导力量，数据资本作为社会资本的核心组成部分，其在工业互联网主导下的价值创造与分享模式的作用日益凸显。数据资本能够将各方利益相关者及其之间的复杂网络关系以数据的形式表现出来，从而对企业价值创造与分享产生巨大的驱动作用。总之，企业的本质是拥有不同资本禀赋的利益相关者集体选择的结果，而在物联网时代，数据资本的作用更加突出，以数据资本撬动沉淀资源、提高赋能效率对于企业价值创造与分享至关重要。

2. 工业互联网的本质：数据资本驱动的无边界、智能化、柔性化的集体选择集合

企业是以创造价值、分享价值为导向的经济体，价值创造与分享是企业的核心与主题，工业互联网的赋能主要体现为驱动企业价值创造与分享。工业互联网平台能够依据数据信息处理技术的匹配结果，快速、准确地调度企业之间的互补资源，通过异质性资本的深度融合赋能企业价值创造与分享，从而使利益相关者的集体选择呈现出更加无边界、更加智能化和更加柔性化的特征。

首先，工业互联网使得集体选择的达成更无边界。工业互联网的深入发展使得企业边界无限拓展，工业互联网所吸纳的优质资源方不断扩充，针对用户需求所能够做出解决方案的可行集合无限扩大，为达成集体选择提供了更大范围、更深程度的保障，能够驱动企业实现更加高效的价值创造与分享。

其次，工业互联网使得集体选择的达成更加智能化。工业互联网提供了智能的算法与精准的大数据筛选能力，能够迅速地匹配、筛选最优质、最经济的资源方，为集体选择的达成提供了更加智能化的解决方案，推动企业价值创造与分享的全面升级。

最后，工业互联网使得集体选择的达成更加柔性化。集体选择不是固定不变的，而是具有柔性、动态调整、瞬息万变的过程，工业互联网使得集体选择的达成频率不断加快，参与主体也更加多变、多元，从而提升了企业价值创造的效率，能够为企业价值创造与分享提供源源不断的动力。

因此，从利益相关者集体选择的理论视角来看，企业价值创造与分享的本质在于异质性资本所有者的集体选择，而工业互联网时代下数据资本为海量的无边界、智能化、柔性化的集体选择的形成提供了可能。工业互联网的本质是数据资本驱动的无边界、智能化、柔性化的集体选择集合。

（三）实践启示

卡奥斯 COSMOPlat 提供了边界无限扩大的资源链接与整合平台，实现了面向行业、面向模块以及面向区域的全方位赋能，共创、共赢、共享成为价值创造与分享的重要理念与主要驱动力。卡奥斯 COSMOPlat 的出现与发展是工业互联网时代的必然趋势，通过剖析海尔卡奥斯 COSMOPlat 的赋能机理及共赢增值表的驱动作用，能够为其他传统制造业企业在工业互联网时代的数字化转型提供宝贵的经验借鉴。第一，数据资本作为社会资本的重要组成部分，其在工业互联网时代的价值愈发凸显，对于数据资本的整合与利用是驱动物联网企业转型升级的重要引擎。政府作为社会资本的主要来源，其持有着大量工业互联网平台建设的关键数据，这意味着政府在工业互联网平台发展模式提升的过程中发挥着至关重要的作用，应当将政府纳入工业互联网平台的建设与运营之中，以数据资本赋能企业价值创造与分享。第二，共赢增值表提供了能够全面反映企业价值创造与分享过程的先进管理理念，是能够推广至传统企业与未来生态企业的普适性管理工具。共赢增值表将财务会计与管理会计深度融合，能够将企业价值创造与分享的核心与本质予以反映。在物联网时代，企业边界无限拓展，企业应当打破传统价值创造的局限思维，践行共赢增值的理念，通过跨越企业的资源链接与整合赋能企业价值创造，与利益相关者共创、共赢、共享实现生态价值增值。

（四）研究局限与未来展望

财务会计准则委员会（FASB）将会计信息使用者按其与特定企业经济利益的关系分为两大类：一类是与企业有直接经济利益关系的会计信息使用者；另一类是与企业有间接经济利益关系的会计信息使用者。既然企业的直接利益相关者分为内部利益相关者和外部利益相关者，那么，满足内部利益相关者和外部利益相关者的共同信息需求就应作为通用财务报告的基本目标（王竹泉，2008），而利益相关者最关注的信息是企业为利益相关者创造的总体价值增值及其增值分配和各利益相关者在企业中享有的剩余权益。然而，传统“财务三张表”关注的是股东的利益，不论是资产负债表的净资产，还是利润表中的净收益，都是以股东为权益主体。以利润表为例，净利润只反映了企业为股东创造的增值，而实际上，计算净利润所扣除的工资、利息、税金等费用正是企业为员工、债权人、政府等利益相关者创造的增值，因此，利润表无法反映企业为所有利益相关者创造的增值。从价值增值的分配看，利润表只反映了股东利益分配情况，而传统“财务三张表”均无法反映价值增值如何在各利益相关者之间进行分配。共赢增值表的“生态圈价值”项目反映了生态圈内利益相关者共同创造的价值增值，“增值分享”反映了各利益相关者为生态圈创造的价值，为利益相关者进行利益分配提供了依据。因此，共赢增值表的核心是反映各个集体选择下企业与用户、资源方等共创、共赢、共享的过程和结果，其成为“第四张财务张表”指日可待。

需要指出的是，当前企业理论和政企关系理论将政府作为提供公共产品满足社会公共利益为目标的超然主体，忽视了政府自身的经济利益追求和政府在每一个企业中投入的政府社会资本的存在，导致政府在资源方中没有凸显。政府掌握着大量的宏观数据资源，能够为工业互联网平台的建设提供更加科学、全面的数据支撑，对于完善工业互联网建设意义重大。从这一角度来看，政府是企业集体选择的必然参与者。如果将具有政府社会资本禀赋的政府纳入企业制度的分析框架，则每一个企业都是一个“具有异质性资本禀赋的利益相关者的集体选择”，政府凭借其在每一个企业中所实际投入的政府社会资本参与了每一个企业的利益相关者集体选择。政府参与企业的集体选择并非是一种被动的选择。政府可以选择是否接受其他资本所有者提出的集体选择，其他资本的所有者同样可以选择与什么样的政府一起进行集体选择。

工业互联网平台的超额利润主要得益于社会资本的资源配置功能，平台企业搭建的信息物理系统可以通过快速处理蕴含物质资本和智力资本信息的数据，实现高效、精准的资源匹配，从而放大社会资本的资源配置功能。工业互联网平台资源配置功能的发挥离不开政府的政策和大数据的支持，政府作为重要的利益相关者，其在工业互联网建设中的投入和支持如何在生态价值的创造和分享中体现，从而构建和谐共赢的政企关系是未来共赢增值表改革的方向。

参考文献

[1] 曹建海、郭文：《互联网对企业边界的影响机制》，载于《经济与管理研究》2017 年第 38 卷第 12 期，第 109 ~ 116 页。

[2] 程立茹：《互联网经济下企业价值网络创新研究》，载于《中国工业经济》2013 年第 9 期，第 82 ~ 94 页。

[3] 董俊武、陈震红：《国外企业本质理论的演进与评述》，载于《经济管理》2007 年第 5 期，第 91 ~ 96 页。

[4] 杜晶：《企业本质理论及其演进逻辑研究》，载于《经济学家》2006 年第 1 期，第 115 ~ 120 页。

[5] 高长春、孙汉明：《基于价值网的智能制造企业价值创造的理论分析》，载于《管理现代化》2020 年第 40 卷第 3 期，第 60 ~ 64 页。

[6] 高印朝、于渤：《企业价值内涵及其评估方法》，载于《商场现代化》2004 年第 15 期，第 159 ~ 160 页。

[7] 蒋峦、蓝海林、谢卫红：《企业边界的渗透与模糊》，载于《中国软科学》2003 年第 4 期，第 59 ~ 63 页。

[8] 蒋琰、茅宁：《智力资本与财务资本：谁对企业价值创造更有效——来自于江浙地区企业的实证研究》，载于《会计研究》2008 年第 7 期，第 49 ~ 55、97 页。

[9] 金帆：《价值生态系统：云经济时代的价值创造机制》，载于《中国工业经济》2014 年第 4 期，第 97 ~ 109 页。

[10] 李海舰、陈小勇：《企业无边界发展研究——基于案例的视角》，载于《中国工业经济》2011 年第 6 期，第 89 ~ 98 页。

[11] 李海舰、原磊：《论无边界企业》，载于《中国工业经济》2005 年第 4 期，第 94 ~ 102 页。

[12] 刘东：《企业边界的多种变化及其原因》，载于《中国工业经济》2005 年第 3 期，第 92 ~ 99 页。

[13] 刘刚、熊立峰：《消费者需求动态响应、企业边界选择与商业生态系统构建——基于苹果公司的案例研究》，载于《中国工业经济》2013 年第 5 期，第

122～134 页。

［14］刘嘉慧、高山行：《数字经济环境下企业跨界内涵：价值主张视角》，载于《科技进步与对策》2021 年第 38 卷第 1 期，第 63～70 页。

［15］刘旭、柳卸林、韩燕妮：《海尔的组织创新：无边界企业行动》，载于《 科学学与科学技术管理》2015 年第 36 卷第 6 期，第 126～137 页。

［16］刘洋、魏江、江诗松：《后发企业如何进行创新追赶？——研发网络边界拓展的视角》，载于《管理世界》2013 年第 3 期，第 96～110、188 页。

［17］刘玉平、赵兴莉：《智力资本驱动企业价值创造的有效性研究——基于智力资本综合评价视角》，载于《中央财经大学学报》2013 年第 1 期，第 41～46、91 页。

［18］史闻东、李家鸿：《企业边界、企业扩展与企业成长的比较分析——对企业成长理论的重新解读》，载于《经济管理》2007 年第 18 期，第 9～14 页。

［19］陶飞、刘蔚然、刘检华等：《数字孪生及其应用探索》，载于《计算机集成制造系统》2018 年第 24 卷第 1 期，第 1～18 页。

［20］王海杰、宋姗姗：《互联网背景下制造业平台型企业商业模式创新研究——基于企业价值生态系统构建的视角》，载于《管理学刊》2019 年第 32 卷第 1 期，第 43～54 页。

［21］王竹泉：《政府社会资本理论构建》，中国财政经济出版社 2020 年版。

［22］王竹泉、杜媛：《利益相关者视角的企业形成逻辑与企业边界分析》，载于《中国工业经济》2012 年第 3 期，第 108～120 页。

［23］王竹泉、逄咏梅、马广林：《利益相关者与企业价值增值创造和分享》，载于《中国会计研究与教育》2006 年第 1 期，第 59～69 页。

［24］吴吉义、李文娟、黄剑平等：《移动互联网研究综述》，载于《中国科学：信息科学》2015 年第 45 卷第 1 期，第 45～69 页。

［25］徐礼伯、沈坤荣：《知识经济条件下企业边界的决定：内外社会资本匹配的视角》，载于《中国工业经济》2014 年第 10 期，第 85～96 页。

［26］杨蕙馨、李峰、吴炜峰：《互联网条件下企业边界及其战略选择》，载于《中国工业经济》2008 年第 11 期，第 88～97 页。

［27］姚益龙、高筠燕：《新经济时代企业价值的内涵及其综合评估体系》，载于《中山大学学报》（社会科学版）2003 年第 6 期，第 100～103、126～127 页。

[28] 余东华、芮明杰:《模块化、企业价值网络与企业边界变动》，载于《中国工业经济》2005 年第 10 期，第 90 ~97 页。

[29] 曾楚宏、林丹明:《信息技术应用与企业边界的变动》，载于《中国工业经济》2004 年第 10 期，第 69 ~75 页。

[30] 曾楚宏、林丹明:《论企业边界的两重性》，载于《中国工业经济》2005 年第 10 期，第 75 ~82 页。

[31] 张志朋、李朋波、周禹、刘光建、刘周浩:《组织变革视角下企业价值分享的动力机制与构型——基于华为和万科的双案例研究》，载于《南开管理评论》2021 年 8 月 2 日。

[32] 郑军:《企业价值内涵之新论》，载于《科学学与科学技术管理》2006 年第 10 期，第 164 ~165 页。

[33] 诸波、李余:《基于价值创造的企业管理会计应用体系构建与实施》，载于《会计研究》2017 年第 6 期，第 11 ~16、96 页。

[34] Chen. An Empirical Investigation of The Relationship Between Intellectual Capital and Firm's Market Value and Financial Performance. Journal of Intellectual Capital, 2005 (2): 159 –176.

[35] Coase R. H. The Nature of the Firm. Economica, 1937 (4).

致　谢

感谢以下专家对本蓝皮书提供学术支持与专业指导：

刘红薇　中国总会计师协会会长、《中国管理会计》编委会主任

李　伟　工信部工业文化发展中心政策与规划部主任

许定波　中欧国际工商学院法国依视路会计学教席教授、中国总会计师协会副会长、海尔共赢增值表研究院院长

汤谷良　对外经济贸易大学商学院教授、海尔共赢增值表研究院学术委员会主席

黄钰昌　中欧国际工商学院会计学终身荣誉教授、西班牙商业银行会计学教席教授

曹仰锋　香港创业创新研究院院长、北京大学光华管理学院管理实践教授

李　刚　美国管理会计师协会副总裁兼中国区首席代表

李　颖　国际注册专业会计师公会（AICPA&CIMA）北亚区总裁

王鹏程　中国会计学会会计准则专业委员会副主任委员

感谢以下学者及单位为本蓝皮书案例开发与撰写提供帮助：

曹仰锋（北京大学）

戴　璐（中国人民大学）

黄继章（上海财经大学）

黄　蓉（复旦大学）

黄钰昌（中欧国际工商学院）

金　帆（西北工业大学）

刘运国（中山大学）

潘　飞（上海财经大学）

汤谷良（对外经济贸易大学）

田高良（西安交通大学）

王鹏程（中国会计学会）

王竹泉（中国海洋大学）

夏怡斐（温州肯恩大学）

许定波（中欧国际工商学院）

张守文（首都经济贸易大学）

支晓强（中国人民大学）

工信部工业和信息通信业管理会计推广应用联盟

香港创业创新研究院

中国企业营运资金管理研究中心

中国人民大学管理会计研究中心

中山大学成本与管理会计研究中心

感谢以下贡献者为本蓝皮书提供了宝贵的实践案例：

卜永燕 海尔智能互联平台人力资源负责人
蔡国良 日日顺供应链 CSO
陈 蛟 海尔智家财务运营平台总监
陈 艳 海尔集团薪酬绩效高级经理
崔晓杰 日日顺供应链出行行业总经理
代卫卫 海尔集团运营分析总监
方 赈 海创汇产业加速总监
高大群 海尔集团数据平台战略总监
高中华 海尔集团大数据总监
巩 燚 海尔生物副总经理
贾中升 海尔智能互联平台战略负责人
江 兰 海尔金控财务平台战略财务总监
兰海军 海尔热水器财务总监
李 安 日日顺供应链 CFO
李 宁 雷神科技创始人、副总经理
李艳兵 雷神科技创始人、副总经理
林忠毅 卡奥斯副总经理兼&COSMOPlat行业解决方案总经理
刘长文 海创汇总经理
刘吉元 重庆三大伟业制药有限公司总经理
刘晓昆 卡奥斯财务总监
莫瑞娟 海尔生物首席财务官
潘 亮 日日顺供应链人力资源总监
宋金成 海尔集团财务共享中心总经理
宋好杰 海尔生物人力资源总监
孙传滨 海尔衣联网行业生态总经理
孙 蕾 海尔集团财务共享中心副总经理
孙能林 海尔智家 IT 总监
王凤芹 海尔集团财务质量运营总监
熊媛媛 海尔集团数据平台总经理
徐 娜 海尔智能互联平台财务负责人
杨晓卫 日日顺供应链副总经理
臧玉红 海创汇副总经理
赵 琳 海尔集团财资生态圈战略总监
张 瑜 青岛食联网科技 CEO

同时对以下贡献者表示感谢：

陈斐、陈小冕、高勇、贺楚慧、黄瑞康、姜绪东、孔令川、李丰华、刘光岩、刘继红、刘琦、刘亚平、刘艳、刘晓梅、刘翔天、马芬芬、彭洁、彭娟娟、钱凤凤、石鑫磊、孙洁、孙婧、王恩浩、王锦、王晓萍、徐建玲、杨璐、杨爽、张玲、张艳芳、左娜、朱荣伟

（以上名单，排名不分先后）